创意经济视角下的
城市商圈
发展路径研究
——以重庆为例

廖　涛◎著

四川大学出版社
SICHUAN UNIVERSITY PRESS

图书在版编目（CIP）数据

创意经济视角下的城市商圈发展路径研究 ：以重庆
为例 / 廖涛著 . — 成都：四川大学出版社，2024.6
ISBN 978-7-5690-6419-3

Ⅰ．①创… Ⅱ．①廖… Ⅲ．①城市商业－研究－重庆
Ⅳ．① F727.719

中国国家版本馆 CIP 数据核字（2023）第 203397 号

书　　名：创意经济视角下的城市商圈发展路径研究——以重庆为例
　　　　　Chuangyi Jingji Shijiao xia de Chengshi Shangquan Fazhan
　　　　　Lujing Yanjiu——Yi Chongqing Weili
著　　者：廖　涛

选题策划：蒋姗姗
责任编辑：蒋姗姗　王　锋
责任校对：吴连英
装帧设计：墨创文化
责任印制：王　炜

出版发行：四川大学出版社有限责任公司
　　　　　地址：成都市一环路南一段 24 号（610065）
　　　　　电话：（028）85408311（发行部）、85400276（总编室）
　　　　　电子邮箱：scupress@vip.163.com
　　　　　网址：https://press.scu.edu.cn
印前制作：四川胜翔数码印务设计有限公司
印刷装订：四川华龙印务有限公司

成品尺寸：170mm×240mm
印　　张：12.75
字　　数：243 千字

版　　次：2024 年 6 月 第 1 版
印　　次：2024 年 6 月 第 1 次印刷
定　　价：68.00 元

本社图书如有印装质量问题，请联系发行部调换

扫码获取数字资源

四川大学出版社
微信公众号

前　言

　　本书主要结合创意经济与体验经济理论，全面梳理城市商圈基本概念、要素、特点与功能，深度分析全球知名商圈发展理念与趋势，并以重庆市商圈发展为例，通过田野调查、深度访谈等方法开展研究，详细反映国内中心城市商圈的现状、机遇和挑战，提出重庆市主要商圈发展路径，为创意经济时代国内中心城市商圈发展思路提供参考。

　　本书内容共五章，由廖涛（成都大学）主要负责第二章到第四章内容撰写和全书统稿，岳培宇（成都大学）主要负责第四章部分内容和第五章内容撰写，詹毅（成都大学）负责第三章部分内容撰写，苏荣（重庆市江北区城市建设发展集团有限公司）、黄德平（四川山河智略文化旅游发展有限公司）、杨晓华（四川省林业和草原生态旅游发展中心）负责第一章内容撰写和第二章部分内容撰写，冯颖（成都大学）参与第二章部分内容撰写，杨济银（成都大学）、何瑶（成都大学）负责文献资料、案例收集和部分数据分析，成都大学商学院研究生吴欣萌、徐诗琪、王家文、王丽、任雪、王梦娇、李姝亚、顾鑫、廖荣凯、肖谦、李玉南、岳梦林、罗乙榕、曹思源和何孟泽负责部分资料收集整理及书稿校正。成都大学社科处张学梅教授悉心审阅书稿全文，为本书的修改提出了宝贵的意见和建议。

　　同时，本书获得以下基金项目支持：①成渝地区双城经济圈创意视角下城市商圈发展路径研究（JGYQ2022002），四川省教育厅景观与游憩中心项目；②成渝地区双城经济圈数字经济发展路径研究（CYSC23C002），成都市哲学社会科学研究基地成渝地区双城经济圈与成都都市圈建设研究中心年度项目。

目　录

1 创意经济与体验经济理论背景

在介绍创意经济的内涵之前，首先需要明确"创意"的内涵及了解创意产业的兴起，而后明确"创意经济"的内涵及其核心价值。

1.1 创意的内涵与创意产业的兴起

1.1.1 创意的内涵

各国学者对"创意"的基本概念有各种不同的解释。在欧美国家，"创意"没有形成统一的、被广泛使用的专有名词。在英文中，创意一词有两种表达方式：第一种是 Creative，其原意是创意性的、有创意力的，现在常被人们引申为"创意"，如"Creative Strategy"一词常被译为"创意策略"。第二种是 Idea，其英文原意是思想、概念、主意、念头等。这是"创意"所对应的最普遍、最有代表性的英文词语。

其实，所谓"创意"，从字面上解释，"创"为创新、创作、创造；"意"为主意、智慧、意思。若将其合并，"创意"最为基本和通俗的含义是创造新的主意和点子。往深层含义发展，"创意"是一个动静结合的概念，在静态时"创意"表示创新性的意念和巧妙的构思，在动态时"创意"指创造性的思维活动，是一个从无到有的逻辑思维过程。因此，我国学者普遍认为创意的内涵为，人类大脑具有独创性的灵感意念、构思等。如图 1.1 所形象展示的，创意既是静态的又是动态的。创意的静态是指灵感、意念的产生。创意的动态是指灵感与意念的延伸思维过程。创意是创新和创造的内涵，创新和创造是创意的外延。

图 1.1　创意——人类大脑的灵感

关于创意的产生有许多理论，其中较有影响的是魔岛理论、天才理论、迁移理论和组合理论。无论何种理论都体现了这样几个关键词——灵感、神秘、创新等。

（1）魔岛理论。它源于古代水手的传说，在茫茫的大海中，波涛汹涌，隐藏其中的岛礁不可捉摸，当水手想躲避它的时候它却偏偏出现，当水手想寻找它时，它却消失得无影无踪，水手们称这些岛为"魔岛"。创意的产生就像寻找魔岛，它在人类的潜意识里，只是偶尔会被挖掘出来。魔岛理论还强调发明，也就是现代管理学之父彼得杜拉克所说的聪明的创意，即创意是生成的、独创的，而不是简单的模仿。

（2）天才理论。它与魔岛理论正好相反，它推崇天才，强调创意是靠天才获得的，创意不用苦苦寻觅，天才的策划人天生就有这方面的突出才能，这种理论过分强调天赋，忽略了后天的努力，存在一定的片面性和唯心主义的成分。

（3）迁移理论。它认为创意是一种迁移。所谓迁移，就是用观察此事物的办法观察彼事物，用不同的眼光去观察同一个现象，通过这种视角的迁移，人们可以创造出许多新鲜的、交叉的、融合的、异化的新事物。

（4）组合理论。它强调通过各种元素的组合可以形成各种新的物质，获得新的创意，它不是简单的相加，而是在原有基础上的一种创造。创意的元素包罗万象，可以是实际的，也可以是抽象的；可以是现实存在的，也可以是虚构的。

创意是起源于人类的创造力、技能和才华，来源于社会又反过来指导着社会的发展。创意是人类智慧通过产业化实现经济价值和社会价值的一种创新思维，是一种非物质经济要素。因此创意体现出多种特性，主要有以下几点：

第一，创意体现一种思维上的原创性。创意源于大脑，是人类所特有的一种创造性思维，每个人的大脑都具备先天性的创造潜质，创意是思维、直觉、灵感等多种认识方式的奇思妙想。它可以天马行空，突破各种限制，可以是一种观念的新内容、新角度，可以是一种元素的新组合、新体现，可以是一种解决问题的新方法、新手段等。

第二，创意体现一种经济上的产业性。创意作为一种创新思维，是一种可以创造价值和财富的资源。它源于人力资源又高于人力资源，是一种无可替代的生产要素。创意是一种资本，在产业化过程中创造经济价值体现在两个方面：一是体现其在产业发展中的核心地位；二是体现其作为整个经济创新系统中的重要元素，推动经济发展方式的转变、产业结构的优化、产业效应的提高。

第三，创意体现一种发展中的创新性。人类社会的生产、生活和发展中产生的新观念、新事物都是人类创意的结果，创意是人类不断突破现状、改造现状和创造现状的表现，是人类实现自我价值的体现。创意作为一种创新思维，是道器并重的创新，不但丰富了人类文化精神的内容，也提供了大量的创意产品，极大地满足和引领了人类社会的精神和物质需求。创意活动使创意者实现了自我价值的体现，成为社会的发展和变革中最有活力的组成元素。

1.1.2　创意产业的兴起

创意产业，又称创意工业、创造性产业、创意经济等。创意产业的概念源自 20 世纪 90 年代初的澳大利亚，90 年代末则由英国政府正式提出这一专业名词：源于个人创造力、技能和才华的活动，通过知识产权的生成和利用，使这些活动发挥创造经济效益和就业的成效，并推广至全球。创意产业对推动经济增长、增加就业、提高居民生活质量的作用逐渐显现，创意产业的概念也在国际社会中越来越频繁地使用，创意经济的发展和创意经济的产业化备受关注。在现代产业体系中，以文化创造为代表的创意产业已经成为毋庸置疑的核心产业部门，扮演着城市发展经济引擎的角色。创意产业如今已成为 21 世纪世界经济中最具活力的行业之一。其平均每年创造产值 22.5 亿美元，占全球GDP 的 3%；雇用 2950 万名员工，占全球工作人口的 1%；提供工作岗位数超过欧洲、日本、美国三地汽车产业工作岗位数总和；等等。全球创意产业的发展可谓"霸气侧漏"。

纵览全球创意产业发展，各国家和地区的特点不同。

英国最早提出"创意产业"的概念，在创意输出上也厥功至伟。《哈利·波特》《神探夏洛克》等优秀作品以及半个世纪来深深影响世界流行文化的甲壳虫、U2乐队等，作为英国文明和社会精神的符号被全球礼赞。伦敦更是凭借每年210亿英镑的产出值被誉为世界创意产业之都。

创意产业已是美国最大、最富有活力并带来巨大经济收益的产业。美国对创意产业有着清醒的认识，发出"资本时代已经过去，创意时代已经来临"的呼声，其创意产业的增速早在2019年前已经达到14%，占GDP的30%以上，已成为美国第一大出口创汇产业，还拥有好莱坞（图1.2）、迪士尼等诸多文创企业典范。美国电影更是在全球独占鳌头，据统计，好莱坞收入占比全球电影票房的70%以上，几成垄断之势。

图1.2 文创典范——好莱坞

亚洲是国际上创意产业发展的重点地区，其中以日本、韩国、印度为典型代表。在日本，创意产业增加值占GDP的18.3%，其中尤以动漫产业为首（图1.3）。近十年来，日本动漫产业平均每年销售收入达到2000亿日元，已形成从漫画到动画、游戏、衍生品等的完整产业链，成为日本经济的三大支柱产业之一。与此同时，作为世界上最大的动漫输出国，日本动漫还发挥着重要的文化宣传作用，武士道精神、便当等传统民俗文化在动漫作品中处处可见。

图 1.3　日本动漫

　　我国港台地区在 2002 年后逐步接受了创意产业的提法，大陆地区则始于学术界的理论探索与研讨，而后上海、北京、杭州等城市开始创意产业的实践，最终逐渐上升到国家层面。比如北京的大山子艺术区、上海的泰康路艺术街、深圳的大芬油画村等，已受到世人关注。

　　2006 年北京两会提出要大力发展文化创意产业。同年 5 月，我国创意产业领域的首部蓝皮书《中国创意产业发展报告》将这一年确定为中国创意产业的"元年"，标志着中国创意产业的正式起航。2006 年至今，学术界对创意产业的讨论逐步深入，国内越来越多的城市开始重视文化创意产业，将发展文化创意产业作为加快产业结构升级、提升区域综合竞争实力特别是软实力的重要手段。同时，创意产业推崇创新，崇尚创造力的价值张扬，注重原创力，这与我国提出的自主创新战略不谋而合，因而大力发展创意产业能增强民族创新能力。

　　可见，最初的创意产业脱胎于文化产业，由政策制定者"发明"，带有鲜明的政治色彩。从创意产业缘起的背景来看，它是一种与文化紧密联系、自上而下的发展策略，是政府促进本地经济、文化、社会进步甚至成为国家优势的产业政策。与文化产业相关的产业部门成为早期创意产业的主要内容，在各国不同的定义和范畴界定中，我们可以归纳出创意产业有三项共通的核心构成元素：以创意为产品内容，利用符号意义创造产品价值，知识产权受到保障。

1.2　创意经济的内涵、形态与核心价值

　　在知悉创意实为人类大脑具有独创性的灵感意念、构思后，不难发现创意产业是以创意为核心，在强调创意者个人智慧、技艺、创造力的同时，也强调

利用政策促进产业设计、规划，以知识产权保护为基础而发展。而创意经济强调的则是市场的作用和最终的经济效益。

1.2.1 创意经济的内涵

创意经济是指在知识经济高度发达的新阶段，以人的创造力即创意为核心，以知识产权保护为平台，以现代科技为手段，并把创意物化，形成高文化附加值和高技术含量的产品和服务，在市场经济条件下进行生产、分配、交换和消费，以提升经济的竞争力和生活质量为发展方向的新型经济形态。联合国贸易和发展会议在第三届世界创意经济大会上发布的 2022 年《创意经济展望》报告指出，创意经济为所有国家尤其是发展中国家提供了一个可行的发展选项。创意经济在推动技术创新、促进社会就业、创造经济价值等方面成果显著，已成为当前推动人类社会与经济可持续发展的巨大力量。新兴的全球创意产业的发展为创意城市带来了越来越多的发展机会，赋予了城市产业、城市形象、城市就业、城市旅游、城市文化品格、城市振兴等一系列的城市发展机遇。

创意经济的独特内涵在于：首先，从发展层面来看，创意经济是继主要依靠物质资源消耗的粗放型增长之后的新型发展阶段，是可持续发展理念的延伸和深化。其次，从经济层面来看，创意经济是知识经济的核心内容和高级形态，是继农业经济、工业经济、商品经济之后的新型经济类型或经济发展模式。再次，从内容层面来看，创意经济是比创意产业具有更高范畴、更广含义的交叉性概念。创意产业是创意活动构成的独立的产业部门，是后工业社会的"黄金产业"；而创意经济不仅仅是一个单纯的产业问题或产业概念，更多体现的是对具有高文化附加值、高科技含量和丰富创新度的各类产业和各种经济行为的高度概括，涵盖了新经济的总体，传统的工业经济、服务经济甚至农业经济通过注入文化或创意的含量提升其附加值，可以实现向创意经济的转化，城市规划建设、环境建设、精神文明建设等也与创意经济建立了直接的联系。因此，创意经济具有覆盖经济、社会和文化等多方面的关联效应。

1.2.2 创意经济的形态

"世界创意经济之父"约翰·霍金斯在其著作《创意经济》一书中提出，创意经济每天创造 220 亿美元的产值，并以每年 5% 的速度递增。创意必须符合四项标准：个人、原创、有意义、有用处。按此标准，创意不仅体现为创造性思想和行为，而且还要转化为有价值的成果。创意经济的提出，引起世界各国的广泛关注。创意经济在目前经济快速发展的社会中，属于一种新的经济形态展现形式，作为新的资源配置方式，一定程度上提高了创新能力，并且创意产品设计在整个创意经济中都体现出重要的经济作用价值。与传统的经济形态相比，创意经济意味着，从以效用为重心的经济，转向以价值为重心的经济；从以理性资本为基础的经济，转向以活性资本为基础的经济；从以机械组织和秩序为基础的经济，转向以有机组织和活的秩序为基础的经济。在这样的经济组织形态中，价值、资本、技术、市场等都有着不同的表现。

（1）价值形态。创意经济强调通过人类的智慧、想象力和技能等进行创新、创造活动，自然涉及理念、知识、科技、资本、产品、市场以及经济组织模式等创新问题。从经济学意义看，创意的经济价值体现为具体的现实存在。抽象的创意需要与各行业嫁接，转变为产品、营销、服务、商业模式等内容，才能形成商品价值的一部分。因此，一般将创意归属为劳动力价值中的脑力劳动价值范畴。从价值表现看，由于创意是人本价值导向的创新，创意经济就鲜明地体现为以价值为重心（而非以效用为重心）、以生活方式主导（而非生产为中心）的经济，异质性、个性化等人文内涵成为创意产品价值的重要内容。凯夫斯在《创意产业经济学》中指出，创意性产品的特性、风格等"独立于购买者对产品质量评估之外"。显然，创意产品除提供了其他一般产品具有的共性，为消费者提供实用价值外，更注重产品或服务的精神性、心理性和审美性，即提供一种人文价值，这也是盖茨所说的"好的创意才是价值之源"的注解。

（2）资本形态。当经济发展模式由投资驱动转向创新驱动，对"财富"的理解远远超出有形的资源、实物的资产和唾手可得的资本时，人才、知识、技术、环境等非物质性创造力要素就取得与资金、资源等物质性要素一样的资本性质。弗罗里达认为，"每个人都具有创意力，这是人类发展和适应环境的产物。因此创意资本实际上是一种无限资源。""对于这个新的经济模式来说，人类智力与想象力能达到什么程度，它就能发展到怎样的程度。"正如1992年微软超过通用的时候，《纽约时报》评论说，微软的唯一工厂资产是员工创造力。可见，个人智力、想象力、创造力等非物质性、活性资本（包括个人知识资本、社会资本、文化资本、精神与潜意识资本）是创意资本的源泉，构成了创意资本的主体，在创意经济中具体表现为"新原理、新技术、新商业模型、新文化形式和新产业"等资本形态。这种资本的形成主要依靠两个方面：一方面，以人的创意力为增值手段，获得财富增长的空间，具有低消耗资源、高附加值、低复制成本等特点；另一方面，以知识产权为资本载体，通过知识产权交易保障创意在经济活动中的收益。为此，霍金斯认为知识产权是创意经济的财源形式。

（3）技术形态。创意经济推崇个人创造力，强调"活"的创新，其核心生产要素是信息、知识，特别是新观念、新创造性、灵感等创意内容，而这些往往是散发的、个体的元素，需要相应的技术手段来整合和集成，并以整体的合力渗透到产业部门，创造出市场需要的产品。例如电影、电视、音乐产业等视觉艺术产业创意产品，就是依托新科技和传媒技术手段而生产出来并不断被改进的。可见，在创意经济生产方式中，通过技术对现有的生产要素进行创新性组合，使创意物化并获得额外附加值，现代性、不同质等技术选择至关重要。归结起来，对创意经济起推动作用的经济形态表现为两个方面：一方面，是个人经验积累和灵感迸发，表现为新理念、新技术、新商业模型、新文化形式等原创性特征，可称为原生态的技术形态；另一方面，是把创新理念、创新思维及创新活动贯穿到经济活动的过程，使科技、文化、创意、商品等元素结合在一起，强调对中间生产手段和管理等技术性转化，可称为现代技术形态。在现代新经济中，要把原生态的技术形态与现代技术形态紧密结合，原生态的技术形态是基础，是一切创意的根源和出发点，而现代技术形态是在此基础上，在实践中广泛运用信息技术、传播技术、自动化技术等现代科技，真正体现出创意的成果和价值。

（4）市场形态。工业经济生产的发展大大丰富了市场产品的供给，加上人们生活水平的提高，市场已经步入了买方市场的时代，人们的需求方式和消费模式也随之改变。人们在满足生存需求后，享受开始逐步成为需求的主要内容，即心理消费成为一种重要的市场需求。创意和市场之间有着清晰的尺度。当创意为产业特定产出和获得市场利润服务时，必须把创意转化为或用创意去改善市场所需要的商业产品，才能实现经济价值。创意与市场对接，需要依托一定载体把创意实物化、商品化，变成市场所需要的消费品。显然，创意能否产生经济效益必须通过市场选择，能被市场认可的创意才是有价值的创意。其市场规模最终取决于消费品需求。随着人们收入水平的提高和消费观念的转变，市场消费开始呈现出个性化、多样化的特征，消费层次也越来越高，市场消费除了商品使用价值和实用功能，还增加了文化内涵、艺术审美、优质服务等创意市场需求。市场经济的原则是有需求就会产生供给。创意经济亦是以注意力为市场目标的经济形态。产品创意、服务创意、营销创意和商业模式创意等市场表现，更多地体现为消费过程的精神享受和审美需求，体现为一种精神价值的消费体验。正如星巴克总裁霍华德·舒尔茨所说："星巴克出售的不是咖啡，而是对于咖啡的体验。"创意走向市场，是个人智力和创造力商品化，也是创意产业化的开始。星巴克作为全球知名的咖啡饮品经销商，打造了属于自己的文化氛围：以咖啡文化为主，以休闲、中产生活为内核的文化理念。而星巴克的文化栖息地，也就是星巴克的文化载体，主要有两大部分：其一是星巴克提倡的"第三空间"（图1.4），其二是咖啡文化的产品终端——杯子（图1.5）。

图1.4　星巴克提倡的"第三空间"　　　图1.5　咖啡文化产品终端——杯子

1.2.3　创意经济的核心价值

创意经济的核心价值是人的创造力（创意）。创意经济是"以人为本"的经济，其本质是以智力资源为依托的知识经济。创意产业占据产业价值链的高端。"脑力""创意"等知识智力资源渐渐取代"土地""劳力"成为经济发展的核心资源。创意经济使人的积极性、主动性、创造性得到充分发挥，实现人的全面发展。创意经济需要人们不断探索事物之间的内在联系，揭示客观事物的发展本质。通过创造性的思维，引入人们对客观事物的再度认识，从而获得新的认识结果。

1.3　创意经济的消费特征与市场开发

随着社会大众的人文知识、科技知识大幅提升，越来越多的创意产品受到普通人的簇拥，人们在消费过程中表现出充满灵感和想象力的主体创造性，通过学习、娱乐、文化交往等方式拓展自己的人生体验，构建富于精神向度的文明生活风尚，主要体现在如下消费特征上。

1.3.1 创意经济的消费特征

（1）消费者注重感性需求的满足。"感性"是指外界事物作用于人的感觉器官而产生的感觉、知觉和表象等直观形成的认识。在创意经济条件下，消费者的行为不是仅仅限于"物的消费"这一经济行为，而是转化为关于物品的感性和意象的消费行为，即消费者更注重产品的感性消费。感性消费既注重产品所引起的感官愉悦，也强调产品形式是否符合消费者的品位、理念、价值和偏好。感性消费实际上就是一种心理或精神性消费，为"感性消费"所提供的旨在满足人们心理感受和欲望的商品则被称为"感性商品"。"感性商品"的感性种类主要有高贵感、情趣感、充实感、自然感、复古感、时代感等，而富于个性和人格化的感性商品所具有的这些特色正是现代社会众多消费者所刻意追求的。

（2）消费者更注重对产品的象征消费。在创意经济条件下，消费者的生活空间正在成为一个符号空间或意义空间。创意时代的消费需求倾向于符号化和象征化。创意时代的大众消费实际上已经超出实际需求，演变成符号化的物品、符号化的服务中所蕴含的意义消费。人们购买某种商品或服务主要不是为了它的使用价值，而是为了寻找某种"感觉"，体验某种意境，追求某种意义，获得某种身份认同。产品的价值体现在产品的两个重要方面，包括产品自身所带来的商业价值，以及产品通过创意设计所带来的附加价值。因为在日常的经济活动中，我们身边充斥了各种类型同质化的商品，更多产品体现出比较接近的经济价值。如果对相似商品的功能形态、生产技术、外观造型等多个方面进行创意性的设计和改造，可以体现出创意产品的复杂经济价值，就容易得到更多消费者的认可，并且消费者愿意花高价格购买这一类的产品。

（3）消费者更注重体验价值。消费者价值是营销关注的核心，向顾客提供何种价值正是企业制胜的基本问题。一般来说，消费者价值可以分为功能利益、情感价值、社交价值和个人价值四种形式。创意经济时代价值的观念正在变革，"消费者体验"已成为一种新的价值形式，或称之为"第五种消费者价值"，即消费者购买和追求的体验价值。体验价值是消费者购买和使用某种商品或服务中的心理感受所带来的价值，如愉快、兴奋、惊喜、放松、恐惧等。在创意经济条件下，消费者更注重某种创意给他们带来的生理或心理的体验价值。消费者对体验的需求也体现在对产品的"生产"上，各种类型 DIY 店的流行正是很好的佐证。在产品的生产上，消费者不满足于只是一个看客，他们也想参与其中。他们不仅看重由自己体力及智力生产出来的产品，更注重自身参与带来的意义，把一个自己做的杯子送给心爱的人所表达的意义胜过所有的纯"工业品"。

（4）消费者需求具有易变性。在创意经济条件下，消费者对产品的需求更容易发生变化。社会上与创意有关的某一种文化现象或流行元素的出现都可能引起消费者需求的变化，引起他们对相关产品的兴趣与需求。这种兴趣与需求有时可以被消费者感知，有时却不一定被感知，但当满足该需求的产品出现时他们会对其付出极大的热情。

1.3.2　创意经济的市场开发

如表1.1所示，对创意经济下的创意产业来说，我国已经初步形成六大创意产业市场集群：一是以北京为核心的环渤海创意产业集群。作为全国的文化中心，北京在创意产业中的地位是其他城市无法替代的。北京拥有全国最多的高等院校、艺术团体以及创意人群，已经形成文艺演出、广播影视、古玩艺术品交易等优势行业，并已规划打造多个文化创意产业中心。二是以上海为龙头的长三角创意产业集群，带动杭州、苏州、南京的工业设计、室内装饰设计、广告策划等行业迅速发展。上海已启动多个创意产业集聚区，目标是成为"国际创意产业中心"。苏州、杭州已成为长三角创意产业生产基地，是上海创意产业链的延伸。三是以广州、深圳为核心的珠三角创意产业集群，该聚集区的广告、影视、印刷、动漫等行业走在国内前列。四是川陕创意产业集群的重庆、成都、西安，创意产业主要是网络动漫游戏产业等。重庆先后举办了中国创意产业高峰论坛和中国创意经济与城市商业开发高峰论坛。成都作为全国三大数字娱乐城市之一，拥有全国首家网络动漫游戏产业基地。西安拥有全国数量第四的高校，西安高新区同时也是全国四大高新区之一。五是以昆明、丽江、三亚为代表的滇海创意产业集群，在影视、服装等行业比较有特色，其中昆明的绘画、音乐、雕塑是这里的文化经济亮点，"云归派"在这里成形。丽江目前已经成为影视、演出、服装、时尚活动的背景板，全国创意产业展台的提供者。世界小姐总决赛、南方新丝路中国模特大赛等诸多选美比赛都在三亚举办。六是以湖南长沙为代表的中部创意产业集群，其电视广播产业已形成独特的创意产业链，长沙以湖南卫视、湖南经视为首的电视广播方阵使长沙的创意城市特色有着独特的地位。

表 1.1　我国创意经济的市场开发情况

区域	优势行业	代表性城市	发展状况
环渤海创意产业集群	文艺演出、广播电视、古玩艺术品交易	北京	拥有全国最多的高等院校、艺术团体以及创意人群，并已建成 30 多个文化创意产业园
		天津	天津意库成为区域品牌
		青岛	已成为山东半岛创意产业的龙头，青岛酒吧文化带及青岛动漫艺术节享誉世界
长三角创意产业集群	工业设计、室内装饰设计、广告策划	上海	已建成 128 个创意产业集聚区，目标是成为"国际创意产业中心"
		苏州	已成为长三角的创意产业生产基地，是上海创意产业链的延伸
珠三角创意产业集群	广告、影视、印刷、动漫	广州	天河区是广告、影视、媒体等创意工作集聚区
		深圳	以印刷、动漫、建筑、服装、工业设计等为优势产业，目标是打造创意设计之都
川陕创意产业集群	广播电视、出版	成都	作为全国三大数字娱乐城市之一，全国首家网络动漫游戏产业基地已正式投入运营
		西安	以"政府推动、投资拉动、资源开发、旅游导向、板块推动"为基本模式，形成七大创意产业集聚地
		昆明	以绘画、音乐、雕塑、民族舞蹈等传统艺术形成基础，打造形成都市复合型创意产业集聚区
滇海创意产业集群	影视、服装、旅游	丽江	拥有世界文化、自然、非物质文化遗产，已成为影视、表演等活动的中国历史文化名城和中国优秀旅游城市
		三亚	世界小姐总决赛、南方新丝路中国模特大赛等诸多选美比赛在此举办，"美丽的经济"成为主角
中部创意产业集群	网络、动漫、游戏	长沙	形成"动漫湘军、出版湘军、影视湘军"等品牌，其创意城市特色有着特殊的地位
		武汉	动漫、工业设计、软件与服务外包为优势产业，打造"中国数字创业之都"
		南昌	以环鄱阳湖经济带为中心，印刷出版、工艺美术、数字传媒优势突出

　　创意产业集群，就是在创意产业领域中，由众多独立又相互关联的创意企业以及相关支撑机构，依据专业化分工和协作关系建立起来的，并在一定区域内集聚而形成的产业组织。因此，一般意义上的创意产业集群包括了创意链上

所有的上下游企业。集群效应的确是创意产业发展的关键之一。

依据产业链的不同阶段，创意产业组织的经营方式也不相同。在创意的源头强调的是深度经济，在此阶段大规模生产工具、金融资本并不是创意产业成功的关键因素。但是，到了产业链中后端，要成功产业化，则需要强调规模经济与范围经济，正好与前端相反。一项成功的创意作品，常会吸引同业竞争者的"模仿创作"，提供类似但不同的创意商品给顾客。这种做法除了具有填满市场缺口，满足不同偏好的消费者的优点外，聚集相关类似的创意商品，更能将市场蛋糕做大，形成主流趋势，将有利于创意产业链的发展。

创意产业集群是创意产业发展的一种基本形态，可以作为新的目标市场，为新的顾客群提供服务；也可以作为当前市场区域的扩展。要形成区域性创意产业集群，需要具备以下条件：

（1）宽容的社会环境和政策环境。传统产业集群需要提供大量创意人才的展示舞台，依靠社会环境和产业环境来发掘创意性思维氛围和激发人的创造潜能，所在城市要为发挥创意产业的商品价值提供完善的外部条件，如专业化的培训教育和灵活的人才市场、多样化的市场需求和相关产业支撑，以及国际化的信息流和人才流。

（2）创意产业的区域性、专业性、互动性及价值链。随着企业和城市的发展，创意产业的发展不仅是个人、单个企业、传统产业集群和独立单个城市的行为，而是需要集体、跨区域国际化的互动发展，具有地区性或产业合作集群的个性特征，具有地理性集聚现象。也就是说，创意产业集群环境具有鲜明的本地特征。

（3）城市功能是创意产业发展的重要平台。传统产业集群构成了创意产业知识产权转化的基础平台。技术支持平台是创意产业将创意设计转化为产品的基础，主要包括研发设施、风险投资、知识产权保护和转让以及吸引创意人才的社会环境和生活环境。艺术创造力与区域性人文环境和创意基础结构的完善有关，城市和区域的创意基础结构的关键因素是能否产生知识的创新流动和人才再造的创新流动。

（4）创新城市是推动创意产业集群发展的催化剂。有了宽松的社会环境和政策环境，政府管理的透明度，社会亲和力和多样化包容性，信息流动和创意产业基础设施建设配套，构建产品生产体系、流通交易体系、知识产权交易转化体系、创意产业孵化系统，形成创意产业集群和价值链，城市的创意产业集聚效应才能够给创新的产生、转化、生产、扩散和商业化提供载体和发展空间。

创意产业集群化发展是创意产业扩展的必由之路。波特集群竞争理论为创意产业集群发展提供了理论支持，对一个国家或地区的产业集群的发展具有重要意义。创意产业集群不是简单的空间集聚，地理上的靠近只是打造了一个外壳，培育了一种形式，并不必然带来创意产业集群的建立和规模效应的发挥。集群内的企业只有通过互动的合作与交流，才能发挥规模经济和范围经济的效益，带动一个地区乃至整个国家经济的发展。

1.4　体验的内涵与体验经济的特征

1.4.1　体验的内涵

根据马斯洛需求层次理论，体验的本质是满足人的个性化情感需求与自我价值实现，是人的最高层次的需求。体验是无限的，它孕育了无穷的价值空间，如何创造深刻的体验价值，促进体验消费已经成为当前的一个经济学问题。体验经济被视作服务经济的延伸，属于继农业、工业、服务之后的第四代经济形态。在体验经济中，企业销售的和顾客购买的产品或服务不再仅仅是看得见的有形商品，还包括心理上、精神上的体验过程。就像马斯洛金字塔，体验经济是从物质层面过渡到精神层面（图1.6）。

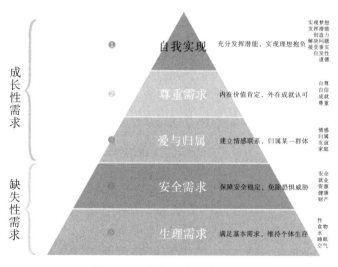

图1.6　马斯洛需求层次理论示意图

　　图 1.7 展示了经济价值递进系统中的转型规律，当这种体验被精巧地构造到值得顾客愿意为它付费的程度时，体验本身也就可以看成经济上的给予，成为一种经济形态，即"体验经济"。此时"体验经济"就可以被描述为继农业经济、工业经济、服务经济之后的一种新经济发展阶段：体验经济，即从营造消费的美好体验出发，以服务为舞台，以产品为道具，以消费者为中心，立足生活与情境，设计能够使消费者参与、值得消费者回忆的活动，塑造感官体验和思维认同，以此抓住顾客的注意力，重塑产品的市场竞争力，最终改变消费行为，为产品找到新的价值和生存空间。体验经济强调顾客的感受性满足，重视消费行为发生时顾客的心理体验。

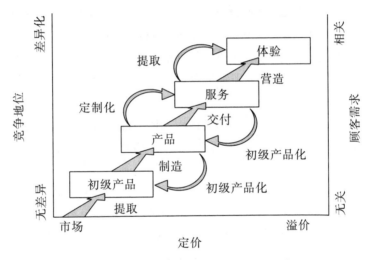

图 1.7　经济价值递进系统的转型规律示意图

1.4.2　体验经济的特征

　　体验经济理论是由美国经济学家约瑟夫·派恩和詹姆斯·吉尔摩在其《体验经济》一书中首次提出的。书中指出，"体验"是提供一种以感受为核心的经济行为。体验经济就是以消费者为中心，满足人们的各种体验，创造能够使消费者参与值得记忆的活动的一种全新的经济形态。体验可分为审美体验、娱乐体验、教育体验和遁世体验。实际体验往往是多种体验的综合。由这种追求体验提供其环境和设施，消费者和企业经营者进行互动而产生的经济相关活动统称为体验经济。

随着消费需求的升级，越来越多的消费者渴望得到体验，越来越多的企业也开始精心地设计和贩卖体验。从零售商业到计算机互联网业、从餐饮娱乐到旅游服务业等各行各业都在演绎着新的感知和新的体验。同时，其对建筑设计、城市设计、商业空间设计、景观设计也产生了深远的影响。

体验经济是区别于商品经济的一种全新的经济形态，其经济效益是通过满足人们各种体验需求而产生的。随着人类经济生活的发展，社会经济已经从农业经济过渡到工业经济再到服务经济，最后到今天所推崇的体验经济，体验经济已经成为后工业时代的一种主导经济形态。体验经济的十大特征如下：

（1）终端性。现代营销学注意的一个关键问题是"渠道"，即如何将产品送到消费者手中。如果说目前企业与企业之间的竞争已经转换为供应链与供应链之间的竞争，那么体验经济强调的是竞争的方向在于争夺消费者。体验经济聚焦于消费者的感受，关注最焦点、最前沿的战斗。

（2）差异性。企业要满足不同顾客的需求，就必须提供差别化的服务。实际上，在产品层次上也体现出个性化的趋势。例如，服装、鞋子的电脑测量制作；人们可以买印有普通明星头像的挂历，也可以要求制作印有自己家人头像的挂历；等等。总之，无论产品还是服务，市场分层的极端是因人而异的个性化，是对标准化的哲学否定。

（3）感官性。最狭义的"体验"是用身体的各个器官来感知，这是最原始、最朴素的体验经济的内涵。例如，旅游是一种体验，坐在家里看电视风光片仅仅使用了眼睛，实际爬山眺望要用四肢；动感影院不仅要用眼睛，更是用整个身体来感受；听音乐会与自己唱卡拉 OK 有所不同；在北京一家百货公司的一层举办了歌曲大奖赛。这些都调动了身体五官，从而增加了体验的强度。

（4）知识性。消费者不仅要用身体的各个器官感知，更要用心去领会，体验经济重视产品与服务的文化内涵，使消费者能够增加知识、增长才干。

（5）延伸性。现代营销的一个基本理念是"为客户的客户增加价值"，即认为企业所提供的产品与服务仅仅是顾客需要的某种手段，还必须向"手段—目的链条"纵深扩展。因此，人们的精神体验还来自企业的延伸服务，这些服务包括相关的服务、附加的服务、对用户的服务等。例如，百货公司对大件物品送货上门，对耐用消费品的售后维修服务，商品的以旧换新和升级换代等。

（6）参与性。消费者参与的典型是自助式消费，如自助餐、自助导游、自己制作（DIY）、自己配制饮料、农场果园采摘、点歌互动等。实际上，消费者可以参与到供给的各个环节中。例如，企业进行市场调查，让消费者参与设计；日本政府曾发出通知，要求家电用品的说明书要有家庭主妇参与编写；市郊旅游者网上组团；在上海工作的湖南老乡组织包机回乡；参加全美 NBA 明星赛的球员由大众投票产生；有的电影在关键时刻由观众投票决定情节的走向；等等。

（7）补偿性。在顾客参与方面还有参与监督。另外，企业提供的产品与服务难免有无法令消费者满意的地方，甚至会造成消费者的伤害或损失，这时需要很好的补偿机制。例如，许多企业通过 800 电话回答顾客问题和抱怨、接受投诉和征求意见；有的商场准备了专项基金用于对消费者损失的快速赔偿；有的商场在各个楼层都设立了退换货室，提出了便利的退换货承诺，让消费者感到买得放心。显然，消费者的权益和意见是否得到了尊重，他们自己的体会最为深刻。

（8）经济性。消费者的经济性表现在搜寻比较费用、最初购买价格、付款条件、使用中的消耗与维修费用等许多方面。网上查询极大地降低了搜索费用。商家确定价格时可能采取许多花样，比如搭售、买一送一、买 100 送 30、抽奖等，有的商家卖手机时说买一台可以赠给 90 元购物券，实际上是 3 张 30 元的券，用该券只能购买指定的几种商品，而且每次购买只能使用 1 张券，那些指定商品在外边只要几元钱，这里却卖到 30 元钱，这样只能给人们带来负面的体验。

（9）记忆性。上述特性都可能会导致一个共同的结果：消费者留下深刻的记忆。留下美好的回忆是体验经济的结果性特征。在这方面完整的例子很多，例如，一位顾客在超市不慎将存包的铜牌丢失，服务员在核对包内东西后予以放行并收取了 2 元钱的押金，在商场捡到了铜牌后特意打电话通知那位顾客来取回 2 元钱押金；一名中国旅客在伦敦火车上遇到列车中途停车，晚点 40 分钟，列车决定免费提供饮料，还提供免费电话让旅客告之有关方面，车中欢声笑语一片，其结果使本来不愉快的事情变成了愉快的经历。

（10）关系性。以上主要涉及的是一次性消费的情况，从一个长期的角度看，企业也要努力通过多次反复的交易使得双方关系得到巩固和发展。如同人们之间需要友情一样，企业与消费者也需要形成朋友关系，实现长期的双赢。例如，航空公司设计了长单程旅客奖励制度，消费越多回报越大，这从另一个角度看也许有些像"金子铐"。多重身份也是关系化的重要表现。

在社交媒体的开放性和自由程度稳步扩张的今天，挖掘用户需求不再像从前那般困难，消费者知道自己期待一种怎样的美好体验，如果企业只是将目光放在营造更具创新的体验上，或许已经不是企业发展的长久之计。正如约瑟夫·派恩和詹姆斯·吉尔摩所言，"带来变革"才是长久的发展之道。企业要致力于加强与消费者的联系，将消费者纳入产品生产和营销服务过程中，在寻找消费者需求的同时满足消费者的需求，在满足消费者需求的基础上寻找渠道超出消费者的预期，产出更多体验化的创意产品和创意内容。

2 城市商圈相关理论基础

2.1 城市商圈的概述与主要理论体系

2.1.1 城市商圈的概述

2.1.1.1 城市商圈的内涵

城市商圈的定义相对于传统的商圈来说，范围更小，更为具体，主要是指城市内部的多种业态、各种规模的商业企业在特定空间范围的聚集体，城市内许多大小不一的零售商圈构成了城市的零售商圈体系，零售商圈体系的空间移动轨迹形成城市商圈空间结构演化。城市内部的区域性商圈，是由若干个大型商业企业集聚共同形成吸引顾客所达到的空间范围，其既可以是城市的核心区域，也可以是城市周边相对非中心地带的区域。

依据泰勒的中心地理论，城市商圈是由许多商业企业汇聚在一定范围内进行经营服务活动以及交通枢纽所带来的人流量，共同产生对消费者的吸引而形成的近似圆形空间的范围，是一个区域性质的商圈。城市商圈是由商业企业集体、广大消费者以及交通、金融、医疗等因素共同形成的。本书中的城市商圈社区是指在社区辖区范围内有区域性的大型商业中心和交通枢纽，对外具有高度商业辐射能力，同时社区人口流动性较大的社区。

（1）城市商圈是零售企业开展经营活动的空间范围。

在这个空间范围内，城市商圈向顾客提供各种商品和服务，并基于物流成本、营销成本、竞争互补、信息共享等因素，在追求规模效益和成本经济性过程中呈现自然集聚的趋势，最终形成具有一定规模的商业服务区。因此，可以将商圈看成零售企业的经营活动创造出的市场空间。

零售企业的经营状况和城市商圈之间存在很强的依存关系。大多数零售企业拥有自己的城市商圈，这是因为大多数零售企业需要依附于附近的城市商圈，只有少数零售企业如各大依附于火车站、汽车站、机场等的"寄生店"例外。需要城市商圈的零售企业占大多数，它们开展经营活动的空间范围也在城市商圈范围以内，这是因为一个合适的商圈，能增加零售企业的吸引力，扩大它们的影响范围，从而吸引更多的顾客，同时强化规模优势，进而获得更多的利润。

（2）城市商圈是目标顾客消费行为的空间范畴。

每个零售企业都有自己相对稳定的目标顾客群，他们是支撑其生存和发展的基础。由于顾客总是居住在一定的地点，并在一定的区域内活动，因此光顾某一家零售企业的顾客必然分布在相对固定的地域范围内，该范围就是来该店购物的所有现实和潜在的顾客从其居住地到商店距离的总和。这个范围的大小体现了零售企业的辐射能力。

城市商圈是一个以各大店铺为中心，吸引顾客到店的地理范围，且优先选择到该店来消费的顾客所分布的范围。例如成都财富又一城商圈定义为：以定位店铺为中心周边 1~3 千米的范围，周围来店铺的顾客达到 8 成以上，交通条件为 10~20 分钟，周边地铁有 3 号线和 6 号线，开车 5 分钟左右。从这个定义可以看到，一个成功的商圈，对目标顾客消费行为的空间范畴是非常明确的，前文提到由于城市商圈必须拥有大量的顾客群体作为支撑基础，而商圈的有效范围又取决于对这些顾客的吸引力，吸引力取决于零售企业自身的情况及顾客到商圈的距离。因此，可以将商圈看成顾客消费行为创造的顾客从其居住地到商店距离的总和，这个范围的大小体现了零售企业的辐射能力。因此，可以将商圈看成顾客消费行为创造出来的地域空间。

（3）两种空间范围具有直接或间接的动态重叠性。

我们知道，商圈辐射是指商店以其所在地点为中心，沿着一定的方向和距离扩展，吸引顾客的辐射范围。商圈的辐射范围并不是一个规则的圆圈，而是由以零售商店为中心的辐射区和顾客到零售商店距离的辐射区重叠而来，无论是大的零售商场，还是小的零售商店，它们都拥有一定的辐射范围。同时，居住在商业区内的顾客以及距离商业区较近的顾客，他们的消费行为和零售商店的经营活动空间表现为一种直接的地域重叠。居住地距离商业区较远但被吸引来店购物的顾客，他们的分布与商业区在地理区域上没有直接重叠，却表现为一种间接的重叠，即当顾客前往服务区购物时就实现了重叠。只要商圈的辐射力足够强，直接重叠和间接重叠都将创造出更大的空间范围，提升商圈的辐射范围。

2.1.1.2 城市商圈的等级划分

一个成功的商圈，即是一张靓丽的城市名片；一个成功的新兴商圈，即是一剂促进消费的良药。根据商圈的区位特征、业态功能特征、客流特征等因素的不同，可以将城市商圈划分为都市级商圈、区域级商圈、社区级商圈和特色商圈四种类型。

（1）都市级商圈。都市级商圈是指商业聚集度高、商业辐射范围广、业态服务功能完善的大型城市级商业中心或商业集聚区，是最高等级的城市商业聚集中心地。都市级商圈不仅具有丰富的商业业态，而且商业辐射能力强，并在城市中占据重要的中心地位，是城市中最为繁华的区域和最具活力的市场，服务范围和辐射面包括整个城市、周边地区乃至国内外更广大的范围。随着商圈的不断扩大，影响范围的增加，一个城市的都市级商圈的数量也会增加。按照商圈发展规律，当服务业产值在城市经济总量中的占比超过50％时，将在城市新的中心区域形成第二个都市级商圈。以成都为例，春熙路－天府广场是一个标志性的都市级商圈，在不断发展下，成都已处于建设第二个都市级商圈的新阶段。城南区域是成都新经济蓬勃发展的重点区域，城市产业、人口在该区域加速聚集。经规划，交子公园商圈位于成都中心城区南部，包括锦江两岸，西至益州大道、东至锦华路、北至府城大道、南至天府一街，总面积为9.3平方千米。2025年将打造成为成都市第二个都市级商圈。

（2）区域级商圈。区域级商圈是指商业聚集力一般、商业辐射范围较广泛、业态服务功能较为完善的地区级商业中心或商业集聚区。该等级商圈选址一般在通达性较好的区域，商业业态较丰富，主要提供中档但使用频率较高的商品。这类商圈随着城市功能的进一步发展，有可能演变成为副都市级商圈或者都市级商业中心，也有可能在激烈的竞争中逐渐衰退为社区级的商业中心。

（3）社区级商圈。社区级商圈是指商业有一定程度的聚集，主要提供居民日常生活用品的小型商业以及生活服务业的商业聚集区，通常以大中型超市为主，同时配备餐饮、社区服务中心、文化活动中心、银行、邮局、美容美发等各种生活型服务设施，主要服务对象为附近的社区居民。

（4）特色商圈。特色商圈主要位于景区或者历史文化保护区，如北京的南锣鼓巷、丽江古城的商业街、成都宽窄巷子等，这类商圈具有浓厚的文化特色和地方风情，往往能够成为一个城市具有地方特色的城市名片，通过结合旅游业的发展聚集人气，对城市的经济和商业的发展有着巨大的推动作用。

2.1.1.3　城市商圈的分类

（1）中央级核心城市商圈。中央级核心城市商圈一般位于城市的核心地带，或重要交通枢纽等区域，区位优势明显，交通便利发达，周边基础配套设施较为完善。中央级核心城市商圈大都记载着悠久的城市发展历史，承载着深厚的文化内涵，浸透着城市特有的风俗传统。中央级核心城市商圈中的商业网点密集度往往很高，通常是城市中最具有标志性、最具有生命力、发展相对成熟的城市商圈，是整个城市商业的典型。相对于其他类型的城市商圈来说，该类型的城市商圈规模体量较大，辐射范围广，影响力强，对于拉动消费需求、加快城市经济的发展都发挥着至关重要的作用。该类型商圈的主要目标客群不仅局限于商圈内部，而是延伸至商圈以外的整个城市、外地城市乃至国外旅游者等。城市商圈内部行业跨度范围广，涉及餐饮、金融、住宿、购物、休闲娱乐、文化教育、健身美容、商务等各个方面，行业较齐全，功能较综合，顾客选择性较多。业态类型较为全面，资源利用效率高。主要的业态类型包括大型购物中心、大型百货商店、专卖店、超市等。中央级核心城市商圈的主体功能是向人们展示该城市商业发展的繁荣形象，为消费者提供综合性的服务功能，满足消费者多元化、多层次、一站式的需求。

（2）区域级城市商圈。区域级城市商圈往往位于居民区比较密集、商务集聚区或交通枢纽处等区域交通比较发达便利的地方。区域级城市商圈内部的商业企业属于中度集聚状态，商业网点布局较密集。其规模体量一般居于中等水平，所包含的业种业态相对来说比较齐全。该类型的城市商圈以提供中档及以上层次，但消费频率较高的商品与服务为主。区域级城市商圈辐射范围居中，基本能够满足区域人们餐饮购物、娱乐休闲、商务办公等消费需求，主要业态包括购物中心、百货商店、餐饮等。区域级城市商圈往往依托于区域内的某一特色资源优势，顺应着区域产业集聚、区域住宅区开发等多方面因素发展形成，对于满足区域消费需求，拉动区域经济增长起着重要的作用。

（3）社区级城市商圈。社区级城市商圈一般围绕着居民区建设而成。该类型城市商圈辐射范围与体量规模都相对较小。社区级城市商圈的主体功能是为周边社区居民的日常生活提供便利，满足其基本生活类的消费需求。业态业种类型以超市、便利店、医药店、餐饮、美容美发、洗浴、修理修配、社区文化娱乐中心等为主。

2.1.2 主要理论体系

2.1.2.1 商圈理论

商圈理论，是一种商品和服务中心地理论。这种理论的要点是：圆心是中心地，而半径是最大的商品销售能力及餐饮辐射能力，根据圆心和半径来形成商品销售及服务的中心地。

通常公认的商圈定义如下：商圈是一个空间范围，且这个空间范围是具体的，在此范围内，各个商业企业对消费者的吸引能力存在差异，且认为此空间范围内，各商业企业的销售行为与消费者的购买行为是在同一时刻发生的。通过此空间范围内商业企业的销售行为与顾客的购买行为相互作用，最终形成一个"商业场"。现实的商圈大多数由单体零售店或者各种规模的商业中心所形成。

商圈拥有四个特性，即层次性、重叠性、不规则性和动态性。层次性是指在同一商圈内，顾客到店购物的可能性并不相同，这使得商圈表现出明显的层次性。通常在研究商圈时，一般将商圈分为三个层次，包括核心商圈、次级商圈、边际商圈。通过对商圈进行层次划分，便于项目定位，以及对客源的分析，有益于对网点格局进行布置，对商圈内的竞争情况进行分析。重叠性是指零售店之间的商圈往往没有清晰的界限，因此往往在两个商圈的第二层和第三层处发生重叠，重叠区域内的顾客存在着到任何一家零售店购物的可能性。不规则性是指商圈并不是一个规则的圆形，而是一个不规则的形状，原因是来自不同地方的顾客到商圈购物时，存在客观因素阻碍或者被吸引到店购物，在两种因素的共同作用下，促成了商圈的不规则形状。动态性是指商圈的规模和范围不是一成不变的，而是会有所变化的。商圈可以通过改变自身的经营模式、加强管理等方式吸引更多顾客，从而扩大自身的规模；也可能因为竞争激烈、管理单一而导致业务缩小。

（1）核心商圈，也被称作主要商圈，是指商业集聚区紧密分布各种商业企业，消费者最方便和聚集最多，并且消费交易最密集的圆形或者椭圆形区域。这些区域顾客密度较大，贡献的销售额也是最高的。主要客户来源为商圈周围的顾客，这些顾客往往能够通过徒步或骑自行车的方式花较少的时间来到商圈。统计显示，核心商圈贡献 50%～70% 的有效顾客。

（2）次级商圈，又名次要商圈，指核心商圈外围的商业区，顾客较分散，且非核心商圈商业密度相对较小。这些商业区域档次相对降低。次级商圈让顾客花费的从自身位置到中心地位置的时间也有所不同，相对核心商圈，由于次级商圈到中心地位置时间较长，且次级商圈内消费者的分布是不均匀的且数量较少，因此该商圈贡献的顾客占总数的 15%～25%。

（3）边际商圈，又名边缘商圈。它位于商圈的最外围，距离消费者和商业中心都比较远，交通均不太方便，设施设备也比较落后，往往需要较长时间才能够到达商圈的中心地位置。该区域的顾客分布密度低且分散，在顾客总数中占很少的比例，该商圈贡献的顾客占总数的 5%～10%。

2.1.2.2 城市商圈的形态理论

（1）伯吉斯同心圆理论。

美国社会学家伯吉斯最早应用社会生态学的侵入和继承的概念，解释了城市土地利用的空间排列形态。他认为，假设市区面积广大，地形相当一致，居民有种族、文化、社会等差异时，都市内部结构会由中心商业区外围依同心圆形式向四周发展。这对于深入了解现代商圈的演变过程具有相当重要的认识价值。当城市扩大或城市增多后，一个城市内可能出现两个或两个以上的市场，一个市场内也可能出现两个或两个以上相同类型的商店。在这种情况下，大大小小的商圈之间出现了重合和叠加的现象。强势商店的边际商圈层甚至"入侵"到弱势商店的次要商圈层或主要商圈层。这就是消费者极有可能舍近求远去选购商品的原因。1871 年美国城市芝加哥发生了一场大火，核心区几乎全部被烧毁，在重建过程中，重建城市的空间呈同心圆式，可以划分为 5 个圈层。1923 年，伯吉斯以重建的芝加哥城为基础，提出了以下学说：城市由不同产业组成城市地域，城市地域受向心力、专业化、分离和向心性离心等 4 种力的影响，产生分异。城市各地域的不断侵入和转移，构成了城市由 5 个同心圆组成的区域空间概念（图 2.1）。

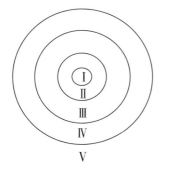

说明：

Ⅰ—中心商务区
Ⅱ—过渡性地带
Ⅲ—工人住宅区
Ⅳ—中产阶级住宅区
Ⅴ—高级或通勤人士住宅区

图 2.1 伯吉斯同心圆理论示意图

（2）霍伊特扇形学说。

扇形学说是霍伊特综合了 64 个城市的房租调查资料后提出的。霍伊特认为，伯吉斯均质性平面的假设太不现实，因而于 1939 年提出了扇形模式或称楔形模式，这个模式考虑了交通作用对商业区的影响，认为商业区、不同阶层居住区沿交通线从中央商务区（CBD）向四周放射发展（图 2.2）。他在该模式中保留了同心圆模式的经济地租机制，加上放射状运输线路的影响，即线性易达性和定向惯性的影响，使城市向外扩展的方向呈不规则式。他把中心的易达性称为基本易达性，把沿着辐射运输路线所增加的易达性称为附加易达性。各种功能活动都需要某种特定的要求和特殊的区位条件，如工业区要有方便的交通，轻工业和批发商业对运输路线的附加易达性最为敏感，因此呈楔形，而且不是一个平滑的楔形，它可能左右隆起。至于住宅区，贫民住在环绕工商业土地利用的地段，而中产阶级和富人则沿着交通大道或河道、湖滨、高地向外发展，自成一区，不与贫民混杂。当人口增多，贫民区不能朝中产阶级和高级住宅区发展时，也会循着不易受阻的方向做放射式发展，因此城市各土地利用功能区的布局呈扇形或楔形。

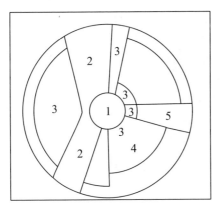

1—中心商业区
2—批发商业区、轻工业区
3—低级住宅区
4—中等住宅区
5—高级住宅区

图 2.2 霍伊特扇形学说示意图

（3）墨菲和万斯 CBD 理论。

1954 年，墨菲和万斯对 CBD 用人口密度、车流量、地价因素做了界定，较为成熟地对城市 CBD 进行了研究。CBD 即 Central Business District 的缩写，中文多译为"中心商务区"（或中央商务区），最早产生于 20 世纪 30 年代的美国。CBD 区在土地使用与地价分布、建筑容量与建筑形态、功能构成与功能分布、就业、交通等方面表现出明显的特征：①功能活动聚集度高、中心性强：商业活动多，事务办公机构、服务娱乐设施密集、等级高、辐射能力强。②产业特征：以第三产业为主导，第三产业逐渐替代中心区的工业制造业。③用地特征：CBD 一般为地价峰值区，土地开发和使用强度高。④建筑特征：白天人口流量高，核心区无常住人口，昼夜人口差大。⑤就业特征：就业密度高，就业档次高。⑥交通特征：交通峰值高，是交通转乘集中区。⑦可达性：高的可达性。明确具有以上特征的地区被定义为 CBD。现代的中心商务区的概念可以概括为：城市的功能核心，城市的经济、科技、文化等在此高度集中；交通便利，人口流动巨大；白天人口高度密集，昼夜人口数量变化大；位于城市黄金地带，地价最高；大城市金融、贸易、信息和商务办公活动高度集中，并附有购物、文娱、服务等配套设施的城市中综合经济活动的核心地区。普劳德富特于 1937 年、奥尔森于 1940 年分别采用城市街区中的零售业贸易额、商店租金及临街商店的长度指标来确定 CBD。1954 年，美国学者墨菲和万斯提出了一个比较综合的方法，即将人口密度、车流量、地价等因素综合考虑，那些白天人口密度最大、就业人数最多、地价最高、车流量和人流量最大的地区即为 CBD。墨菲和万斯认为，地价峰值区（简称 PLVI）是 CBD 最明显的特点，在此区的用地称为中心商务用地，其中包括零售和服务业，诸如商店、饭店、旅馆、娱乐业、商业活动及报纸出版业（因为它对商业的影响远大于对制造业的影响），不包括批发业（除少数外）、铁路编组站、工业、居住区、公园、学校、政府机关等。他们在对美国 9 个城市 CBD 的土地利用进行细致深入的调查后，提出两个界定指标，即中心商务区指数（CBHI）和中心商务强度指数（CBII）。计算公式如下：

$$CBHI = \frac{\text{中心商务区建筑面积的总和}}{\text{总建筑基底面积}}$$

$$CBII = \frac{\text{商务区内商务建筑面积总和}}{\text{商务区内总建筑面积}} \times 100\%$$

根据计算结果，墨菲等在研究中将 $CBHI>1$，$CHII>50\%$ 的地区确定为 CBD。戴维斯等随之更进一步，提出了"硬核"的概念，即 $CBHI>4$，$CBII>80\%$ 的地区为"硬核"，也就是真正具有实力的 CBD，其余地区则称为"核缘"。赫伯特和卡特进一步提出了中心商务建筑面积指数比率（CBI）的概念，将城市的规模、形状及其他有关因素考虑在内，使人们可以用更精确的方法来界定 CBD。

（4）哈罗斯和厄尔曼多核心学说。

伯吉斯、霍伊特等人于 1945 年提出了多核心学说。他们认为，城市内部结构模式均为单中心，而忽略了重工业对城市内部结构的影响和市郊住宅区的出现等因素是不可行的。哈罗斯和厄尔曼在 1954 年提出了较为精细的多核心模式。大城市并非依托单一核心发展，而是围绕着几个核心形成中心商务区、批发商业区、住宅区、工业区和郊区，以及相对独立的卫星城镇等多种功能区，并由它们共同组成城市地域。中心商务区是城市的核心。但城市还存在着次一级的支配中心，它们都有各自的吸引范围。城市的多核心构成城市的众多生长点，交通区位最好的地域可以形成中心商务。该模式假设城市内部结构除主要经济胞体，即中心商务区外，尚有次要经济胞体散布在整个体系内，这些胞体包括未形成城市前中心地系统内各低级中心地和在形成城市过程中的其他成长点，这些中心地和成长点皆随着整个城市的运输网、工业区或各种专业服务业（如大学、研究中心等）的发展而发展。其分别从同类商业、同类居民集聚与分异和商业中心层次方面三种模式进行了探讨。多核心模式的突出优点是涉及城市地域发展的多元结构，考虑的因素较多，比前两种模式在结构上显得复杂，而且功能区的布局并无一定的序列，大小也不一样，富有弹性，比较接近实际。其缺点是对多核心间的职能联系和不同等级的核心在城市总体发展中的地位重视不够，尚不足以解释城市内部的结构形态。

（5）中心地理论。

中心地理论也可以称为中心地方论，是由德国地理学家克里斯泰勒 1933 年在他的重要著作《德国南部的中心地——关于具有城市职能聚落的分布与发展规律的经济地理学研究》中提出的。他认为，一个地区城镇规模的大小、城镇等级的高低与城镇数目成反比。规模小的城镇数目多，规模大的城镇数目少；城镇等级越高，数目越少。该理论的核心思想是：中心地的等级层次结构即城市是其腹地的服务中心，根据所提供服务的不同档次，各城市之间形成一个有规则的等级均匀分布系。

中心地理论具有 6 个基本假设：①在一块均质平原上的人口密度和人们的收入分布、对某一货物的需求量处处相同；②具有统一的交通系统且同一规模的所有城市，其交通便利程度一致，即运费与距离成正比；③消费者都利用离自己最近的中心地，即就近购买，以减少购物时间和交通费用；④相同的商品和服务在任何一个中心地的价格和质量都相同；⑤为了谋求最大利润，商品经营者之间尽可能保持大的距离；⑥中心地职能在同一中心地集聚，任何商品都要服务到整个均质平原，不存在未被服务的空白区。

假设结论：

①消费者购入同类产品＝售价＋运费（消费者在平原上均匀分布）；

②消费者为降低价格利用最近的中心地；

③同级中心地在区域内是均匀、等距分布的。

根据均质平原上交通费用与距离成正比的假设条件，市场区应该是个圆形，但是为了避免市场区的圆形交叉或存在未被服务的空白区，市场区最后都转为正六边形，这样既符合市场区弥合的要求，又能达到周长一定、面积最大的要求。他认为乡镇的理想分布形态应是均匀地分布在整个国家范围内，也就是位于六边形的六个角上。

克里斯泰勒认为，市场原则是中心地布局的重要原则，在理想化的均质平原上，消费者购买商品和享受服务，一般选择最接近的中心地（就近原则），中心地服务范围在空间上呈六边形，中心地则位于正中。不同职能的中心地受其服务范围的影响具有明显的等级规模结构，即城市作为其腹地商业、贸易或服务等行业的聚集中心，根据所提供服务范围的不同档次，在一定的区域范围内形成一个有规则的等级均匀的分布关系。中心地要为居民提供最大可能的服务方便，而消费者到距离最近的中心地购买所需服务。消费者对服务的需求量同其到中心地的距离呈反比，各中心地都存在一个获得合理利润的市场范围，因此有一个门槛需求值，体现为不同的人口规模或者市场区域。

贝利和加里森用计量方法对中心地理论给予新的解释模型：

$$P = Abn$$

式中：P 为中心地的人口；n 为中心地职能的设施数；参数 A 和 b 用回归的方法获得。当 $n = 1$ 时，P 值即为门槛人口。

2.2　城市商圈的基本特征与功能

2.2.1　城市商圈的基本特征

2.2.1.1　空间属性

城市商圈从空间属性的角度来看，应该属于城市公共空间的一个重要组成部分，到目前为止城市公共空间仍没有一个完全统一的概念，但可以肯定的是，它是城市空间概念的一个子概念。城市公共空间是城市整体空间体系的重要组成部分，不仅能够反映城市的形象和特征，而且能够随着城市的发展而发展，记录城市的历史文脉特征，具有多重功能和意义。城市公共空间分为宏观、中观和微观三个层次，宏观层次是指城市公共空间系统，它包括城市公园系统、城市广场系统、城市公共中心系统等；中观层次是指宏观层次中各要素的细化；微观层次是指各类公共空间内的具体要素。三个层次共同形成一个树状的结构，在这一结构中，每一个子系统都由下一层次中的多个要素共同构成，某个单一要素的质量会直接影响到整个系统的优劣。

2.2.1.2　构成要素

根据城市商圈的形成过程、活动内容和经营特征，将其构成要素分为以下几类：消费人群、商业企业、人潮聚集条件、商圈发展环境和条件、商圈基本特征。

（1）消费人群：商圈内的消费人群分为两个部分：一是流动人口，二是住户。两部分人群对营业额的影响不同。在测算时，应调查商圈内人口户数、人口密度的大致情况，商圈所辐射的人口范围及数量；商圈内顾客的消费水平及消费习惯等。需要注意的是，商圈的顾客来源大致可由固定居住人口（静态）、工作人口（静态）和流动人口（动态）组成，因此分析时应该将静态和动态结合起来进行。

（2）商业企业：商圈的形成、发展与繁荣离不开商圈内企业与消费者的双向买卖关系。作为其中最重要的交易方，城市商圈内各类商户的数量、商品特征、总体结构及相互关系都是影响城市商圈功能定位、规模、发展前景的重要因素。商圈理论为商业企业提供定位和规模。根据这一理论，在构建商业企业时要考虑其业态特征，例如，那些单体规模小的商业企业为了满足顾客的需要，就可以选择经营性较低的以日常生活用品为主的零售业态。

（3）人潮聚集条件：包括商圈内人潮聚集的原因、流动方向、范围界限等。例如，城市的经济发展前景好、城市比较宜居、可以吸引大量的人口前来入住，可以成为人潮聚集的原因之一，城市人口的增加则成为人潮聚集的原因。此外，商圈的建设可以吸引大量人潮的聚集，导致大量人潮的流动，人潮活动的范围界限也围绕着商圈周围划分。

（4）商圈发展环境和条件：包括商圈所在地的经济潜质、内外部交通便利条件、文化内涵、商业管理水平及政府规划等。例如，商圈周围修建的地铁、城市的文化底蕴、城市的发达程度、政府对地块的开发等，都可以成为商圈的发展环境和条件。

（5）商圈基本特征：包括商圈的功能、定位和主题等。例如，商圈具有实用功能、审美功能、便利功能，定位可以为年轻人、老年人、白领等，主题可以为购物、餐饮、娱乐等。

2.2.1.3 动态性

商业中心的商圈具有明显的动态性，这一动态性与商圈的自身建设密切相关。如果一个商业中心内百货、特色卖场、餐饮、休闲娱乐等诸多零售业态并存，而且同类业态之间又能够实行有效的错位竞争，那么这个商业中心就能够为顾客提供多层次的、多品种的可供挑选的商品和服务，刺激顾客的购物欲望。满足顾客一站式购物的需要，从而对顾客产生较为强烈的凝聚吸引效应，商业中心的商圈随之扩大。而如果商业中心内零售业态单调，且同一类型的零售业态定位相同，格局相似，造成"千店一面"的现象，势必导致竞争激烈，给顾客提供的商品及服务的选择余地很小，就不会对顾客产生强烈的凝聚吸引效应，甚至在不同商业中心的竞争中会推动原本属于自身商圈的顾客向其他商业中心流动。这也是我国许多大中城市"百货一条街"衰败的主要原因之一。城市商圈的动态性体现在其具有生命周期性以及空间格局演化性。商圈的生命周期是商圈发展的过程，不少学者都对其进行了研究，王天勇（2008）在《我国城市商圈生态演进及生态承载力评价研究》一文中将商圈的生命周期分为四个阶段，即起步阶段、成长阶段、成熟阶段和衰落阶段；随着城市的发展和空间格局的演变，城市商圈的空间格局也在伴随着生命周期的更替发生变化。一个成熟商圈的形成，从最初散立式零售商业的空间格局逐步发展到带状的商业集中化格局即商业街模式，并随着人口、资本的进一步聚集和基础设施建设的逐步完善而逐渐发展成为成熟的网络状空间格局。

（1）起步阶段：在这一阶段，随着城市的发展和规划、新的消费需求出现、大型超市或专业店的出现以及相对成本关系的变化等，所形成的城市商圈影响范围和辐射能力相对薄弱，业态品种较单一，商业网点数目少且相对集中布局。

（2）成长阶段：这一阶段经过了前期的起步阶段，经过早期阶段的商势积累与人气积聚，商业集聚的乘数效应开始显现，商圈内商业网点开始加速聚集，随着中心商圈地价的抬升，部分经营不善的企业和店铺逐步退出中心商业区域而让位于经营效益高的企业或店铺；一些工业或居住人群因难以支付较高地价而逐步向商圈外围或城市郊区迁移，从而使商圈特别是城市中心商圈内的用地功能趋向商服金融的单一化发展，中心商圈的影响力开始快速提升。

（3）成熟阶段：这一阶段区域范围内的商业网点、交通流量、服务人口等达到阶段性饱和状态，商圈的商业结构渐趋完善和稳定，商业网点设施配套齐全；商业集聚区或中心地出现，大量相似商业企业和多元化、多功能企业不断聚集；商圈辐射范围主要受同类商业企业集聚和不同类型商业服务业集聚的影响，产生集聚的放大效应和放大的集聚效应，从而进一步扩大商圈的辐射带动能力。

（4）衰落阶段：新商圈不断涌现及外界环境、条件的变化，包括城市规划布局调整、城市发展重心转移、市政设施拆建、原商圈的功能创新不足、服务功能衰退、新型业态转移等，使商圈的活力和吸引力下降，顾客因消费需求得不到满足而不断被新型商圈分流，商圈内顾客流、销售额、店铺数量大幅下降，商圈辐射范围逐步缩小，竞争力下降、发展停滞。

2.2.2 城市商圈的功能

2.2.2.1 城市中心功能

商圈作为新型城市经济的重要载体，在拉动消费需求、促进产业集聚和成熟壮大等方面发挥着重要作用。在一个城市中，城市商圈可以有多方面的城市中心功能，城市中心的各种功能可以相互结合，形成一个集中的多功能的复合中心。城市商圈可以作为组织和发展专业化协作的枢纽。作为一个开放性的大系统，城市商圈能为实行广泛的横向经济联系提供有利条件。城市商圈和城市中心是相辅相成的，有可能是新的城市中心促生了一个新的商圈，也可能是一个新的商圈的形成完善而吸引了许许多多优秀企业的入驻，而形成了新的城市中心。作为一个城市的中心区、商业核心区，商圈承担着一个城市发展的"领头羊"作用。它呈现给人们的是最具创意和完善的服务、最现代或最具特色的地标大厦、最热闹和繁华的风貌。例如北京的王府井、上海的淮海路、成都的春熙路、重庆的解放碑（图 2.3），在担当着城市商圈角色的同时，也作为城市中心外来游客必到参观游览的地方。

图 2.3 重庆解放碑步行街

2.2.2.2　商务商贸功能

在一个成功发展的商圈中，我们往往可以看到令人震撼的地标式现代化建筑群，而这些建筑群正是一个商圈商务商贸功能发展良好的体现。商圈中汇集的企业多从事服务性行业，因而商圈商务商贸功能的发展是否良好，也是一个城市第三产业发展好坏的体现。城市商圈可以很好地发展各个商铺的商业经营功能，如零售、批发以及餐饮、娱乐服务等。商圈也可以具有商务办公的功能，如金融、贸易、会议展示、文化娱乐、商业、旅游服务等。这些功能都可以很好地体现商圈商务商贸功能的多样性。如图 2.4 所示为成都 IFS 国际金融中心。

图 2.4　成都 IFS 国际金融中心

2.2.2.3　生活功能

在一个城市中，按其规模大小不同，有着不同层次和类型的商圈，而这些不同层次和类型的商圈也是城市及周边居民生活便利的必要保证。商圈中除了高档奢侈商品的存在，也是人们日常生活必需品的购买场所，如电子产品、寝居饰物、厨卫用品等。

2.2.2.4　配套产业发展功能

党的十八大着重强调了带动相关配套产业加快发展，构筑区域特色产业集群，进一步提升"五点一线"产业布局水平，促进产业结构优化升级，为建设国家新型产业基地提供有力支撑。而建设商圈是带动配套产业发展的有力方法之一，一个商圈的持续发展不能单靠简单的零售商品来支撑，一个成功的、持续发展的商圈需要有产业来支撑，如文化产业、电子产业、创意产业、艺术产业等，典型配套产业有深圳华强北的电子展销、上海五角场的教育培训、北京中关村的电子和创意产业等。

（1）商圈与旅游产业的配套发展。城市商圈与城市旅游产业的发展有着密切的共生关系，凡是商旅实现很好互动的城市，经济发展不仅非常迅速而且充满活力，如长沙黄兴南路步行街（图 2.5）。城市的商圈需要具备旅游功能，否则商圈规划发展模式单一、功能单调，旅游吸引力的匮乏将限制商圈的发展；而城市旅游业的发展也要同城市的商圈有机结合，特别是旅游购物为商圈带来了足够多的有效需求。城市商圈的旅游接待功能在整个城市的经济、文化等活动领域中发挥着不可或缺的重要作用。城市商圈旅游产品除了传统的观光类旅游产品，还包括城市购物、商务、会展节庆类旅游产品。城市商圈旅游产业不仅包括传统的六大核心产业，还包括旅游信息业、旅游咨询业、旅游会展业，信息化的高速发展使得各产业向旅游产业中渗透，产业与产业之间的界限日渐模糊、难分难舍，产业融合成为都市商圈旅游产业的最大特色，并在此基础上催生出了诸多新兴旅游产品。同旅游产业配套发展，要求城市商圈不断强化自身的旅游功能，增强对城市的宣传作用。

图 2.5　长沙黄兴南路步行街

（2）商圈与文化产业的配套发展。商圈在产生之初便内含文化的功能，文化是一个城市商圈凸显特色的核心要素，也是未来商圈设计开发的着眼点和未来城市发展的亮点。如图 2.6 为北京中关村电子城市。随着经济的发展和城市化的不断趋同，人文因素对商圈的冲击将日益显著，浓厚的历史文化积淀不仅为城市商圈的形成和发展注入了深厚的文化内涵，而且保障了城市商圈持久繁荣。将商业与历史文化结合起来，将多种商业业态集中展现，引导文化产业与传统产业、高科技产业深度融合，打造文化旅游、商圈与科普相结合的新地标。让传统文化在城市商圈中得到时尚表达，激发出层出不穷的创新活力。这种发展模式可以增加商圈的多样性，商业业态的多元化是商圈最突出的特点。现代商圈的发展在定位、布局和业态中高度重视文化因素的影响力，每个城市的商圈都有反映当地民俗风情和文化特质的地方，一旦忽略文化的存在，将使商圈的发展处处受到牵制，矛盾和冲突会导致商圈开发失败或逐渐衰落。

图 2.6　北京中关村电子城市

2.2.2.5　城市商圈的扩散功能

现代商圈是区域内第三产业的影响力总和。第三产业为城市提供优势环境和优势条件。现代商圈的扩散功能主要表现在：第一，把市场性占有、配置和利用资源要素的权利扩散到次要商圈。第二，构筑更大空间的经济协作体系，在更大的区域内组成既合作又竞争的大商圈。第三，发挥主要商圈层的优势能力，如技术、资金、管理、观念、知识、信息等，提高和带动周边地区的经济发展水平和能力，亦即在次要商圈层内形成新的极核，互为依托、互动发展，增强各自的集聚扩散能力，从而提高区域内的城市化水平。盈利因素、环境因素和发展因素影响商圈的集聚，从而也带动商圈的扩散，同时，这三大因素也可直接作用于商圈的扩散，而商圈随着能量的聚集和扩散，又为城市的发展增强了动力，促进城市化的进程。主要商圈层的主导性地位的确立，实际上大大增加了它的集聚能力，扩大了它的影响范围。现代商圈的集聚概念就是指可以充分利用和吸取外界资源要素和积极因素，增强主要商圈层的经济实力和发展潜力；而扩散就是利用各种优势条件，采用各种方法，强化和扩张次要商圈层和边缘商圈层，从而在整体上增强实力，提高商势，扩大影响力的空间范围。

2.3 城市商圈的生态系统

城市商圈的生态系统主要由商圈载体、商圈主体、商圈客体和商圈环境 4 个要素构成，对构成要素的研究主要涉及城市商圈系统内部因素的分析。

2.3.1 商圈载体

商圈载体是商圈得以存在的物质基础，商圈载体从宏观层面表现为商圈的地理空间结构。商圈首先具有一个功能强大的中心，同时由于地域较大，还存在卫星式分布的、接受强中心释放能量的辅助性中心。这是基于"地理空间结构学说"而得到的启示。

城市商圈应合理规划、开发建设各类载体设施，形成合理的地理空间结构，提高商业资源的使用率。商圈载体规划开发的合理性要求主要表现在以下几个方面。

2.3.1.1　合理规划建设规模

（1）适度调控商业设施的建设。商业设施的建设规模应根据商圈顾客的商业需求面积而定，保证商业设施正常的利润空间，避免商业设施集聚过度，商业资源过剩和浪费。

（2）预留开发空间。任何商圈的建设发展，不可避免地具有一定的时代局限性，商圈建设过程中，可以广场、绿地等形式预留一部分土地，不仅能美化商圈环境，增强商圈的休闲娱乐功能，也为商圈的二次开发预留了空间。商业街是一种以人为本的线性商业区，因而在未来商业街规划、建设、改造时，要充分考虑人的需要，一景一物要以满足消费者多元化的心理和活动需求进行设计，以人的需要为标准打造舒适、便利的景观商业街。

2.3.1.2　合理设计建筑风格

建筑风格是指建筑设计中在内容和外表方面所反映出的特征，主要在于建筑的平面布局、形态构成、艺术处理和手法运用等方面所显示出的独创和完美的意境。因政治、社会、经济、建筑材料、建筑技术等的制约以及建筑设计思想、观点和艺术素养等的影响而有所不同。按照建筑风格分类主要有欧陆风格、新古典主义风格、现代主义风格、异域风格、普通风格和主题风格等。

（1）商圈建筑风格的整体协调性。商圈是在一定的城市地理区域上发展起来的，因此商圈的商业设施建筑风格要与该地理区域的历史人文景观、地形地貌相协调，才能凸显商圈的个性化，与周边环境协调。景观与建筑是一种和谐共生的关系，打造景观与建筑风格和谐一致的商业街，不仅能满足消费者休闲、娱乐、观光、购物、集会、交友等日趋多元化的需求，还能为商家带来可观的利润，促进整个城市经济的发展，同时提高整个城市的环境质量和品位。通过规划建设规模，建设出能够满足消费者多元化需求的、顺应时代发展的景观商业街。

（2）新旧商业设施建筑风格的整体和谐性。对于商圈内传统留存下来的商业建筑设施，应保留其历史建筑风貌，保护与开发相结合，在继承中发展。对新建的商业设施，应选用节能环保的新技术、新材料，与周边环境协调，形成与地理区域自然融合的、和谐的商业建筑风格。

2.3.1.3　合理规划、利用公共设施

（1）公共设施保障充足率。商圈内的公共设施应由专门机构负责整体规划、总体平衡、协调建设，停车场、人行过道、绿地、广场、休憩港湾等公共商业设施应能满足商圈内各个商家的需求。

（2）公共资源公平共享。公共设施的建设应避免商家各自为政，导致商圈分割和资源浪费，确保商家之间能相互连接、四通八达，增强商圈的整体通达性和协调性，提高公共设施的共享性。

2.3.1.4　合理组织人流、车流、物流

（1）人流、车流、物流有效分离。合理组织内部交通，协调好人流、车流、物流的运行，避免三流交叉导致的混乱局面，使各个主体的流动需求得以合理和高效地实现。

（2）合理布局动线节点，平衡人流与人气。以人性化为原则，合理组织动线节点，引导疏散人流、车流高峰，增加休憩点，延长顾客在商业区的滞留时间，营造良好的商业氛围和井然有序的消费环境，提高顾客购物的便捷性和舒适性。

2.3.2　商圈主体

2.3.2.1　商圈内的企业

商圈是经济主体商业企业经营和消费者消费的活动场所。一个商圈的形成、发展与繁荣离不开商业企业和消费者的双向作用。这种双向作用表现为双

方发生的买卖关系。为了实现有效的买卖交互关系，必然发生持续的人流、物流、资金流、信息流、商流，从而推动商圈的发展和繁荣。因此，商业企业和消费者是不可或缺的商圈主体。

2.3.2.2 商圈内的消费者

美国学者 Berry 和 Garrison 认为，从消费者行为理论与商业空间类型相结合的角度看，消费者在商业中心存在多目的和稳定的消费行为。空间既是生产的对象，也是消费的归属地，城市商圈的形成，给予了消费者一个巨大的消费空间。城市商圈带来的大范围聚集的区域在满足大众多元化消费需求的同时，更能为其带来较高的安全感，延长消费时间。基于商圈内的交换关系，他们将消费者行为作为划分商业空间类型的标准，强调从消费者的需求出发，分析消费者行为差异对商业组织空间决策的影响，主张商圈的规划和发展要充分考虑消费者的收入、教育水平、职业结构、行为特征以及多目的的需求等因素。

2.3.3 商圈客体

商圈客体主要是指商圈提供的商品和服务，即商圈经营的结构、性质和服务的种类、特色等。商圈经营的商品种类与顾客对商圈的评价和选择以及商圈自身的影响范围等具有很高的相关度。

（1）商圈范围一般与品种数量成正相关，也就是说，数量越多商圈越大。这是因为商店经营的商品品种齐全不仅能降低购物成本，而且使人们选择商品的余地增大，因此对顾客的吸引力或者说商店的辐射力增强，商圈范围就会被放大。

（2）商圈范围一般与商品的品类成正相关。这里所说的品类分为两种，即日常生活必需品和耐用消费品。人们在购买这两种商品时存在很大区别，从而选择的购买地点和商店以及购买的频率也就存在差别，使得经营不同性质商品的商店面对的顾客不一样，商圈的范围就有大有小。日常生活必需品一般价值低，购买频率高，顾客为降低购物成本通常在附近的商店购买。因此，经营日常生活必需品的商店，其顾客主要来自居住区内的人口，商圈范围就比较小。耐用消费品则不同，由于其价值高、购买频率低，顾客不可能为了省力和求便，随便在附近哪家商店购买，而必须到商店密集、选择余地大的地方购买。因此经营耐用消费品的商店，其顾客来源不限于附近的居住人口，商圈范围比较大。

(3) 商圈范围一般与商品的档次成正相关。一般来说，商品档次越高，价格越贵，顾客在购买时就越慎重。因此，经营高档商品的商店商圈范围就比较大。从另一个方面看，经营高档商品的商店为使商店与商品的档次相匹配，通常选择建在市中心人流密集的地区，这些地区的商店本身商圈范围就比较大。反之，经营低档商品的商店，由于商品价格和毛利率较低，不可能建在地租昂贵的市中心，只能深入居民区或建在较为偏远的地方，这些地方的商店本身商圈范围就比较小。

(4) 商圈范围一般与商品的特色成正相关。商店商圈范围还与其经营的商品是否具有特色有着密切的关系，因为从逻辑上说，对于无论在哪里都能买到的商品，顾客不可能舍近求远跑到市中心去。而当顾客需要的商品只有一家店在经营时，则无论这家店开在什么地方他都必须前往。因此，经营特色商品的商店商圈范围比较大。

2.3.4　商圈环境

商圈环境是指商圈所在地的经济环境、文化内涵和交通条件综合形成的商圈气氛，通俗来讲，商圈气氛又称作"市口"。商圈气氛是商圈集聚人流、商流、物流、资金流、信息流的综合能力的体现。商业企业都希望把商店开在"市口"好的地方，所谓"市口"好就是指开店地点拥有先天优势，即经济潜质高、文化内涵深、交通便捷，从而使商圈辐射能力增强。

(1) 经济潜质。经济潜质是商圈发展的环境基础。高经济潜质的商圈所在地一般位于人流、资金、商品、信息的聚集地，比如城市的中心商业区。这些地区由于商业资源的聚集，会产生经济学上所说的"外在经济"效应，给在该商圈内从事经营的商家带来成本、信息、人才等方面的好处，从而使大量商店聚集于此。商店集中必然引起商品的集中，从而将众多顾客吸引到该商圈来购物消费。经济社会因素对商圈的影响主要体现在两个方面：首先，城市经济发展水平直接决定了商圈的发展水平，经济的高成长性和居民高收入所奠定的消费总量优势和高消费水平为商圈的发展提供了稳定的市场保证；其次，物质生活水平的提高带来的生活方式和生活内容的变化则决定了未来商圈的发展趋势。城市商圈的发展需要同城市实际经济发展水平相协调，形成布局合理、功能齐全、竞争有序的商圈体系。

(2) 文化内涵。文化内涵可以帮助商圈打造品牌形象，每个城市都有反映当地商业和民俗文化特质的地区，很多著名商圈都有鲜明的文化特色，比如北京的大栅栏、上海的城隍庙（图 2.7）、天津的老城厢等。商业景观是当地商圈文化很好的体现，包括橱窗广告、节庆装饰、植物花卉、店铺外立面、雕塑、艺术大师创作、步行系统景观等。浓厚的历史文化积淀使得这些地方有着极强的集客能力，自古以来就是商流、人流和物流聚集的地方，不仅本地居民经常光顾，也是外地游客的必到之地，因此拥有深厚文化内涵的商圈的辐射能力会比较大。城市的文化底蕴和历史风貌对商圈的文化、气质以及商圈氛围的影响格外突出。城市的历史演变过程决定了商业发展模式和商圈的形成过程，城市的文化特征、文化形态、文化品格则对城市商圈的差异化和特色化营造具有指导作用。因此，城市的历史和文化等社会因素也成为城市未来商圈设计的着眼点之一，传承文化、促进和谐，才能从根本上认识城市的基因特征，凸显城市商圈的特色和发展方向。

图 2.7　上海城隍庙

（3）交通条件。交通条件与商圈的发展相关，交通好比城市的输血管道，商圈好比城市的心脏，输血管道不通畅心脏就难以正常工作，心脏运转不好输血管道也可能会堵塞。许多城市都把交通和大型商业设施的建设纳入社会公共设施建设范畴，统一规划，分步推进，形成良好的、协调互动的发展机制。这样有利于经济活动集聚发展，增加交易机会和降低交易成本；有利于居民生活消费，有利于土地资源的优化配置和利用以及平抑交通流量高峰。完善的交通体系可以充分发挥商圈的区位优势，并且借助市场氛围保障商圈客流的有效疏导，同时合成、引导客流的有效需求。从老城延伸至新城的快速通道的建设，同样引起了人们生活方式的变化，北京区域"商圈南移"的原因之一就是交通条件的变化。另外，城市商圈的区位选择需要便于城市交通建设的延伸或改造，实现互动发展。

2.4 城市商圈的规模影响因素与业态组合因素

2.4.1 城市商圈的规模影响因素

城市商圈的规模主要指商圈辐射范围的面积、商贸企业的密度、消费人流量和销售金额等方面的综合评价结果。城市商圈的规模不仅是影响城市商圈自身发展的一个因素，也是影响消费者购物目的地选择的一个重要因素。根据规模效应及生命周期理论，在城市商圈产生的萌芽和发展阶段，商圈的产出尚不能满足消费需求。扩张城市商圈的范围，提高商业单位密度，将会增加城市商圈的总产出，此时为规模效应递增。当城市商圈的总产出增加到与市场需求相匹配的时候，再增加城市商圈的规模将会降低单位成本的收益，此时为规模效应递减。

2.4.1.1 自然环境与建设条件

（1）地域特性与自然条件：不同的地域环境对城市空间形态有着决定性的作用。根据空间形态的不同，我国的城市总体上可分为集中团块型、组团型、条带型、放射型、星座型、分散型六类。城市商圈的分布与规模大小也与城市的空间特性密不可分。

（2）城市用地条件：城市的土地资源禀赋往往影响人口规模的集聚和增加。作为城市商圈发展的基本载体，城市用地也是促进或限制商圈分布及规模的重要因素。

（3）土地利用政策与管理：城市商圈的发展与土地政策，尤其是城市商服用地规划有着直接的关系，包括土地使用性质、建筑容积率等。

（4）城市发展规划：城市在空间分布及功能定位上的规划能有效地引导商圈的动态变化，包括老旧商圈的功能升级、辐射半径，新兴商圈的主题定位及专业分工等。商圈依赖于城市的发展，而城市的发展规划也要以商业空间集聚为条件。商圈对城市发展的依赖性体现在一个城市的人口、经济社会及其基础设施建设等因素对商圈的变迁和发展都有一定影响，这也成为评定城市商圈发展、定位的重要参考指标。

（5）基础设施建设：商圈的等级、辐射能力等还与城市的空间规划、城市布局密切相关，而基础设施能对后者起到很好的引导作用。

（6）交通可达性：由于城市商圈是一定区域内客流、物流大范围、大规模的流动，因此交通的便捷和通达是商圈成型的重要基础。合理的交通路网规划能促使商圈发挥区位优势，疏导、合成并引导有效需求。

2.4.1.2　社会经济及人口

（1）城市产业结构及政策导向：经济结构与城市功能的差异预示着不同的商圈发展方向，包括辐射范围、业态选择和规模容量等。例如，城市第一、第二产业比重下降，第三产业比重逐渐上升有助于城市消费结构的优化，市场消费需求得到有效刺激，有利于商圈业态的丰富和规模扩张；或者，产业结构的调整导致城市职能变化，区域内具有更大的综合影响力和吸引力，为商圈的跨越式发展提供了条件；更有商业企业在该区域内形成有效的产业集群，浓厚的商业氛围直接激发了消费潜能，为商圈的发展创造了机遇。

（2）城市商贸网点布局：是指在综合分析城市商业网点分布现状、客流规律、交通状况、商业环境、历史传承、城市规划等因素的基础上，对城市商业资源在空间上做出的统筹安排与配置。具体来说，它包括宏观（面）、中观（线）、微观（点）三个层面，可以帮助确定城市商业中心等级体系、商业街区的空间布局和大型商业网点布局，在城市商圈规模的空间和体量上均有很强的指引作用。

（3）市场供求关系：在市场经济生产方式中，资源的配置权力属于市场，经营者根据市场决定自己的行为，经济规律现实地充当大家的游戏规则，谁好谁坏，谁生谁死，一切由市场来决定，经济规律十分直接明显地起作用。我国城市商圈的变化就显示了经济规律的作用，例如北京亚细亚商圈的倒闭。商圈作为市场集群的一种，其容量主要还是与市场的有效需求直接相关。

（4）人口特征：辐射范围内常住人口和流动人口均对城市商圈的发展起着举足轻重的作用。一般来说，人口密集、区域规模广阔、人口密度大，商圈的规模就会随之增大。商圈的建设由于受市场导向的作用，商业服务设施总是趋向于地区人口达到一定门槛值时，才会开始在某一地区发展。反过来说，人口数量在一定程度上影响着服务消费需求的总量，随着人口的增长，人们对于产品与服务的质量和数量有了更高的需要，需要培育的商圈内部的所有相关服务的行业就会增多。

（5）客群收入及消费水平：通常消费者的购买力随着可支配收入的增加而增强，从而直接提升商圈的销售额。从产出的层面来看，商圈内社会零售总额或销售总额也是衡量城市商圈规模的指标之一，因此，客群收入与消费水平也是直接影响商圈规模的关键因素。

（6）城市商服发展水平：商业服务业的发展水平不仅是城市繁荣程度的体现，反映消费市场的活跃性，甚至也能表现出城市商贸流通能力对周边区域的影响力。

2.4.1.3　商圈客体——物流业与工农业

消费客群是商圈内各种经济活动的直接参与者，无论从市场供需还是从行业发展的角度看，对消费者的研究都是不可或缺的。城市商圈的建设只有具备了消费者的指向性，才能获得消费者的垂青和光顾。因此，目标消费者的背景（年龄、学历、职业、家庭情况等）、消费人口构成、消费习惯、出行次数等也是左右商圈发展方向的重要因素。

2.4.1.4　商圈本体

（1）商圈内各商业企业的聚集情况。

城市商圈内企业的聚集模式就是商圈的内在结构，反映了商圈内商业企业资源整合的协同绩效，也是影响商圈规模的重要因素。商业企业的聚集大致可分为两类，即同质和异质。同质主要强调业态相同，根据商店的规模不同也可进一步划分，比如针对零售业来说，百货、超市以及一般的专业店在体量上有巨大差异，对商圈的结构影响也不同。同种业态的商店相互之间会产生竞争，但规模的不同决定了它们之间存在互补性，如大型购物中心在款式、价格、服务上具有优势，但中小型商店在专业性、便利性上更胜一筹。同类型商店的聚集放大了城市商圈的绩效，提升了商圈的市场吸引力。不过由于内部存在竞争性，注定了商圈规模有限，超过市场容量的过度扩张必将导致恶性竞争，最终聚集绩效降低甚至为负，造成两败俱伤的局面。异质强调的是商圈内不同行业、不同业态的组合，如零售业、餐饮业、服务业、娱乐业等。异质企业之间不会产生竞争，多功能业态的组合实现了商圈功能上的多元化，从而满足不同目标顾客多层次、多样化的消费需求，有助于再次提升商圈的市场吸引力，扩大商圈的辐射半径。

（2）商圈定位及内部功能：商圈的功能与总体定位、内部业态组合密切相关，功能的丰富程度与商圈的覆盖范围成正相关关系。

（3）商圈内部商业企业的规模：作为商圈微观主体的商业企业也会影响商圈的大小。一定范围内，商店的规模与商圈的大小成正相关，大型购物中心、大型百货等规模较大的商业企业其对客流的吸引力较强，有利于扩大商圈影响区域。

（4）商圈的经营管理能力：包括商圈知名度与品牌效应的打造，商业投资和管理能力的加强，商圈内部服务水平的提升等。这些都是一个商圈实现持续经济效益的软性实力基础。

（5）与周边商圈的关系：多个城市商圈之间存在多种关系，如互补性、相容性、竞争性和相斥性。商圈间的互补性主要表现在业态功能上；相容性主要表现在商圈核心层在地理空间的独占性上；竞争性更大程度上反映了商圈对市场的分割和占有，包括定位和范围；而互斥性更强调各商圈层次之间的交叉和重合。

2.4.2　城市商圈的业态组合因素

2.4.2.1　城市商圈业态的内涵

城市商圈业态是城市商圈内为消费者提供商贸服务的零售组织形式，总体上可以分为有店铺零售业态和无店铺零售业态两大类。其中，有店铺零售业态包括便利店、餐厅、大型超市、仓储式会员店、百货店、专业店、专卖店、家居建材店、购物中心等；无店铺零售业态包括邮购、网上商店、自动售货亭、电话购物等。因此，城市商圈业态本质上是各种不同零售业态的一种组合或者集合。城市商圈业态既然是一种集合体，就存在不同零售业态之间的协调发展问题，也就是怎样优化组合不同的零售业态，从而使城市商圈整体达到资源配置最优，发挥最大的经济效益。

城市商圈业态组合是动态变化的，在很大程度上依赖于城市区域经济的发展和城市居民消费水平、消费习惯等需求因素。还有一个重要因素是零售业态的升级与变革，也要求城市商圈业态组合不断地适应国际零售业态的变化，优化与升级城市商圈业态组合。

2.4.2.2　城市商圈业态结构存在的问题

（1）城市商圈主体功能不清晰。城市商圈依据所处的地理位置、辐射范围内顾客的消费行为特征、商贸企业自身发展战略、商品本身特点等因素，形成一个相对明确的基本功能。例如城市中心地带的商圈，就应该成为城市商业中心的龙头，能提供高档商品、高水平的服务。又如车站、码头、机场等区位的商圈，针对流动人口大和停留时间短等基本特点，业态布局就应该以为旅客提供方便快捷的服务为主体功能。城市商圈的开发建设，如果缺乏对所处区域实际情况与商圈核心功能的充分把握，市场定位不准确，在开发建设及后期招商上都会显得十分盲目，跟风效应明显。有的商圈仅仅追求大规模、走国际化路线，造成同类业种业态过度集中，店铺实际利用率较低；有的商圈则过于缺乏创新、观念保守，新型的业种业态占比低。业种业态结构不够完善，就不能很好地、有针对性地满足城市商圈服务的主要群体的实际需求。一座城市最理想的状态是各个城市商圈都能够有自己比较明确的定位和主体功能。如果城市商圈主体功能模糊，就说明城市商圈业态结构搭配没有达到最优的状态，没有充分体现城市商圈的特色和优势。

（2）城市商圈业态结构不合理。部分城市商圈业态在比例结构上表现出失衡的特点，没有形成各类业态的有效结合与搭配。例如，城市商圈大规模的业态过度集中于一地，缺乏互补性中小型零售业态，导致部分消费者想购买一些便利品都比较麻烦。或者在城市商业中心地带，到处都是中小型零售业态，没有大规模零售业态，从而使整个区域的商业经济发展处于中低水平状态，既上不了档次，也上不了规模。另外，还表现为城乡结合部与小城镇的商业设施不足以满足需求。城市商圈业态结构失衡，需要通过政府规划和商贸流通企业改变经营方式与发展战略，使各类零售业态布局趋于合理。

（3）城市商圈业态趋同，部分业态的特征和优势不明显。国内部分地级市的城市商圈业态表现出趋同的问题，也就是在一个城市内商圈业态在经营形式、商品结构、服务方式上基本相同，带有许多传统单店特征，各类型零售业态应有的优势和特色被抹掉，导致业态特征和优势不明显。不少商家看上去，出现超市不超、便利店不便、专业店不专、折扣店不折等现象。各类零售业态处于一种较低水平的重复和竞争。各类业态应有的目标顾客也不明确，经营手段比较单一，各业态未能形成相互配合、共同吸引顾客，就无法达到共赢的效果。

2.4.2.3 城市商圈业态结构优化对策

（1）业态多元化。

城市商圈业态多元化是未来城市商圈发展的基本趋势，单一化的业态不能适应市场的需求。商业业态发展和提升的历史过程，就是与人的消费行为互为表里、相互促进的过程。城市商圈业态不断变革的根本出发点是更好地满足消费者的需求，获得更多的市场空间和市场盈利。随着社会经济的持续发展，消费者收入水平的不断提高，消费需求从满足基本的物质需求阶段，向更高级的精神需求阶段发展，从而使消费者行为趋向个性化、多元化和优质化。例如，地铁开发引导各种业态向城区集聚，加速了郊区化背景下大城市商业业态的向心集聚，地铁开发塑造了以购物中心为主体的商业业态空间结构。简言之，消费者的需求在逐渐向更高要求发展，城市商圈作为满足消费者物质和精神需求的现代场所，应该紧跟甚至超前于消费者的需求，至少能够适应消费者市场的多变性，不断向细分化、差异化方向发展。要不断研究消费者的潜在需求，引导消费者的消费行为，积极开展业态创新与服务方式创新，开发设计不同的新型零售业态和服务方式满足消费者的需求，获得市场竞争的优势。

城市商圈业态的多元化，就是要针对现有的百货商店、超级市场、连锁商店、仓储商场、购物中心、专业店、专卖店、便利店、食杂店等零售业态优化组合，做到业态协调发展，统筹兼顾消费者需求。特别是进入信息时代以后，以信息技术为基础的零售业态将得到很大的发展，这种能够适应时代潮流，以电子化、网络化、国际化、闲暇化为基础，能够体现全功能、快节奏、高效率、低费用、新潮流等特点的新兴业态也将成为主流。城市商圈业态多元化，就是要使各类业态和谐共存，协调优化发展，做到多种功能不同、类型各异、灵活多样、互为补充的零售业态以特色化、层次化、个性化、差异化的经营和服务来满足不同目标顾客差异化的消费需求，即以多元化业态适应差异化需求。商业业态的变革是流通现代化的重要标志：第一轮流通现代化是以连锁超市、便利店、大卖场、专业卖场、购物中心、品牌直销店等新型商业业态的产生为标志；新一轮流通现代化是基于多元化、便捷化、知识化、体验化、个性化的市场需求，依托网络技术、移动通信技术、供应链技术和现代化管理技术而进行的商业业态创新过程，店网融合、主题商店、DIY商店、会员制商店、城市消费合作社和家庭采购顾问等有可能成为新一轮商业业态创新的模式。因此，城市商圈业态研究不仅有助于城市商业空间布局的优化，也有助于更好地满足消费者的消费需求，优化购物目的地选择。

万象城是集购物、办公、酒店、居住、餐饮、娱乐功能于一体的大型城市综合体，其作为国内顶级奢侈品牌最集中的购物中心，布局在经济总量前三十位和人均消费能力前五十位的城市，大多为区域经济中级及省会城市。万象城的选址大多位于城市金融商业中心或未来CBD核心区，即城市的黄金地段（图2.8）。然而基于一、二线城市的中心商业区已经没有位置可选的现实，万象城的选址更多的是在未来的CBD区域。成功的购物中心能够引导城市新的商圈的形成，换言之，购物中心可以带动城市功能的转变。

图 2.8　万象城购物中心

自 2004 年第一个万象城——深圳万象城开始，经历了几年的迅速发展，华润万象城已经入驻杭州、沈阳、南宁、成都、合肥、青岛、郑州、重庆等全国许多城市，形成"万象城模式"。杭州、成都万象城的选址都在城市未来的核心商业区，成都万象城坐落在城东，位于城市主干道二环路与双庆路的交叉口，地铁 4 号线和 8 号线与项目直接连接。项目距东大街仅 1 公里，东大街是成都市政府重点规划的金融商务一条街，汇集国际商务总部，力在打造未来"西部华尔街"。

万象城的建筑设计均与所在城市的特色结合，根据所在区域顾客的购物需要、消费心理特点、区域文化，确定购物中心主题，而后在空间处理、环境塑造、形象设计等方面对商业主题进行一致性表现，真正起到商业文化信息中心的作用，抓住购物中心设计理念的"灵魂"。

（2）经营连锁化。

城市商圈业态经营连锁化，是在既定的商圈业态条件下，通过经营方式的创新与变革，以流通方式创新为动力，积极发展连锁经营。城市商圈连锁经营的优势，主要体现在规模经济及分工与合作条件下的经营成本下降、交易费用降低、连锁品牌的塑造等方面。要鼓励中小型商家通过各种途径实行加盟和特许连锁经营，鼓励超市和生活服务连锁企业向社区发展，尤其是鼓励方便居民日常生活消费和生产消费的商贸企业向城市郊区延伸。

（3）功能区域化。

城市商圈功能区域化问题，实质就是要对城市商圈进行科学定位，进而选择合适的业态组合来满足定位市场的需求。城市商圈功能区域化就是要使不同区域的城市商圈具有特有的商业功能，各大城市商圈之间形成明显的功能差异。由于不同年龄、职业、文化层次的消费者在购买心理和需求层次等方面存在着很大的差异，因此城市商圈功能区域化需要根据商圈辐射范围内潜在消费者的数量、需求、偏好以及购买力等方面的不同，对各种类别、不同层次的消费者进行细分，确定城市商圈业态的规模、经营门类和商品档次等。

3 国内外典型城市商圈发展现状与趋势

3.1 国外典型城市商圈发展现状

3.1.1 国外商圈现状

3.1.1.1 发展趋势

（1）功能转变：近年来，国外商圈的主要功能逐渐由单纯的购物功能向购物、餐饮、休闲娱乐等多功能转变，为游客提供了更多的消费选择。

国外商圈的发展时间较长，一开始商圈主要是以集市贸易为主，主要是由于人们需求的增加，开始自发地形成一些集市为人们提供交易的场所，这时商圈的主要功能仅仅是满足集市交易，并且由于是自发形成，因此规模较小，条件比较恶劣。随着集市的不断发展，集市贸易逐渐成为商铺，并且不断集中聚拢，商圈的规模开始不断扩大。随着商铺数量的不断增多，大量的商铺聚集在一起，商圈从集市贸易阶段发展到了商业街的阶段，虽然规模有所扩大，但是此时的商业街的功能依然是以购物为主。从 20 世纪 60 年代开始，大量的百货店、超市和购物中心进驻商业街，商圈开始处于飞速发展阶段，由商业街逐步转变为现代的商圈，这时的商圈也由单一性的购物功能，逐渐扩大到集购物、餐饮、娱乐、文化、休闲于一体的复合性功能，并且在许多发达国家都获得极大的发展。

（2）定位转变：由传统的综合性、大众化定位向个性化、差异化、主题化定位转变，目的是满足不同顾客的差异化需求。

在商圈发展初期，由于还处于集市贸易的阶段，此时商圈的定位也比较简单，主要是满足人们基本的购买需求，因此定位主要就是周边有购物需求的人们，定位范围也比较小。随着商圈的发展，到了商业街的阶段，传统的大众化定位已经无法满足人们的需求，这时商圈的定位已经开始差异化的进程，例如针对不同人群，如学生、小孩、职员、中年、老年等的购物需求，给予产品对象不同的定位。随着现代商圈的出现，定位不再仅仅局限于购物，为了满足不同顾客的差异化需求，定位开始出现更多主题化的转变，例如：①综合时尚商业街、购物国际名品街主题，定位主要在于不同的购物人群；②历史建筑改造街区除了满足人们的购物需求，同时也是旅游景点，定位也包含了游客。③文化艺术街区，除了一般商业街所拥有的定位，还包含当地的各类艺术文化，是城市精神文化的延伸，定位也随之更加多元化。

（3）物质性规划思考：国外商圈在发展改造的过程中，更多地考虑了文化、功能、购物体验方面的因素。例如景观风情街、文化艺术街、历史建筑街等，这些商圈在发展改造过程中，不仅考虑了基本的购物功能，同时将当地文化特色、旅游、娱乐、餐饮等功能融入其中，使商圈具有独一无二的特性和稀缺性。

3.1.1.2 国外商圈发展成功的关键因素

（1）空间形态：国外大多数运营较为成功的商圈都很好地利用了窄巷、短街、折线、连廊以及小尺度共享空间，以营造良好的商业氛围。窄巷容易形成熙熙攘攘的热闹景象，"曲径通幽"的短街不容易让消费者感到紧张和疲劳；连廊可以较好地解决二层及二层以上商业的水平交通问题，提升其价值；小尺度共享空间一方面是聚客点，另一方面也是商业街的活力空间。

（2）功能结构：目前国际通行的商业区结构和业态的分布为：购物占30%～35%，餐饮占20%～25%，休闲、娱乐、酒店、服务等占30%～40%。我国步行商业街业态结构调查结果显示，购物普遍占到总业态的50%以上。近些年来，商业步行街功能分布中，购物所占的比例呈下降趋势。

商圈的功能结构应是三足鼎立，以满足消费者多层次、多方位的需求。所谓"三足鼎立"，是指购物、餐饮、休闲娱乐在商业街中各占有1/3的比例，一般是商品购物占40%，餐饮（含咖啡、茶座）占30%，休闲娱乐等占30%，形成商业街特有的市场格局。这种结构还有一个优势，就是可以提高商业街的吸附力，白天是游客的观光胜地，夜晚是当地居民的休闲娱乐场所，从功能上满足了旅游者观光、购物的心理以及消遣、休憩、品位都市文化的精神要求，同时也为当地居民创造了休闲娱乐的场所。而我国有的城市的商业街功能单一，设施不配套，游客高高兴兴慕名而去，却疲惫不堪、无精打采而归，甚至有钱花不出去，使商业街的形象和效益大打折扣。纽约第五大道突出的是购物和城市公园休闲，摩天大楼仰天望去使人更能体会城市现代化的风采；而香榭丽舍大街上的咖啡吧、餐馆使游客在兴致勃勃品尝各国美食的过程中，品味法国的历史和文化，这正是商业结构为人们创造了增加愉悦感的氛围和环境。

（3）丰富的历史文化：包含自己独特的历史与文化底蕴。

商圈的开发建设，必须注重保留商业街的"商魂"——历史、文化底蕴。但是一味地保存传统文化也会使商业街失去活力，使人产生没落、衰退的感觉，传统文化应该与现代文化、现代科技相结合，才能真正提升商业街的品牌价值含量。例如日本的下北泽，下北泽位于日本东京世田谷区，共有 6 条商店街，因道路狭窄，车辆很难进入，于是形成以步行为主的街道。下北泽的特色可以用两个关键词概括——"古着"和"亚文化"。古着并不是二手，对于爱好者们来说那是历史的见证，有着特殊的价值。截至 2015 年 11 月，以下北泽车站为中心、半径 500 米范围内，聚集了大约 100 间古着店，形成了独特的商业氛围。下北泽还是文艺气息浓厚又轻松活泼的亚文化圣地。第二次世界大战后，一些店铺开始经营舶来品并逐渐做大，形成了一种摩登的西洋范，成为该地区的文化标签，这种符号吸引了众多年轻人。于是，从 20 世纪 70 年代初开始，大批文艺青年进驻，之后这里就成为日本亚文化的聚集地。

（4）独特的建筑与环境：拥有百年历史的古老建筑或别具特色的建筑形式，拥有足够的绿地、休闲广场等令人愉悦的购物环境。

具有代表性的是法国巴黎的香榭丽舍大街，还有著名的大皇宫、小皇宫和协和广场。大、小皇宫都是法国建筑艺术的代表，其文化艺术展览为香榭丽舍大街增添了丰富的文化内涵。协和广场在香榭丽舍大街一端、与凯旋门遥遥相对的大型中央广场。绿色的草坪、古老的建筑和雕塑，广场中央具有 3000 多年历史的埃及方尖碑，这些都使得协和广场成为游客和巴黎市民休憩消闲的最佳场所。巴黎的香榭丽舍大街不仅商业气氛浓厚，使人感受到法国人的悠闲、轻松和浪漫，而且这里也是法国人大型集会、庆典的举办地。例如每年 7 月 14 日法国国庆日，政府都要在香榭丽舍大街举行隆重的阅兵式，因此香榭丽舍大街也使游客们感受到了法国的政治、经济和历史。

（5）知名的主力商家：拥有不断更新的知名主力店，这些店铺是引领潮流与消费的重要基础。

加拿大多伦多市的布鲁尔西大街被评为全加拿大最贵商业街。目前，这条商业街有许多著名商铺，如 APM Monaco 和 MCM 在加拿大的首家分店、Hermes 的全新旗舰店。近年来还新增了许多奢侈品商家，有 Nordstrom Rack 奢侈品店和 Mark McEwan 高端超市。

（6）便捷的交通与公共设施：拥有便捷的交通环境、足够大的停车场以及贴心便利的公共设施。

现如今，商圈发展鼓励增强地下空间、地面建筑、高空步行空间的连通性，形成高效、立体、复合、多功能的街道步行空间系统。步行街商圈内的几个大型购物中心及发展项目，可考虑设计空中连廊或地下通道进行连接；发展项目也可以通过地下联络道与周边地铁站进行连接，提升区内步行品质，并缓解地面交通压力。

（7）良好的商业运作：有专业的商业管理机构。

现在国外有一些商业管理机构，专业从事城市商业的定位、策划、运营等服务，建立了优质客户资源库。通过科学的市场分析，专注商业本质，提升商业地产价值，盘活社会沉淀资产，繁荣市场，能够创造良好的经济效益、社会效益。

3.1.2　国外特色商圈概述

任何一个国家的大城市都有一条或几条著名的商业街。这些商业街不仅是一个城市对外展示的形象窗口，也是当地居民休闲、购物、娱乐、消费的汇集地，更是一个城市经济发展的活力象征。例如国际上著名的纽约第五大道、巴黎的香榭丽舍大街、北京的王府井大街等。这些商业街依托优良的社区环境、繁华的商业氛围、健全的商业设施以及独具特色的经营品位，经过几十年甚至上百年的规划建设，最终成为一座城市特有的吸引力和品牌。城市因商圈而具有魅力，商圈更为城市增添风采。从国外商圈的建设与发展中，可以看出视觉元素是传达商圈信息的主要载体，在商圈的视觉元素设计过程中，掌握相关视觉元素的设计原则，可以有效增强其传达信息的效果，巧妙地将视觉元素融合于街区环境，同时有利于营造商圈的休闲氛围。

3.1.2.1 巴黎香榭丽舍大街

法国巴黎的香榭丽舍大街位于卢浮宫与新凯旋门连心中轴线上，又被称为凯旋大道，是世界三大繁华中心大街之一，也被人们称作世界十大魅力步行街之一。其横贯首都巴黎的东西主干道，全长 1800 米，最宽处约 120 米，为双向八车道，东起协和广场，西至戴高乐广场（又称星形广场），东段以自然风光为主；两侧是平坦的草坪，恬静安宁；西段是高级商业区，世界名牌、服装店、香水店都集中在这里，火树银花、雍容华贵。因此这里被称为"世界上最美丽的大街"。

随着经济的飞速发展，人们的生活需求越来越多样化、个性化，为满足人们的多元化需求，商业街也逐渐演变成集购物、娱乐、休闲、餐饮于一体的"一站式"消费街区。在体验经济的背景下，对于商业街，人们不再仅仅满足于走马观花式的消费，而是希望现代商业街能够满足其休闲体验的需求，达到身心的自由与放松。因此，现代商业街越发趋向于生活体验化。从视觉感官角度出发，研究商业街中的视觉元素在视觉传达设计过程中所具有的休闲功能，即通过视觉刺激与体验，影响人们的情感、情绪、认知等心理因素，实现人与环境的互动，有利于商业街在体验经济发展过程中更好地规划基础设施建设，满足人们的休闲需求，也有利于商家通过视觉元素的构造与设计更好地传达品牌理念，增强品牌辨识度。

香榭丽舍大街是法国最具景观艺术和人文内涵的大道，集休闲与商业于一体，是典型的休闲型商业街，其在满足人们购物、餐饮、娱乐等消费行为的同时，更多的是让人们能够在其营造的休闲氛围中获得心理满足。巴黎的历史文化与现代艺术被完美地嵌入香榭丽舍大街景观小品的设计之中。其景观小品的设计主要体现在三个方面：一是充满艺术气息的街景，如高挑的仿古式街灯、报亭、电话亭，以及由商店自发搭建的一系列红色帐篷等；二是具有时代感与美感的广场雕塑，雕塑立面刻有的浮雕印证了巴黎的历史；三是人性化的休憩设施。在商圈不断发展的过程中，人们越来越关注在商圈中如何获得更好的休闲体验。休闲型商圈中通过营造舒适、愉悦的休闲环境，满足人们自由、放松的心理需求。巴黎香榭丽舍大街从视觉感官角度出发，添加视觉元素，营造商业街的休闲氛围。

3.1.2.2 纽约第五大道

纽约第五大道位于美国纽约曼哈顿岛的中轴线上，呈南北走向，南起华盛顿广场公园，北至第 138 街，与 47 街交界。纽约第五大道是美国的中央大街，美国最著名的高档商业街，也是全球十大租金最昂贵的商业街之一。说起纽约第五大道，人们就会想到道路旁是闪耀着光芒的玻璃幕墙，西装革履、打扮时尚的白领拿着公文包出入高楼大厦，它几乎成为美国现代生活的图景。

19世纪初，第五大道不过是片空旷的农田。1883年，铁路大王范德比尔特在这里建立豪宅，第五大道逐渐变成纽约高级住宅区及名媛绅士聚集的场所。1896年，本杰明·奥特曼在第五大道上建起了第一个商铺；1906年，第一家百货公司在此建立。第五大道由住宅区逐渐过渡为商业区。随后100多年里，第五大道始终站在时尚的最前沿，几乎所有品牌的最新款都能在那里找到，虽然折扣不多，但是一旦打折，就会非常给力。除此之外，第五大道还被称为"艺术馆大道"，因为大都会博物馆、惠特尼美术馆、古根哈姆美术馆、库珀·休伊特设计博物馆等著名的博物馆都聚集在第五大道的中央公园周围。每年到了圣诞节等西方重要的节日时，橱窗展就成了第五大道上的又一亮点。各大公司别出心裁地利用橱窗吸引顾客，第五大道上的橱窗文化已经成为游客观光的必备项目。

3.1.2.3　日本东京银座商圈

"银座"的地名源于江户时代的"银座役所"，1827年火灾后，明治政府委托英国建筑师沃特斯将银座改造成西洋风格的砖街，道路拓展到27米宽，分设了人行道和车道，路边设置了煤油灯，并栽种了樱花、松树、枫树等行道树，成为当时最时髦的街区和信息发散基地，逛银座成为风潮。100多年来银座经过不断更新改造，如今已经成为世界最具活力和价值的商圈之一。银座位于东京的"心脏"地带，是日本最繁华的商业区。长约1公里半的银座中央大街由北至南横贯其间，把一丁目至八丁目连在一起，即所谓"银座八丁"。据统计，在这面积只有2平方公里的地区，集中了商店、餐厅4000余家，每年消耗的电力多达48亿度。银座也是世界上地价最贵的地区之一。

银座之所以能成为闻名世界的闹市之一，主要是这个区的行业齐全，能满足不同收入阶层的多种消费需求。银座有历史悠久、各具特色的"三越""西武""松板屋"等大百货商店，既有高级酒店、餐厅，也有普通饭馆、酒店。银座迅速发展的另一个原因是商业与娱乐业相结合，互相促进，共同繁荣。银座不仅是一个商业中心，也是一个娱乐中心，既能满足消费者物质方面的需要，又能适应消费结构的变化，满足人们的文化娱乐需要。除此之外，银座将商圈与历史文化相结合，大大提升了商圈的吸引力。银座历史记忆的传承和景观特色的创新，一直是一种自下而上的内生过程，随着时间的推移，公众的引导力量也在逐步提升。2001年，该商圈成立了全银座会，统筹了业界团体、通会、町会等33个组织，成为最高意向决定机关，形成了强大的影响力。而未来的银座景观正在朝着商住复合型商圈不断创新改进。

交通便利对银座的兴旺发达具有十分重要的意义。银座四周有高速公路环绕，四面通行电车，还有三条地下铁路线在这里会合。据统计，在银座和附近6个车站上下车的乘客每天约有90万人次，其中银座地下铁路综合站就有33万人次。

3.2　国内典型城市商圈发展现状

3.2.1　国内20个重点商圈介绍

3.2.1.1　全国客流吸引力指数最高的20个重点商圈解读

新一线城市研究所推出了一份研究报告，解读了全国客流吸引力指数最高的20个重点商圈，其中，上海的南京东路商圈、成都的春熙路商圈、广州的北京路商圈、沈阳的太原街商圈和长沙的五一广场商圈占据了排名的前5位。如图3.1所示，这一数据计算的是从商圈访问和驻留行为数据中总结出工作日日均客流量、假日日均客流量、平均驻留时长以及商圈辐射半径这4个维度，主观分别赋予其0.35、0.35、0.2、0.1的不同权重，从而得出每个商圈的"客流吸引力指数"。商圈地位的象征之一是客流量大小以及客流吸引力增长，因此这一数据分析中对工作日与节假日客流量两项指标赋予了最高的权重。在排名前10位的商圈中，新一线城市占据7席，成都最大的商圈春熙路凭借日均超过26万人的流量位列第二，郑州二七广场是前10位的商圈中访客平均停留最久的商圈。

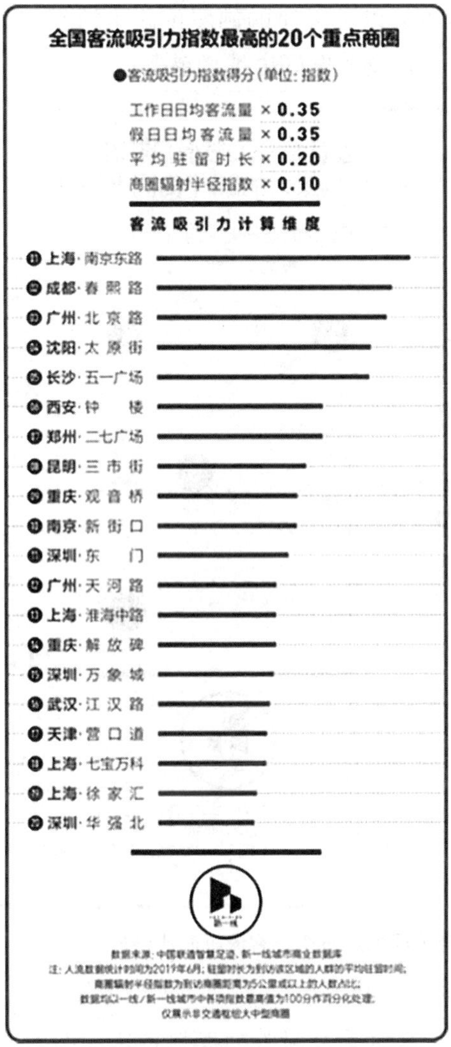

图 3.1 全国客流吸引力指数排名

（数据来源：新一线城市研究所）

3.2.1.2 全国周末及节假日客流提升比例最大的 20 个商圈类型

图 3.2 中的数据用商圈的非工作日日均客流量除以工作日日均客流量，计算出"节假日客流增长指数"，以衡量各个商圈的节假日客流增长情况。节假日人们往往会选择出游，因此景区乐园客流增幅最高。除此之外，逛街觅食是城市人周末消费的主流方式，所以商业综合体的客流在节假日的增幅也较大。此外，在全国节假日客流提升比例最大的 20 个商圈中，有超过六成是购物中心或商业街，其中上海迪士尼等 4 个景区乐园周末客流平均增幅达到 123%，

北京首创奥莱、燕莎奥莱以及天津的佛罗伦萨小镇都闯入了该指数前 20 名。由此可见，人们对奥莱商场的偏好也越来越高。

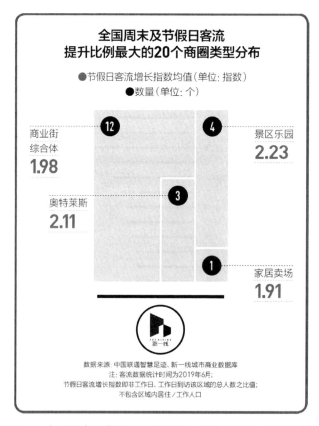

图 3.2 全国周末及节假日客流提升比例最大的 20 个商圈类型

（数据来源：新一线城市研究所）

3.2.1.3 大型商圈中来自 5 公里外的客源占比情况

日均客流超过 3 万人、连锁餐饮零售门店体量超过 1000 家的大型商圈中，广州北京路步行街的综合辐射力非常突出。图 3.3 统计了每个商圈来自 5 公里以外的客流量占比，并把这个数值作为"辐射半径指数"，以衡量商圈能否辐射影响距离更远的客群。广州北京路步行街有 88.8％以上的客流来自 5 公里以外，辐射半径指数在大型商圈中排名第一，来自 20 公里以外的客流占到了 53％，仅次于南京夫子庙，体现出它对于外地游客的高吸引力。尽管杭州西湖附近的湖滨、武林商圈日均客流量未能进入全国前 20 名，但是它们在这一项指标上也展现出了知名旅游景区商圈强大的影响力。

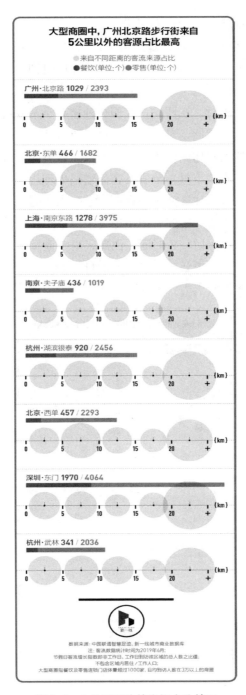

图 3.3　5公里以外的客源占比情况

（数据来源：新一线城市研究所）

3.2.1.4 大型商圈游客平均逗留时长分析

更长的驻留时间往往指向更多的消费机会以及更多样化的消费方式，郑州、深圳和广州的大型商圈最能吸引消费者停留更长时间（图 3.4）。访客们平均在郑州二七广场商圈逗留超过 3.6 个小时，而去往深圳万象城商圈的人们平均愿意待上 3.7 个小时。在西安，人们在钟楼和小寨商圈逗留的时间平均都不会超过 2.7 个小时。因此，对于西安来讲，要留住匆匆而过的游客，可能还需要提供更多层次的商圈休闲消费体验。城市顶级商圈对客流的吸引力无疑是巨大的，不过在同一个城市里，节假日客流增幅更理想的一般不是市中心的大型核心商圈，而是近郊居住区的区域商业中心。以上海为例，松江万达、漕宝路、三林等地的购物中心一带客流增幅远高于南京东路。此外，社区商业中心也往往能吸引周边居民停留较长时间。因此，对于商圈建设与发展来说，要想吸引游客在此停留的时间更长，就需要增加自身的特点，了解游客对商圈的需求，从而提升对游客的吸引力，推动游客的进一步消费。

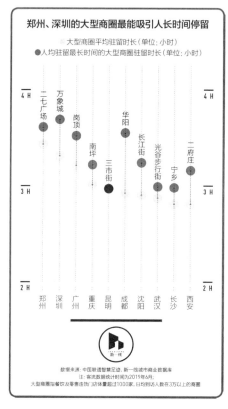

图 3.4　大型商圈人均驻留时长情况

（数据来源：新一线城市研究所）

3.2.1.5　总结

综上所述，结合目前经济与国民消费的发展现状，即经济下行与消费升级的双重压力下，以"城"营商，以"文"活商，以"人"兴商，已经成为部分城市重点商圈深度挖掘消费潜力的突破口，跨界融合、流量经济、全时消费等消费新趋势明显。根据前述国内商圈发展现状可以看出，国内各个大型商圈都在顺应消费潮流，并结合自身特色来打造可以提升游客消费力的吸引点。

从前面的内容我们可以了解到，一个国家、一个城市著名商业街的形成有其城市发展的历史背景，也各有特色，并在现代城市的建设中不断调整、完善，以适应现代人的新生活需要。比较分析这些著名的商业街，我们可以看到其发展对我们的启示，也可借鉴他们的成功经验，改造、建设我国大城市的商业街。

3.2.2　国内特色商圈概述

3.2.2.1　上海南京东路商圈

（1）商圈简介。

南京东路是上海十大商业中心之一，位于上海市中心，其作为上海开埠后最早形成的知名商业街，是上海乃至中国的近现代商业发祥地，更是被人们冠以"中华商业第一街"之名。

南京东路步行街长约 1200 米，两侧商店林立，一眼望去，现代建筑夹杂着欧式老楼，竖挂的店铺灯箱连绵不绝，尤其夜幕之下霓虹灯光闪烁，别有风情。游客还可以坐一回像缩小版旧式电车的"铛铛车"，找找老上海的味道。南京东路步行街是上海繁华的商业街之一，早在 20 世纪初就已是百货公司的聚集地。

（2）商圈发展过程。

南京东路作为红了上百年的网红马路，至今仍然是来上海不可错过的热闹景点。对于上海人而言熟悉又自豪的南京东路，从前是一条名为"花园弄"的小马路，而在 1865 年正式更名为南京东路后，这条街的传奇故事便拉开了序幕。

随着时代飞速发展，电商的异军突起对传统商业造成了巨大的冲击，也为传统的销售模式带来新的挑战。此时，面对无法逆转的信息时代的大背景，南京东路需要的不仅仅是引进资本、增加营业额，更重要的是利用自身特质将挑战转化为机遇，塑造再一个"时代的标杆"，成为未来消费的风向标和引导者。

南京东路商圈是 2019 年全国客流吸引力指数最高的商圈，其在商圈转型发展上也做出了一定的研究。

①开放式布局。现代消费需要体验和互动。商业街的开放式布局有利于增强体验，增加商场、商家、顾客三者互动。开放式布局最常见的是咖啡、甜品、酒吧、轻餐小店等沿街店铺将店堂与室外连通。在商业街较为宽敞的区域，外摆可以由轻餐向零售、休闲时尚、艺术展览、新品发布等拓展。南京东路步行街东拓，新世界大丸百货一楼打开沿街店铺，推出外摆位，吸引众多消费者。慈安里和慈昌里也将结合外摆打造舒适的户外休闲场所。

②街区风貌。南京东路东拓段一批历史保护建筑在保持原有风格的基础上修整一新，新铺装好的路面采用温润的暖色调与东段的历史建筑肌理相辅相成，呈现色调统一的质感。街区增加了花坛设计，还种植了江南园林名品紫薇和青枫树。街区路灯全部换新，综合灯杆内设计了通信信号塔、5G 系统、监控系统、广播系统等许多高科技装备。街区两旁"之"字形的景观座椅，间隔铺设了棕红色木条，雨天不积水，冬天不凉、夏天不烫。

③线上线下融合。南京东路"智慧商圈"建设走在全市前列，比如"客流分析平台"对游客行为、商圈联动等进行分析。通过新一代信息技术与传统商圈服务的结合，涵盖了商圈的多个服务领域。首个智慧商圈实时监测系统在南京东路商圈启动应用，通过云计算技术对商圈内多种数据进行计算，可以为商家和管理者提供精准的数据依据，为后续的经营决定和管理方向提供准确详细的参考。大数据显示，步行街上的"90 后"人群占比上升到 36.21%，游客平均驻留时间上升为 28 分钟。有的商场通过 5G＋AI，更加精确了到店客流、客户画像的深入分析，实现对周边潜在顾客实现精准的活动信息推送，利用线上为线下引流；通过 AR 导航、AR 商场红包发放等，让"逛商场"更具趣味性。消费者在步行街通过 5G 技术全覆盖，能够体验到智能导购、VR 展示、无感支付等。

④业态品牌升级。南京东路存量商业更新加速。由第一百货和东方商厦南东店整合而成的第一百货商业中心，打造集全客群、全时段、全业态、全品类、全渠道于一体的购物综合体，更新了原有 70% 的品牌，引入一大批首店、新品，以满足跨年龄层、多元化、多需求的消费群体。新世界城的改造让百年老店焕发了青春，有世界最高的室内攀岩、中国第一家杜莎夫人蜡像馆、中国百货首家海洋水族馆，有首家集冰场、冰壶、冰屋、冰吧于一体的冰雪乐园，将体验占比提升至 28%。

3.2.2.2　广州北京路商圈

（1）商圈简介。

北京路商圈位于广州市越秀区，交通便利，是最繁华的商业集散中心之一，日均客流量约 40 万人次，节假日更是达到 60 万人次以上。北京路商圈以北京路商业街为中心，南至沿江中路，北达越华路；东西分别至仓边路、文德路和吉祥路、教育路、禺山路、回龙路。北京路商业街是越秀区一条集文化、娱乐、商业于一体的街道，位于广州市中心，该街区是广州城建之始的所在地，是广州有史以来最繁华的商业中心区。两千多年来，其中心城区和中心商业区的地位始终没有改变，不仅创造了国内外城市建设史上罕见的奇迹，也造就了广州灿烂辉煌的历史文化和商业文明。

广州北京路商圈来自 5 公里外的客源占比最高，吸引外来游客的能力强，表明其有自身的特色优势。目前，前后经过 5 次扩容的北京路步行街长度已突破千米。周边景点有南越王宫博物馆、广州大佛寺等。

北京路商业街主要包括北京路一段商业区域。这里有新大新公司、广州百货大厦、太白商场等大中型百货商场 10 多座。文化娱乐设施有几家专业书店和新华书店，包括工具、教育、古旧、音乐美术、科技、外文和儿童书店，三多轩、集雅斋、文一文化用品公司，永汉电影院，青年文化宫，长江琴行，艳芳照相馆，新以泰体育用品商店等。专业特色商店中，服装鞋帽店除北京、健强、新风尚外，还有晚上灯火通明的西湖路中高档服装灯光夜市。餐馆有太平馆餐厅、美利权冰室、丽都酒店、北京楼、聚宝楼，以及数不胜数的快餐店、饺子店、粥粉面食店、饼店、蜂蜜店等，集南北小食于一炉的"金筷子"也在其中。

（2）商圈发展过程。

北京路商圈的发展可以追溯到数千年前，其繁盛不衰的传奇已沿承了两千多年，三朝十国在此建都。改革开放以来，北京路发生了 3 次巨大的变革。第一次变革发生在 20 世纪 80 年代初。自改革开放开始，北京路的商铺便迅速发展，以北京路和沿江路码头为依托的高第街，成为全国闻名的服装专业街，在全长不过 600 米的街道上，聚集了 1000 多家商铺。第二次变革发生在 20 世纪 90 年代初，在北京路上建起两大百货公司，北京路的繁盛再度登上顶峰。首先建起的是新大新公司，一度创下年销售额逾 10 亿元的良好成绩。1991 年加入广州百货大厦，其以 13 万种货品争得北京路近半市场份额，销售总额逐年上升。这两家百货巨头加上这一带多年形成的书店、副食品商场、五金交电商店等老牌国营商店，北京路当即人气急升，将上下九商业街远远地抛在了后面。第三次变革开始于 20 世纪 90 年代中期。进入 20 世纪 90 年代中期以后，北京路的商业发展非常迅速，如今北京路商圈已成为以北京路商业街为核心的著名商圈，形成了以百货店为主导，专业和时尚特征突出的文化商圈。

在传统经济环境下，全国类似于北京路这样极具历史文化底蕴的街区非常普遍，这些街区都是在城市历史文化背景之下自然形成的，并逐渐成为城市的代表。这些商圈都有着共同的特点，即在相当长的时间里都是城市的政治、商业、文化中心，遍布历史遗迹，保留了人们对这个城市各个时期完整的历史记忆。北京路依托其自身的文化底蕴优势走向了品牌之路，而城市记忆就成为其最可挖掘的核心价值，因此其以集体记忆、城市记忆为品牌研究方向和核心线索，从而进一步提取建筑古迹中的记忆元素，形成"广州印象"。

2019 年，北京路提升改造计划创新性地提出打造"后街经济"。"建筑是面子，要体现广府岭南特色；经济业态则需要里子，有业态才能有发展"，北京路核心区管委会相关负责人透露，北京路提升改造除了主街的建筑外立面修缮提升，还将通过"五力街区"打造最广府、最岭南、最时尚、最国际的商业步行街区，即北段国潮活力、中段国际魅力、西湖路文化动力、惠福路美食热力、府学西动漫魔力。

广绣是大家耳熟能详的非遗技艺，但潮绣大多数人都不太了解。北京路北段有一家潮州会馆，主要经营人为潮绣大师陈泽瑶，许多人都慕名来学习这项技术，来学习潮绣的不仅有国内各地的学徒，还偶尔有外国人。他们会拿起绣盘，一针一线地学起来。

潮州会馆斜对面的锦泉眼镜博物馆里，不仅能够看到明代和清代的眼镜，还展示了以前使用过的验光设备、测量仪器、眼科古籍等珍品。打造老字号一条街，北京路北段底气十足。短短百余米的街道就汇集了锦泉眼镜博物馆、点都德微型博物馆、潮州会馆等多家老字号店铺。

正是基于老字号一条街的基础，北京路北段定位为国潮活力区，拟引进老字号品牌体验店（含零售＋展览＋体验）、本地餐饮品牌概念店、特色主题书店、国潮零售、网红餐饮主题定制店和旅游。随着新大新公司改造完成，北京路北段的国潮活力将再次被激活。

北京路中段定位为国际魅力区，拟引进国际零售店、老字号零售品牌体验店、品牌快闪店、小众品牌店、文创零售旗舰店、儿童相关零售店以及品牌主题咖啡厅；西湖路定位为文化动力区，拟引进素食文化体验店、汉服文化体验店、茶文化体验店、IP 文创零售店，打造文化体验街区；惠福东路、禺山路定位为美食热力区，拟引进网红餐厅、跨界餐厅、主题餐厅、特色小吃和天台酒吧，打造成为最具广府潮味的美食花街；府学西街定位为动漫魔力区，拟引进二次元文化体验馆、动漫主题餐厅、动漫周边产品零售店等，打造青年活力引力场。

北京路深厚的文化底蕴是不能复制的，是北京路所独有的。作为广州市的消费中心，北京路不但拥有购物的功能，还具有商旅功能。光明广场业态定位为"地铁购物中心"，它倡导的时尚"都市购物中心"互动体验式消费模式，大胆尝试"体验式消费"的经营模式，突破了传统的消费价值观，取得了良好的成效。

3.2.2.3　成都春熙路商圈

（1）商圈简介。

春熙路位于四川省成都市锦江区春熙路街道，覆盖北新街以东、总府路以南、红星路以西、东大街以北、南新街、中新街以及临街区域，面积大约 20公顷。春熙路是 1924 年被命名的，号称百年金街。从有关历史资料查证，春熙路的前世肇始于商贾，发命于官府，完成于军阀时期。2001 年后春熙路进行大规模改造，引进多个商业项目，如伊藤洋华堂、远洋太古里、成都国际金融中心、王府井、银石广场、九龙广场等。如今，有着悠久历史的春熙路商圈作为成都最繁华的商圈，被誉为中西部第一商业街。

一座城市的商业文明往往和一条著名商街的名字紧密相连。位于成都市锦江区的春熙路，是一棵百年老街发展的常青树。春熙路的影响力不仅辐射成都、四川，甚至辐射我国整个西南地区，吸引着来自中外的消费者和旅游者，从前面的数据也可以看出，春熙路商圈凭借日均超过 26 万的人流量位列客流吸引力指数榜全国第二，说明其在全国的影响力都很大。

（2）春熙路商圈优势。

①有历史：熙来攘往，如登春台；百年春熙，长盛不衰。春熙路所在地段，在清代是按察司署所在。按察司署被称为"臬台衙门"，是一省最高司法机关。中华民国成立后，臬台衙门逐渐沦为废墟。1924 年，杨森任四川督理，提出"建设新四川"的口号，积极推行新政，其中修马路是新政的重中之重。当时在市中心繁华商业区，来往客商、市民从东大街去商业场，要经过九弯十八拐的羊肠小道，实在不便。杨森委任他的第一师师长王瓒绪兼任市场督办，筹建各种新政设施。王瓒绪看到成都旧臬台衙门地界十分宽敞，于是向杨森建议将衙门和沿街私建店铺拆除，把东大街拓成马路，再在东大街到劝业场（今商业场）之间修建一条南北向的马路。杨森同意了王瓒绪的建议，命市政公署负责办理。在王瓒绪的主持下，1924 年 5 月动工，到了 8 月，一条新的市内

街道就初具规模。新街道修建之时，有人提议以杨森当时的官衔"森威将军"将其命名为"森威"路，但是遭到众人反对。遂请前清举人江子虞先生命名，江子虞将新街道命名为春熙路。

②有文化：锦城市井图、锦华馆、科甲巷、西式会所、中山广场等，承载着成都独特的人文气质与时代风范。在这里，东方与西方的文化相交融，历史与现代发展相辉映。

③有商气：春熙路上云集了太平洋百货、伊势丹、伊藤洋华堂、群光百货、时代百盛、亨得利、凤祥楼、精益眼镜、龙抄手等中外知名的品牌店、老字号和特色店。春熙路建成之后，由于地处市中心，因此发展速度很快，逐渐成为当时名副其实的成都第一路，吸引了很多商家与文化单位云集于此。当时入驻的知名商家有在成都地区最早使用霓虹灯做店招且最早使用扩音喇叭的商家——协和钟表行，当时成都档次最高的理发厅——大光明美发厅，还有浙商宝成银楼、凤祥银楼、宝元通百货公司、廖广东刀剪店、宋锦武香烟店、华胜鞋家、大光明眼镜店、及时钟表眼镜公司、上海精益眼镜公司、聚福祥绸缎庄、达仁堂药店、德仁堂药店等。

④有效益：春熙路上商贸流通业高度集聚，商业氛围浓厚，经营繁荣。成都太古里就位于春熙路商圈，其拥有优越的交通优势和人流优势，并且与千年古刹大慈寺相邻，在商业气息之外更添一份独特的历史文化韵味。"成都远洋太古里"总商业面积 14.48 万平方米，包含开放式商业街区、购物中心、酒店、服务式公寓等多种商业形式，汇集古驰、卡地亚、爱马仕、拉尔夫·劳伦、范思哲等众多世界一线奢侈品牌。资料显示，成都远洋太古里是全国商业名片之一，截至 2022 年 6 月，项目估值约 123 亿元人民币，2021 年销售额逼近百亿元，2019 年以来出租率超过 95%。

⑤有名气：春熙路是一条在全国享有较高知名度和美誉度的"中国著名商业街"，名扬海内外。春熙路商圈的三个发展阶段：以消遣娱乐为主的第一阶段，以服装、饰品类为主的第二阶段，以百货、综合体为主的第三阶段。三个阶段跨越百年的发展让春熙路商圈先后赢得了"中西部第一商业街""中西部第一商家高地""中国商业第三街"等称号。

（3）商圈发展过程。

2005 年，在盐市口－春熙路－红星路－东大街－总府路"商业商务中心"内，春熙路商圈以绝对优势领跑成都商业。在快速发展的形势下，锦江区政府着手调整春熙路商圈的业态。春熙路商圈被细分为精品一条街、休闲一条街、餐饮一条街，中山广场区域被确定为商贸中心区。经过提档升级，以往卖"吼货"的小商贩逐渐被淘汰，取而代之的是国内外各知名品牌。

2007年，锦江区挖掘历史积淀，结合区位优势，做出建设现代服务业先导区的战略部署，老成都的传统商贸业开始在锦江区委、区政府的思维创新中绽放出与时俱进的风采。锦江区依托春熙路商圈的品牌效应，充分利用成都市打造中央商务区的机遇，大力发展商贸流通和金融专业服务业，着力建设中西部现代商贸服务业高地和中西部现代商贸第一品牌。因此，春熙路成为成都的中央核心商业区和商务区，成为中国西部地区具有最活跃商机、最便捷交通、最高土地价值、最集中的生产生活服务的综合性城市中心。

2009年，锦江区按照"业态聚集到片、明确到线、具体到点"的思路，再次对春熙路商圈进行业态结构优化升级，春熙路的商业承载空间和品质也再一次得到升华，商业辐射能力因此大大增强，现代化、精品化、品牌化、时尚化特点进一步凸显。

锦江区为了推进实体经济由传统业态向现代化转型，与著名网站"天涯社区"合作，运用电子商务平台，打造了"网上春熙路"，开创了"虚拟＋实体"的销售模式，为春熙路的商家开辟了互联网营销渠道。"网上春熙路"以独有的个性区别于传统电子商务模式，融合了网络商城、品牌空间、购物街、中小企业虚拟网店（天涯商家）等多种电子商务形式，将微博、IBS（位置服务）、开放平台、第三方支付、团购等先进的互联网应用与天涯论坛产品（话题、好友网络）有机结合，营造出各种业态齐备的虚拟城市综合体。这种足不出户就能享受春熙繁荣的新潮购物方式一经推出，迅速走红，尤其深受时尚男女的追捧。

现代商贸业高地，是成都商业未来的取向。作为成都商业的核心，锦江区拥有源自古华阳的厚重商业传统，自古商业发达。而春熙路，则是锦江区乃至成都商业在经历了千百年发展后，积淀而成的岁月结晶，当之无愧地可称为成都商业的高地。从建区伊始的"商贸立区"到近几年建设"现代服务业先导区"，春熙路商圈都以无可取代的历史和现实优势成为成都商业高地上的制高点。商圈内汇集了王府井、太平洋百货、伊藤洋华堂、时代百盛、伊势丹、群光、九龙广场、尚都服装批发商场等大型卖场，营业面积超过50万平方米。此外，为数众多的中小百货企业、专卖店点缀其间，为春熙路提供了巨大的商业发展承载空间。这是成都最繁华之所在。春熙路商圈日均人流量达到26万人次，节假日达到30.6万人次，最多时甚至逾50万人次，其中外来购物人群占57.1%，显示出极强的对外辐射能力。

2010年9月，大型城市综合体——仁恒置地广场落成，以国际化、现代化特征成为成都新地标，汇集了 LV、Prada 等国际奢侈品牌，带动其他国际品牌向春熙路商圈聚集。2011 年，春熙路商圈硬件设施不断优化，新增商业载体 16 万平方米，以"天涯春熙"为代表的电子商务不断发展，春熙商圈已有 200 余家企业和品牌实现线上交易；王府井百货则以 34.48 亿元的销售成绩再次刷新中国西部单店百货销售纪录。

春熙路商圈依托大型百货卖场、服装专卖店、餐饮美食店打造时尚购物和体验消费功能区，加快商业载体建设，不断为春熙路"扩容"，春熙路地铁站及九龙仓、太古里等商业地产项目建设，为春熙路商圈延展提供配套保障。同时，大力引进全球零售商、中国零售 100 强企业和国际知名品牌，丰富商圈的产品种类，加快商圈业态提档升级，引导大中型零售卖场调整品牌和提升档次，鼓励商家企业进行硬件升级和信息化改造，营造更加舒适的购物环境；采取"实体＋虚拟"的营销模式，运用电子商务扩展销售渠道，提升企业核心竞争力，把春熙路打造成为电子商务应用示范街。耗资 100 亿元的九龙仓成都国际金融中心建成后，将协同银石广场等诸多大体量城市综合体，赋予春熙路商圈更加旺盛的生命力，使商圈品质上升到新的高度，与春熙路已经运营的大型商业卖场形成梯度发展格局。紧邻春熙路的红星路步行街将升级成为春熙路商圈的"中轴线"。东到顺城街、西到正科甲巷、北至大慈寺路、南临东大街的区域内汇集了晶融汇等高端商务商业楼宇，春熙路商气东移从理论逐渐转向现实，红星路成为高端购物区域。成都国际金融中心是香港九龙仓在内地的旗舰项目，体量达到 20 万平方米，将成为春熙路商圈体量最大的购物场所。银石广场包括零售、写字楼和五星级酒店，地下为店中店，地上为百货商场，建成后将成为又一超大体量的城市综合体。届时，"春熙时尚品牌商业区"将与"天府国际品牌商业区"共同构成中央品牌商业核心区。

3.2.2.4 长沙五一商圈

（1）商圈简介。

五一商圈是长沙市商业中心的最核心地段，西临湘江大道，东起芙蓉路，南至人民路，北到营盘路，面积约 3.5 平方公里，是长沙的市级商业中心，分布着平和堂、春天百货、王府井商业广场、锦绣广场、东汉名店、万代广场、新大新广场、黄兴路商业步行街等数十家购物中心，几乎占据了长沙市大型商场的半壁江山。

如今由太平街、坡子街、解放西路组成的五一商圈已成为全国著名的网红商圈。每逢节假日都是人山人海，五湖四海的游客络绎不绝。坡子街、太平街上那些长沙地道的、传统的小吃店更是年轻人必打卡的地点。茶颜悦色、文和友等品牌已成为年轻人心中长沙的时尚标志。五一商圈的地标商业项目 IFS，在 2019 年更是创下 50 亿元的营业额纪录。

（2）商圈发展过程。

平行坡子街、相交太平路的解放西路，也是长沙具有重要历史地位的"魔性"街道，拥有厚重沧桑的历史，承载着太多老城市人的回忆，密集着最受年轻人欢迎的繁华商业，既有色味俱佳的美食，又有灯红酒绿的故事。北京有工体，成都有九眼桥，长沙有率性的解放西。不夜的长沙，从来都不缺消遣的地方，不管是在舞池里跟着音乐节奏"一起摇摆"的年轻人；或是点上一杯 long island，邀上三两好友安静地坐在不那么喧哗清吧里静静聆听的都市人；还是一群在 KTV 嗨唱到天明的灵魂歌者们，会玩的长沙人，夜晚满溢的从来都是喧嚣与肆意。长沙酒吧行业走过了 20 多年的风雨历程，唯有解放西路酒吧一条街常被津津乐道，无论经历怎样的岁月洗礼与时代变迁，它永远保持活色生香，成为长沙人茶余饭后的谈资。

（3）下一步发展规划。

在"流量经济""网红商圈""打卡圣地"等光环的簇拥下，游客络绎不绝来打卡的同时，五一商圈进一步考虑了未来商业项目的发展方向。

五一商圈下一步会大力打造位于核心地带，太平街、坡子街与解放西路交会处的云玺天街。云玺天街位于湖湘精神的起源地、千年商业中心，打造一个"世界级文旅地标玩乐场"正是其最好的定位。

五一商圈计划将更好地传播太平街的湖湘精神，让历史文化与现代商业完美地融合。云玺天街的设计单位 Aedas 以张家界作为蓝本，从中选取了黄龙洞、天门洞等标志性景观作为建筑原形，以一种野蛮生长的轮廓姿态，将长沙人骨子里的霸蛮精神展露无遗。

设计师以主题性商业空间为概念，设计打造了集文创主题购物中心和情景餐饮街区于一体的商业裙楼，在围绕"艺术、人文、自然"带来全新购物体验的同时，也为城市带来更多文化空间。

在做商业规划时，项目紧贴"世界级文旅地标玩乐场"这一定位，打造七大运营亮点，玩转不夜长沙。

①借助张家界天门洞这一独一无二的 IP，打造项目成为中部旅游集散中心及游客服务交流平台，未来，去张家界旅游的人，第一站将是云玺天街，先参观云玺小天门洞，再看张家界大天门洞，未来国际游客流量将无可估量。

②为满足年轻人爱玩的天性，将项目的一层至五层打造为丰富多样的娱乐体验项目，比如项目拟携手十二兽酒吧，利用全亚洲首创的 30 米高中庭巨幕

打造 5D 云 MAX 俱乐部。白天吃喝玩乐购，晚上整个中庭将变身嗨 FUN 共享舞池空间，并上演 5D 全景灯光秀。

③首创 5G 黑科技沉浸式场景体验仓。5G 结合 AR/VR 技术，全球首创 AR/VR 实景，打造科技潮流。30 米巨幕与公共区域数百块多媒体高清电子屏，以 5G 高速网络多屏互动，让云玺天街真正成为动起来的玩家主场、娱乐中心。

④为了让太平街与坡子街上的食客品尝更多美食，项目还将打造 6000 平方米的湖湘美食集散街区，将所有美食小吃汇集，国内外游客以及市内顾客可以一站式品尝所有湖湘美食。除了"逛吃"，整个街区分不同风格主题设计，尽享美食的同时还可以游览中国特色及湖湘特色风情。

⑤作为在不夜城长沙中心的云玺天街，更是国家夜经济战略的落地项目——长沙首批 24 小时夜经济示范点，将以夜生活业态集群，延长经营时间，激活商业潜能，降低长沙全年约 220 天雨雪天气给室外街区商业带来的经营影响，成就 24 小时夜经济示范点。

⑥未来新概念豪车的最新车型将在云玺天街发布，客户能够直接在这里进行体验及试驾，获得更直观明了的体验。在为客户带来免去到偏远的 4S 店的便利的同时，能将大量的高端消费客群聚集在云玺天街。

⑦云玺天街紧跟潮流步伐，在增强消费者逛街体验的同时，开发独家云商铺，利用 5G 技术，从客户购买力、消费爱好、消费频率等多维度展开分析，制定高效广告推送、促销等经营策略，以大数据为商业保驾护航。

3.3 创意经济时代城市商圈发展趋势

商圈是城市商业不断发展演变的结果，是现代城市的商业文化符号，是一个城市的活力源泉和城市核心竞争力的重要一环，并日益成为当代都市的集大成者。21 世纪以来，随着城镇化进程的加速和交通网络的发展，居民消费方式多元化，城市商业形态和级别不断发展，大型一站式购物中心崛起促进商圈的发展，城市商圈逐步形成多中心、多层级、网络化的格局，且城市商圈都有自身的明确定位，传统商圈维持领跑地位，新兴商圈不断崛起。2015 年后，城市商业发展进入新周期，移动支付与 4G 相继到来，多个大型电商平台纷纷兴起，引发了消费趋势的五大变化，消费习惯、消费人群、消费理念、物流体系、支付技术的改变标志着商业进入了新的发展阶段。总体而言，创意经济时代城市商圈发展趋势可概括如下：

（1）新兴商圈不断崛起，潜力商圈核心化。

随着商业业态的不断裂变，商圈已变成一种普遍的城市业态，在城市交通网络不断发展的影响下，潜力商圈在客流吸引力、品牌吸引力、新型商业业态聚集力等方面不断提升，促进潜力商圈快速向核心商圈发展靠拢。

从城市核心商圈转型升级发展情况来看，各地围绕国际消费中心城市建设，着力推进城市核心商圈转型创新，促进消费升级，使商圈对消费者的吸引力、品牌集聚能力持续增强；首店经济、品牌经济、时尚经济、定制经济、夜间经济、直播电商等消费新模式推陈出新，新业态、新模式不断涌现；5G、云计算、大数据、物联网等数字技术在商圈逐步应用，智慧商圈建设步伐加快，商圈数字化、智能化发展水平不断提升。

（2）旅游消费导向型城市商圈发展速度提升。

在消费升级的背景下，消费者对生活品质的要求越来越高。在品质生活消费的驱动下，未来旅游出行等消费方式将成为消费者提升生活品质的重要选择，推动旅游消费导向型城市商业的快速发展，相应类型的商圈将更为突出。随着现代商业与城市生活方式深度融合，消费者体验消费需求不断加强，未来城市商圈将更加注重引入体验业态，丰富消费场景，从便利购物的场所持续向融合文化、艺术、技术的特色消费体验场景和社交空间拓展。

（3）商圈转型面向年轻化、时尚化，应抓住主力消费群体。

商业业态同质化导致商圈发展竞争不断加剧，商圈吸引力快速下降，商圈客群黏性进一步降低。针对新兴消费群体追逐氛围和社交场景消费习惯，一些新开业的购物中心为了吸引年轻人，往往会推出极具特色的标签将自己打造成网红打卡地。未来的商圈发展应聚焦崛起的年轻一代消费者差异化、个性化、时尚化的消费需求，在业态组合上注重引入时尚潮流元素，抓住核心客群。

（4）"智慧商圈"将成为商圈未来发展的重要趋势。

在大数据技术快速升级迭代的背景下，商圈的大数据应用将实现商圈智慧化建设。智慧商圈通过大数据技术将商圈内的商业业态、产品种类、停车场、交通站点等相关信息以更直接的方式送达消费者，从而实现产品、消费者购物、商家营销以及商圈服务的深度融合。

商圈是城市经济发展不可或缺的组成部分，是实现居民逐渐升级的个性化消费需求的重要载体，然而传统商圈的发展跟不上快速变化的时代，满足不了日益升级的消费需求。商业租金上涨、商圈客流减少，更重要的是电子商务的冲击，品牌零售店、大型商超等线下门店闭店现象频现，这使得传统商圈的发展现状不容乐观。借力互联网的发展，寻求传统商圈转型的合理路径是当前关于商圈建设最为合理可行的方向，建设智慧商圈将是城市建设的重点工作之一。

智慧商圈是智慧城市的组成部分，智慧城市包括智慧产业、智慧政务、智慧民生三大主要方面，智慧商圈涵盖了智慧产业和智慧民生的部分。智慧商圈是基于传统商圈的发展基础，以新一代信息技术为基础，结合互联网思维对商圈的组织管理、商业业态、购物场景等进行优化升级的一种商圈形态。

智慧商圈是第五代商圈，根据其"智慧"程度的高低可以分为三个层次：第一个层次的信息集中型智慧商圈，也是初级智慧商圈，该层次的智慧商圈主要是在自己的门户网站集中提供关于购物、娱乐、美食、商务等服务信息和导引，以及即时更新商圈内各商场、店铺、街区的活动，面向受众是所有查看商圈信息的客群，并不对消费群体进行分类。第二个层次的智慧商圈是定点个性化型智慧商圈，也是中级智慧商圈。该层次的智慧商圈为用户提供导引、查询、推荐等服务，基于 NFC 来识别不同的用户，为不同消费群体提供不同的商圈服务。第三个层次的智慧商圈是移动个性化型智慧商圈，也是高级智慧商圈。该层次的智慧商圈通过对商圈内用户的行为信息的分析，实时连接商圈、消费者和商家，进行精准的推送，通过三者之间的交互帮助用户得到更满意的服务。

智慧商圈是在传统商圈的基础上发展得更健康合理、更智能交互的新型商业组织形态，也更能适应现代信息社会的发展和人们的消费升级趋势，是以互联网技术和信息化基础设施为依托，并通过信息化、网络化的形式刺激城市内需，从而拉动经济发展的新型商圈。

4 重庆市城市商圈发展历程、现状与特点

4.1 重庆市城市商圈发展历程与现状

重庆两江通衢，交通便利，是西南地区的物资集散地和长江上游最具活力的商贸中心。由于独特的地理位置，这里已初步建立起面向全国、联动长江、辐射西南、层次清晰、结构紧密，由传统商业向现代商业发展的消费品市场体系。改革开放特别是直辖以来，整个重庆发展全方面步入快车道，其他的不说，常见的商业街如同雨后春笋，遍地开花。重庆市着力强化商业设施建设规划，以主城区为突破口，打造城市中心商圈，大力发展商圈经济，发挥主城区的窗口作用，商业档次不断提升，购物消费环境快速改善。按照商业的聚集程度，重庆市目前拥有解放碑、观音桥、沙坪坝、杨家坪和南坪五个主要商圈。目前解放碑和观音桥是重庆市的两个市级商圈。重庆商业市场以市级商圈为主、区域型商业为辅的商业分布格局已经初具雏形。

商圈包含一定规模、种类和数量的商业设施，在城市商业中心体系中占据非常重要的地位。商圈通过不同类型的业态为居民提供综合性商业服务。商圈往往位于城市的中心或副中心，商圈的发展水平代表城市中心体系的发展水平，也直接影响城市空间形态的形成。定期评估商圈的发展水平，可以为既有商圈提档升级提供参考，也可以为新的商圈规划建设提供借鉴。城市商圈是中高端消费的重要平台。它不仅是吸引国际游客的重要载体，也在促进城市消费升级，满足人民日益增长的美好生活需要方面发挥着重要的作用。2020 年以来，在实施新一轮扩大内需战略、构建新发展格局的背景下，国家级试点步行

街建设对城市商圈发展带动作用明显，首店经济、直播经济、夜间经济等新业态新模式不断涌现，商圈数字化、智能化发展水平不断提升。社区商业的重要性更加凸显。部分城市在推进以步行街为核心的商圈和"一刻钟"便民生活圈建设方面，已形成一些典型经验和做法。

作为一座多中心城市，重庆十分重视商圈建设，在设立为直辖市之初便将"商圈建设"作为产业转型和城市改造的突破口，建成了西部第一条商业街——解放碑中心购物广场。此后，观音桥、沙坪坝、杨家坪、南坪等传统商圈也相继起势，主城商业十分繁盛。

4.1.1　渝中区解放碑商圈

4.1.1.1　基本情况

解放碑商圈包含了解放碑步行街、较场口日月光中心广场、临江门这几个地方，是重庆首屈一指的商圈，也是全国著名商圈和 CBD，集餐饮、娱乐、商场、奢侈品、图书馆、五星级写字楼等于一体。以解放碑为中心，东起小什字，北临沧白路、临江路、民生路，西至金汤街，南到和平路、新华路等，构成"十字金街"，紧挨着洪崖洞、长江索道、朝天门等一系列网红打卡地。

解放碑是重庆最早也是重庆人最用心打造的地标性商圈，以精神堡垒"人民解放纪念碑"为中心，打造了 161 万平方米的商贸、商务中心，底蕴厚重，出售商品也"高大上"，主要针对成功的时尚人士，是重庆商圈的代表，也是重庆旅游不可或缺的保留项目。解放碑步行街日均人流量达 20 万人次，重大节假日人流量峰值每天超过 100 万人次以上，每年的圣诞节、新年之夜，15 万重庆市民会像潮水般涌向解放碑来听新年钟声。如今，仍有不少人把"到解放碑"说成"进城"，"没到解放碑等于没到过重庆"的说法也依然存在，部分商界人士甚至将进驻解放碑视作企业品牌"形象和实力"的象征。

4.1.1.2　主要特色

解放碑中央商务区主要以服务业为主，而且主要是占地小、高增值的现代服务业。2006 年，解放碑 CBD 有各类楼宇 635 幢，其中具有商贸功能的 421 幢，具有商务功能的 192 幢，世界商贸中心、万豪国际金融中心、世界贸易中心等现代商务楼盘也相继落成。

主要商业大楼有重庆商社大厦、纽约·纽约、美美时代大厦、大都会商厦、环球金融中心。其中重庆环球金融中心高 339 米，是中国西南第一高楼。

主要饭店和酒店有万豪酒店、赛格尔国际大酒店、重庆扬子岛酒店、重庆宾馆、海逸酒店、皇嘉大酒店、重庆商社中天大酒店、重庆渝都大酒店、重庆两江丽景酒店等。

主要零售百货有重庆商社新世纪百货、重庆百货、北京王府井百货、太平洋崇光百货、美美百货、远东百货、茂业百货、大都会百货、迪康百货、银泰百货等。

主要旅游景点有罗汉寺、湖广会馆、洪崖洞等，同时，英国总领事馆、加拿大总领事馆也在解放碑 CBD 办公。

解放碑商圈由百货商场、公寓、酒店、写字楼组成，功能齐备，可以形成一定的规模效应和市场认知度、影响力。另外，重庆直辖后，西部大开发速度加快，吸引了大量的境外企业，党中央想把重庆建设成为长江上游的经济中心，这也造就了解放碑商圈的繁荣。

解放碑商圈的"洪崖洞"不仅是吸引各地游客前来的"网红地"，也是感受巴渝文化的绝佳之地。层次分明的吊脚楼、仿古商业街，展现着山城特色。此外，在洪崖洞还可以看到千厮门大桥全景，景中有景，仿佛进入了《千与千寻》中的魔幻秘境。

解放碑步行街，以解放碑为中心向周边作辐射，以 40 万块花岗石地砖铺就的地面向四面伸展开来。重庆直辖后，解放碑商贸区更趋繁荣。解放碑商业步行街中心地带坐落着中国唯一一座纪念中华民族抗日战争胜利的纪念碑，在商业街的繁华喧嚣中，纪念碑无声无言，让人铭记中华民族抗战历史、缅怀革命志士。解放碑中心购物广场的建成标志着重庆的现代商贸业逐渐走向成熟。解放碑地区商场酒店林立，饮食服务网点遍布大街小巷，一个设施先进、规模庞大、业态齐全、辐射较广、服务功能较强的集商贸、饮食服务于一体的现代中心商贸区基本形成。

解放碑地区除商贸业发达外，与购物观光休闲配套的饮食、旅馆、交通、金融、娱乐等服务行业也较发达。该地区饮食业网点有 340 多家，能提供的饮食品种达 1000 多种；星级的宾馆、酒店 10 多家；金融网点、证券交易场所 60 多个，邮电、娱乐、咨询、信息、技术服务等服务行业的经营网点 300 多个，第三产业的发达程度在西南地区首屈一指。

4.1.2 渝中区大坪商圈群

4.1.2.1 基本情况

大坪商圈群包含了大坪英利国际广场和龙湖时代天街。龙湖时代天街分为A、B、C、D馆，紧邻重庆医科大学校本部，这里是新型商业街，主打餐饮、购物、特色主题酒店和娱乐，也有一些公司。这里有很多特色餐饮和音乐酒吧，是属于年轻一代的特色青年商圈，在重庆也颇具特色。

英利国际广场的商业形态是"主题街区式购物中心"，商业定位为重庆首个以年轻家庭和白领为主要客群的时尚生活中心（Family Lifestyle Centre），主要目标客群是追求便捷舒适的购物环境、时尚休闲的生活方式，愿意或正在逐步提升生活品质的人。

重庆龙湖时代天街是城市核心超级综合体，商业规模亚洲第一，项目规划"两条商业街""三大购物中心""八大公共广场"，建筑业态涵盖购物中心、商务楼宇、豪华住宅、城市广场等，完美融合休闲购物、行政办公、星级酒店、城市豪宅、交通换乘、餐饮娱乐、创意产业、城市广场、文化艺术九大城市功能，以惊艳世界的现代主义建筑，构筑起这个城市的首席地标。

到了重庆市渝中区大坪商圈，龙湖时代天街、英利大融城是"逛吃逛吃""买买买"的最佳去处。超过100万平方米的商业体量，30万人次的日均人流量，俨然证明大坪商圈已成为市民和游客青睐的购物消费、娱乐体验、旅游休闲目的地。大坪商圈商业业态以传统零售批发和新兴体验消费为主，龙湖时代天街、英利大融城是其核心商业项目。2017年商圈零售总额超过130亿元，与解放碑商圈形成"双核驱动"，成为渝中区发展的新引擎。

4.1.2.2 主要特色

作为渝中区的新兴商圈，大坪商圈占据着承接解放碑朝天门商圈的绝佳地段，已率先成为"百万级"商圈，而亚洲商业规模最大的商业综合体龙湖重庆时代天街无疑也能大力支持大坪商圈继续前行。龙湖时代天街目前已开启"文化+旅游+消费"的全新经营模式，简单来说，不论是去"城市家庭时尚购物中心"的A、B馆，还是去"城市家庭文化娱乐中心"的C馆，或是去"国际青年潮流中心"的D馆，市民和游客不仅能购物消费，还能体验丰富多样的娱乐项目。重庆购书中心、世纪星冰场、颠倒屋、卡丁车……龙湖时代天街的A、B、C、D馆尤其受宠爱，成了许多市民闲暇时光的"打卡"之地。目前，龙湖时代天街已获评"新重庆十大文旅地标""新重庆六大地标景点"。除商业外，大坪商圈还大力吸引特色产业入驻，以形成多元化发展格局。除了两大核心商业体，事实上大坪商圈还形成了以汽贸、通信器材、教育培训、文化创意、特色体验等为代表的重点产业聚集，目前主要包括重庆国际 IP 产业园、新浪通信市场、永缘汽车用品市场三个专业市场及街区、园区，商务商业面积超百万平方米。重庆市电影剧本孵化中心挂牌成立后，已挖掘了 10 多部本土影视剧本。此外，重庆市电影创作基地、留学生电影创意孵化基地等正探索发展影视产业。除了影视产业，园区还集聚了动漫产业类、文学作品类、游戏产业类、创新科技类、其他知识产权类等主体行业。

活力、多元、体验、畅达的大坪商圈，已形成"商圈＋社区商业＋特色街区＋园区产业"四位一体的发展格局。大坪商圈将遵循适度扩容提质，优化业态，丰富商旅文要素，转型打造都市文旅商圈。根据规划，大坪英利大融城将着力发展儿童教育培训，引入教育培训类业态，包括心灵一方艺术学校、小熊座影视培训学校等，将整体打造为"We Education＋We Work＋We Live＋We Play"青年共享社区。

龙湖时代天街将整体争创 4A 级景区，优化业态组合，引进各类新零售线下体验店落户，孵化本土 10 余家新业态，丰富个性化、场景式消费。

除此之外，大坪商圈今年还将加快商圈交通、路网等综合配套建设，力争完成渝州路、石油南路改造，推动渝州路天桥等项目建设，实现商圈内外部毛细血管畅通连接的通达式综合交通体系，更好地将核心商圈、社区便民商业与特色街区等联系起来，未来市民出行、停车、购物、休闲、娱乐都将更加便捷。

如今，大坪商圈拥有龙湖时代天街和英利大融城两大核心商业项目，重庆国际 IP 文化产业园、华记黄埔大数据产业园、新浪通信市场、永缘汽车用品市场、高九路汽车 4S 店一条街等五个产业园（街）区，已成为全市新兴核心商圈。根据渝中区八大服务业集聚区规划，大坪商圈还将适度扩容提质，打造成为"都市全业态消费目的地"。

4.1.3　江北区观音桥商圈

4.1.3.1　基本情况

观音桥是中国西部商圈第一大步行街，重庆江北区的商业中心之一，10年前的"重庆向北"，吹响了重庆都市区向北快速发展的号角。经历了 10 年发展的重庆北部，已经聚集了重庆几乎所有的高端消费人群，观音桥商圈成为继解放碑商圈之后第二个能辐射全市人口的标志性商圈，解放碑商圈和观音桥商圈可以说是重庆商圈中的两朵金花。观音桥商圈 2003 年 4 月开始建设，2005年 2 月建成开街，是 4A 级景区，享有"中国商旅文产业发展示范商圈"的称号。解放碑商圈形成时间早一些，是直辖后投资建设的西部第一条商业街，也是"全国示范步行街"。观音桥商圈包括了观音桥步行街、大融城、北城天街、星光 68 等，同样也是全国著名商圈，有音乐喷泉、步行街快闪等。观音桥商圈是传统的商贸繁华区域，是重庆市人民政府确定的五大商圈之一，是江北区政治、经济、文化中心和交通枢纽，也是集购物、休闲、餐饮、娱乐于一体的购物中心。观音桥商圈规模比较大，有商业商务面积 185 万平方米，所针对客户群比较广泛。

观音桥商圈规划面积 6.8 平方公里，核心区面积 2 平方公里，是集商业购物、商务办公、金融贸易、总部基地、文化娱乐、酒店美食、生态旅游、会展表演等多种功能于一体的城市综合服务区。观音桥商圈作为五大核心商圈之一，也是江北区经济中心和重庆北部商贸中心，具有商业购物、文化娱乐、酒店餐饮、金融服务、商务办公、居住休闲等功能，拥有世纪新都、重百江北商场、茂业百货、远东百货、新世界百货五大主力百货以及星光 68、龙湖北城天街、大融城、阳光世纪、融恒盈嘉中心五大购物中心。2010 年，观音桥商圈荣膺"中国最具竞争力商圈"和"重庆最美街巷"第一名，创建为国家 4A级旅游景区。

观音桥商圈主要是指以江北区观音桥为核心，位于重庆渝中半岛和北部地区的中心商务地带，是传统的商贸繁华区域，也是江北区政治、经济、文化中心和交通枢纽。作为重庆城市向北的开始，观音桥商圈发展至今，区域内购物中心林立，诸如北城天街、星光 68、茂业天地等，不胜枚举，成就了"西部第一商圈"美誉。如此丰富的商业业态让观音桥深受年轻人喜爱，时尚达人们逛街时，很自然地把观音桥作为了首选之地。如今，作为西南第一商圈，这里日均人流量超过 80 万人次。观音桥商圈区别于传统纯商务区域，更具商贸灵活性，扮演商务和商业的双重身份。2016 年，观音桥商圈社会消费品零售总额位列重庆第一，商品销售总额由 1800 亿元增长至 3600 亿元，社零总额、销售总额年均增速均在 30％以上。强大的经济底蕴让未来的观音桥商圈的发展不可估量。

4.1.3.2　主要特色

在观音桥商圈的规划中，交通路网在现有的"五横三纵"基础上升级为"八横六纵"，3 年内新增 2.5 万个车位，轻轨枢纽 3、5、6 号线，公交枢纽，北大道通车，红旗河沟地下隧道的开通，都使观音桥可以快速畅达全城。2017 年，类比其他区域，观音桥片区入住率高达 80%，领先主城各大核心区域。观音桥集高成交价、高入住率、高租金水平于一体，成为满足重庆商务市场需求的绝佳之选。

观音桥商圈作为重庆名片，用十余年时间书写奇迹，庞大的客流量保证了商圈的基本消费流。然而原有的观音桥商圈已趋近饱和，同时伴随着市场的需要、人群的需要、发展的需要，观音桥商圈升级扩容刻不容缓。

观音桥商圈目前是重庆功能分区最合理，并且集基础设施配套齐全、步行街系统完善、交通组织畅达、生态环境优美于一体的现代化步行街区。观音桥商圈以商贸发展为主导、步行街区为载体，是以零售为基础、购物休闲为主题、都市景观为标志的重庆北部商贸核心区。

如今将要升级扩容，观音桥片区将由 1.5 平方公里扩容至 6.8 平方公里，建成 500 万平方米商业核心区。早在 2012 年就晋升为"千亿商圈"的观音桥将扩容至 4 倍以上，打造"一心四片"的升级版商圈。作为全市乃至西南地区人气最旺、环境最优、业态最时尚的核心商圈之一，观音桥商圈商贸经济始终保持强劲发展势头。

观音桥最让人佩服的地方，不是它现在有多繁华，而是它深谙"逆水行舟，不进则退"的道理，它总是在不断生长扩张。比如说商圈西侧正在建设中的启元综合商业体，仿照东京六本木进行打造；再比如它的电测村地块，去年已由两个实力雄厚的开发商拿下，共同建筑中环万象城。

此外，在规划期间，该项目即与路威酩轩、历峰、开云、爱马仕四大国际消费品集团进行合作，引入以上四大国际消费品集团旗下的成衣、皮具、珠宝店品牌不少于 10 个。这些品牌在观音桥这一"弹丸之地"反复布局，意味着观音桥商圈在不久的将来将脱胎换骨，实现质的跃升。

4.1.4　江北区江北嘴中央商务区

4.1.4.1　基本情况

江北嘴中央商务区是中国中西部地区唯一的国家级战略金融中心，是内陆地区对外开放的国际化窗口。作为内陆地区首个副省级、国家级新区"两江新区"的核心与龙头，中国与新加坡第三个政府间合作项目中新（重庆）战略性互联互通示范项目管理局设立于此。江北嘴中央商务区包括石马河、大石坝、观音桥、华新街、五里店、江北城及渝北区龙溪街道。规划建设用地 50 平方公里，已开发 38 平方公里。

江北嘴中央商务区居于显要的中心位置，东临长江，南濒嘉陵江，与渝中区朝天门、南岸区弹子石滨江地区隔江相望，处于城市中的两江交会口的景观密集区，南距现在的城市中心区解放碑 0.5 公里，西距城市副中心观音桥地区 3.0 公里。

4.1.4.2　主要特色

江北嘴中央商务区具有"国家中心城市"区域制高点与国家"一带一路"倡议导向双重复合的唯一性，具有中西部其他区域难以达到的国家层面的战略高度，其被誉为"长江上游的陆家嘴""中国金融第三区"（即北京金融街、上海陆家嘴、重庆江北嘴）。江北嘴商圈与渝中半岛一江之隔，占据着绝佳地段和观景位置，包揽了重庆大剧院等城市核心配套设施。江北嘴和渝中区朝天门隔江相望，是中西部地区唯一的国家级战略金融中心，吸引了不少银行机构、企业入驻。区域内还有国金中心、尼依格罗酒店、丽晶酒店，就连未来重庆第一高楼融创华城 A—ONE 也修在这里。江北嘴中央商务区作为中国长江经济带龙首的金融中心，与长江经济带龙尾的上海"陆家嘴"金融 CBD 遥相呼应，共同主宰着长江经济带的金融脉搏。为避免出现陆家嘴建成之初缺少商业配套而出现的空城现象，重庆市已将江北嘴纳入市级商圈规划。江北嘴中央 CBD 是重庆市规划的金融核心区、高端贸易区和文化体验区，是中新互联互通项目的重要承接地。除了承载金融中心的功能，江北嘴还将承载商业中心的功能。未来 1~3 年，该区域内将陆续建设超 100 万平方米的大型商业设施，江北嘴将成为中国最具影响力的商业中心。2013 年中央商务区形象初具雏形，2015 年基本建成国际金融核心区，2018 年江北嘴金融中心和江北嘴商业中心已全面建成。

2020 年 4 月 20 日，重庆市两江四岸市级重点工程，江北嘴新地标、重庆第一高楼——江北嘴国际金融中心项目动工。国际金融中心总投资 200 亿元，高 470 米，整个建筑面积约 75 万平方米，一旦建成，将刷新重庆超高层建筑纪录，成为全市第一高楼。

江北嘴中央商务区将继续围绕建设西部金融中心核心承载区、江北嘴国际高端购物目的地两大目标，坚持金融机构、金融功能"双集聚"主线，努力打造成为营商环境最优区、城市品质最靓区、辐射影响最强区，推动江北嘴中央商务区高质量发展。

4.1.5 江北区鸿恩寺商圈

4.1.5.1 基本情况

鸿恩寺刚好位于江北的核心，四周尽是成熟城区。鸿恩寺以东，与观音桥相连；西面，则链接传统城区大石坝，石门大桥可直通沙坪坝区；鸿恩寺以南，是有"两江新区最美风景线"之称的北滨路，在这里，东原 D7 区、华润中央公园等重量级项目相继登场，这些新建的高品质项目，将为鸿恩寺商圈新增大约 20 万中高端消费人群；而东原 D7 区所拥有的约 30 万平方米体量的商业，正是鸿恩寺商圈发展的原动力。

4.1.5.2 主要特色

鸿恩寺片区交通路网纵横交错，三湾路、建新西路三期、鸿恩寺东部立交、蜀都中学一支路，以及正在实施的鸿恩东路二期、规划的鸿恩二支路、鸿恩四支路、观鸿大道等共同形成了一张四通八达的交通网络。同时，在东原 D7 区项目周边，还有嘉华大桥和石门大桥两座大桥作为交通动脉，规划中的红岩村大桥和轨道交通 5 号线，更是与东原 D7 区零距离接触，也将为当地交通发展再次加码。因此，鸿恩寺商圈拥有便捷而全面的交通。

作为江北第二商圈，相对于购物功能更多的观音桥商圈而言，东原 D7 区所在的鸿恩寺商圈，被誉为主城首个"公园商圈"。

作为一个与观音桥互补的商圈，鸿恩寺商圈的消费显然更具特色：鸿恩寺商圈拥有主城其他商圈所没有的 1100 余亩"城市绿洲"——主城最大的中央公园鸿恩寺公园。得天独厚的自然资源加上东原 D7 区丰富的休闲娱乐业态，鸿恩寺商圈注定成为刷新重庆消费史的全新"公园商圈"。作为这个商圈的配套，"绿肺"鸿恩寺公园不仅可以提供比其他商圈更加清新的空气，同时还能为前来购物的消费者提供休憩的场所。在这里，消费者可以告别充斥着钢筋水泥的消费经历，在绿意盎然和清新空气中享受休闲时光。

作为鸿恩寺商圈核心区域着力打造家庭体验式文化购物需求的项目，东原 D7 区无疑将成为这个"公园商圈"最强大的动力核心，其国际化休闲时尚消费的商业业态众多，将弥补主城休闲类时尚消费不足的空白，更将成为市民休闲娱乐的最佳去处。

东原 D7 区是鸿恩寺商圈集购物中心、高层住宅、SOHO 公寓等于一体的大型城市综合体，近 30 万平方米的商业规划，相当于两个龙湖北城天街。项目负责人表示，除华润万家和星美影院这两大商业巨舰在东原 D7 区巨资打造旗舰店之外，在东原 D7 区中，还会有精品百货、高端品牌店、餐饮店、KTV、超大真冰场等汇聚时尚生活元素的业态，还将引进多功能国际化儿童职业体验中心等全新业态。

而从区位来看，东原 D7 区所在的鸿恩寺商圈，将与观音桥商圈形成互补，将为重庆带来一个全新的"双子商圈"。新老商圈的互补，不仅可以减轻观音桥这个老商圈的压力，也能让当地居民的消费生活更加完整。比如在观音桥商圈，北城天街、星光 68 等中高端商场，为消费者带来更多的是中高端时尚消费场所，但是在以东原 D7 区为核心的鸿恩寺商圈，星美影院西南旗舰店、按国际标准打造的真冰场、儿童职业体验中心等，则将填补江北地区时尚休闲类消费的空白。

在业态上，注重休闲时尚消费体验的鸿恩寺商圈，绝不简单的是观音桥商圈的"替补"，两者是"互补"关系，为消费者提供更丰富的消费体验。

鸿恩寺商圈作为"江北第二商圈"的历史重任，是要接过观音桥商圈的接力棒，通过拥有与观音桥自然衔接的地缘优势，来承接观音桥商圈溢出的庞大消费力，更好地借观音桥之力，迅速实现商圈的成熟。

4.1.6 沙坪坝三峡广场商圈

4.1.6.1 基本情况

三峡广场位于重庆沙坪坝区闹市中心，呈十字形，总覆盖面积 8 万平方米，由三峡景观园、名人雕塑园、绿色艺术园和商业步行街四部分组成。三峡景观园是三峡广场的核心组成部分，它浓缩了三峡大坝的雄伟景象，展现了三峡库区的旖旎风光，浸润着浓郁的巴渝文化。三峡广场位于重庆市沙坪坝区中心地段，北至沙南街，南临重庆火车北站，东连汉渝路，西接渝碚路，由商业文化广场、中心景观广场、名人雕塑广场、绿色艺术广场四部分组成。

三峡广场虽然是重庆较老的一个商圈，但它却是最有特色的商圈。三峡广场位于重庆的文化大区沙坪坝，区内众多的中小学和高等院校使得这一区域时时刻刻都是人来人往。针对年轻人和学生群体的消费习惯，这里的消费向来都是相对大众化和生活化的，价格也相对低廉。

4.1.6.2 主要特色

位于沙坪坝区核心商圈的三峡广场，不仅仅是沙区人民心目中的"宇宙中心"，还是外地游客的旅游打卡地，更是备受吃货推崇的美食天堂。三峡广场商圈有新世纪凯瑞商都、重庆百货、王府井百货、嘉茂百货、金诚广场、华联、国美、苏宁、商社电器、赛博数码等。虽不及解放碑那么躁动，不及观音桥那么奢华，但其独有的人文气息，却能带来一份安宁。周边大学林立，一对对，一群群，一个个少男少女，在眼前来来往往，展现给你的是青春，是活力。华灯初上时，静坐于广场上的露天卡座，一杯冰沙抑或一杯奶茶，都会让你些许忘掉这座城市的燥热和忙碌了一天的疲倦。三峡广场位于歌乐山下，是集商贸、文化、景观、休闲于一体的大型城市广场。2020 年底，全国首个商圈高铁 TOD 项目龙湖金沙天街亮相，这也让整个三峡广场商圈面积扩容近 3 倍，以全新的面貌登场。

三峡广场主要包括商业文化广场、三峡广场中心景观广场、名人雕塑广场和绿色艺术广场。

商业文化广场：商业步行街是最早建成的部分，该地段集中了大量的商业设施。人流驻足停留最多的区域是入口处的明日百货前区广场、重庆百货大楼前区广场及大榕树。

三峡广场中心景观广场：中心景观广场位于几个部分的交会处，紧邻新世纪百货、沙坪坝房地产交易市场、赛博数码广场、中国银行大厦等，既是整个三峡广场的景观焦点中心，也是人流交会的主要场所。

名人雕塑广场：位于中心景观广场和绿色艺术广场的延伸部分，两侧是较大型的商业和居住服务设施，道路中间设置主题名人雕塑、绿化景观和休息设施等。

绿色艺术广场：紧邻重庆火车北站，周边有重庆电信、重庆移动收费大厅、丽苑大酒店等建筑。在作为人们交往聚集场所的同时，绿色艺术广场还兼具交通、形象等方面的要求。绿色艺术广场是一个多元活动的聚合体，包括了休闲交往、运动健身、商业宣传、办公停车等多种职能。

4.1.7　沙坪坝龙湖 U 城天街

4.1.7.1　基本情况

龙湖 U 城天街是一个商圈集群，面积较大，在地铁 1 号线尖顶坡站，人群主要是大学生和大学城的居民。龙湖 U 城天街位于重庆市沙坪坝大学城，紧挨四川美术学院（虎溪校区）、重庆师范大学（大学城校区）、重庆大学（虎溪校区）、大学城美院、重庆师范大学附属实验小学、重庆医科大学（缙云校区）、重庆科技学院、重庆电子工程职业学院、重庆医药高等专科学校、树人小学，并辐射到璧山区的居民。

2013 年 9 月 28 日，龙湖在重庆的第三座"天街"——坐落于大学城的龙湖 U 城天街（1 期）开幕。U 城天街是龙湖继北城天街、西城天街之后，在重庆开业的第三座天街，其总体量约为 15 万平方米，是大学城第一个集中型的大型购物中心。龙湖 U 城天街包括沙坪坝区大学城熙街商业街、龙湖 U 城天街 B 馆、永辉超市（龙湖 U 城天街 B 馆店）、千叶眼镜（第 233 连锁店）、新世纪百货（大学城店）、奥特莱斯、龙湖 U 城天街 A 馆、华为授权体验店（重庆市山水龙湖 U 城天街店）、耐克（龙湖 U 城天街店）等。

4.1.7.2　主要特色

重庆龙湖 U 城天街凭借对市场潜力的敏锐感知，对目标客群的深度洞察，引进全国首个二次元快闪式主题街区"贰拾叁町"，打造二次元灵魂级殿堂，成功吸引了大批年轻潮人前来，让消费者大呼过瘾。据悉，为实现差异化 IP 营销，龙湖 U 城天街在打造"贰拾叁町"场景时，完美结合了当下年轻人喜爱的场景风格，引入了初音未来、火影忍者、全职高手、刺客信条、秦时明月、狐妖小红娘、干物妹小埋等超过 30 个国内外超人气 IP，以版权方为单位集中呈现，有艾漫主题形象店、17 FUNBOX 主题形象店、玄机科技主题形象店等七大展间，为消费者带来全方位沉浸式体验。

首先，在洞察年轻人渴望成长、关注社交的心理需求的基础上，龙湖 U 城天街创新打造出全国首个知识共享空间——U+学院，该学院不同于其他主题空间，是龙湖商业针对重庆 U 城天街核心客群细分及需求所打造的具有鲜明主题和明确客群的体验式商业空间，也是商业地产行业践行共享经济，升级空间体验结出的硕果。它并不单纯以打造一个购物场所为目的，而更多的是提供一个情感互动的连接，一个生活和社交的空间平台，用其特色创新为年轻客群带来全新的消费场景和潮流生活。

其次，在众多场景塑造案例中，龙湖 U 城天街携手重庆市青年志愿者协会，首次在商业综合体打造志愿者"青年之家"示范基地，并将这一公益主题空间植入会员中心 We Fun 天街俱乐部，用一个空间，满足购物中心会员、青年志愿者的双向使用需求，全面关注城市个体成长。围绕"共享"这一主轴，We Fun 天街俱乐部通过"有情感温度"的场景，触发了会员中心创新的更多可能性，也展现了与年轻人建立有效情感连接的不二法门：洞察需求、解决需求、创造价值。

最后，为了满足这一群体多元化的视听、交互体验，撬动他们的社交消费需求，龙湖 U 城天街在日常营销上也进行了不懈的努力。

从项目辐射范围内的高校，到西部新城的新兴家庭客群，再到整个重庆片区的年轻一代，区别于常规商业的促销、折扣活动，龙湖 U 城天街更多地选择了兴趣体验沟通与情感交流。无论是开设 OFO 全国首个主题体验区、定期举办的青春音乐节、高校联欢会、毕业季嘉年华，还是借势 IP 落地的"贰拾叁町"等，都以娱乐化、社交化为命题，满足了年轻人的心理需求。龙湖 U 城天街背后体现的精准把握客群、专业且精细化运营管理的能力，对于已经处在存量时代的商业地产下半场似乎更有借鉴意义。

4.1.8 沙坪坝磁器口

4.1.8.1 基本情况

磁器口古镇原名龙隐镇，属国家 4A 级景区，中国历史文化名街，重庆市重点保护传统街，重庆"新巴渝十二景"，巴渝民俗文化旅游圈。磁器口古镇位于重庆市沙坪坝区嘉陵江畔，始建于宋代，拥有"一江两溪三山四街"的独特地貌，形成天然良港，是嘉陵江边重要的水陆码头。古镇旅游资源的大力开发，良好规划，推动磁器口旅游业走向一个又一个高潮。

4.1.8.2 主要特色

磁器口曾经"白日里千人拱手，入夜后万盏明灯"，繁盛一时，距繁华的主城区仅 3 公里，是不可多得、古色古香的传统文化历史街区，是人文荟萃、风景优美、地貌独特的旅游胜地，是交通便利、休闲娱乐、重温老重庆旧梦的好去处。

一条石板路，千年磁器口。已有 1800 年历史的磁器口素有巴渝第一古镇之称，保存了较为完整的古建筑。踏入磁器口，繁华依旧，这里是重庆古城的缩影和象征。现如今的码头上从早到晚，过往商旅川流不息，也被赞誉为"小重庆"，而"小重庆"的碑就位于古镇丁字路口。磁器口历史文化底蕴丰厚，有厚朴粗犷的巴渝遗风，有古风犹存的茶馆，有历史传承的码头商贸。

重庆磁器口古镇，作为尽人皆知的旅游景区，时常占据着重庆乃至全国人民的新闻头条。磁器口古镇蕴含丰富的巴渝文化、宗教文化、沙磁文化、红岩文化和民间文化，各具特色。古镇磁器口有"三多"：庙宇多、名人足迹多、茶馆多。磁器口古镇开发有榨油、抽丝、制糖、捏面人、川戏等传统表演项目和各种传统小吃、茶馆等，每年春节举办的磁器口庙会是最具特色的传统活动，吸引数万市民前往参与。

目前，磁器口古镇积极推进"文化商圈+古镇景区"文旅商融合发展，推动业态跨界，努力满足人们"求新、求奇、求知、求乐"的愿望，助力打造文化传承示范区。

4.1.9　沙坪坝大学城熙街商业街

4.1.9.1　基本情况

熙街商业街被重庆大学、重庆师范大学、四川美术学院三大高校及大学城中央公园围绕，紧邻地铁1号线大学城站和多路公交始发的枢纽站，辐射周边高档居住区及各大高校，汇聚近百万消费人流。

随着区域的兴起，重庆大学城组团迅速迈入"商圈时代"。熙街作为大学城核心商圈缔造者，一直引领、推动着区域发展浪潮。熙街涵盖了欧洲风情步行街、大型购物中心，总部集群式SOHO的宏大规划至此落定，大学城商业配套全面升级。

熙街主流消费群体为大学生，具有一定特色，属于次级商圈。熙街是大学生大学生活的重要组成部分。不仅有吃喝玩乐，比起市中心有更低的房租价格，还给了大学生创业的机会，无数的商家也提供了兼职体验社会生活的机会。

4.1.9.2　主要特色

重庆熙街以"The Young"的品牌文化，致力于打造重庆最具"浪漫、艺术、文化"的特色花园街区。熙街的商业价值，在城市红利和科学经营管理的内外驱动下持续走高。熙街商管驾驭着"内容创新、数字驱动、科学管理"新三驾马车，驰骋在商业新常态的赛道上，披荆斩棘，全速向前。以超越边界的格局，建内容新常态，创熙街新增长。

熙街位于大学城腹心地段。周围有14所大学与多个社区环绕，四周紧邻三大学府、300亩生态青年广场公园、罗中立美术馆，还有城市主干道及轻轨站。南面正对重庆大学北大门、富力商业街；东面正对富力项目沿杰青路的商业街，300亩生态青年广场公园，紧邻轻轨1号线大学城站，富力五万平方米购物中心；北面正对重庆师范大学南大门；西面正对四川美术学院和罗中立美术馆。目前已有电影院、大型超市、餐饮旗舰等800余个商家齐聚，成为区域内名副其实的消费中心。

4.1.10　九龙坡杨家坪步行街

4.1.10.1　基本情况

杨家坪步行街很有特色，轻轨2号线穿过步行街，这里和西城天街在一体，人流量也较大，附近还有花鸟市场和石头雕塑市场。

杨家坪步行街位于重庆市九龙坡区杨家坪，面积 5.5 万平方米，基础设施建设投入 2.5 亿元，是九龙坡区历史上最大的市政项目。这是重庆九龙坡区至今档次最高、投资最大的步行街。步行街西以兴胜路、前进支路为界，北以九九商场、杨家坪供电局为界，东以建设一小、杨家坪横街为界，南以鹤兴路为界。从景观上看，杨家坪步行街有几处亮点：贯穿于梅堡、中心转盘、文化广场绵延至团结路的"绿色飘带"；梅堡公园有 60 米宽的人造瀑布，瀑布内建有"酒廊文化"通道；广场上有比家用地砖、地板昂贵得多的花岗岩和木地板。

4.1.10.2 主要特色

杨家坪步行街的几条街各有特色：杨九路段以高大乔木为主，形成"大树之街"；杨渡路段选用的花木全部带有香气，成为"馥郁之街"；梅堡公园作为生态步行街的点睛之笔，由原来的 6000 平方米扩大了一倍。这也是重庆第一个有"山"的步行街，并与文化广场一起成为广场核心。梅堡公园绿化面积为 11000 平方米，种植银杏、广玉兰、高山榕、白玉兰、杜鹃、金吐女贞等花卉植物，保证四季花开。公园内还利用建筑弃土建造了一座 60 米宽的人工瀑布，极大地丰富了步行街的景观层次。建造这样美轮美奂的广场当然还是为了拉动商圈经济。整个广场贯穿了三条城市走廊，购物走廊专门搭建了琉璃顶棚，十分别致。

九龙坡区商业主要集中在杨家坪一带，现有的商业主要分为地面和地下两个部分，也主要集中在转盘四周，分布密集。在杨家坪流行一句顺口溜"杨家坪大怪，地下东西比地上好卖"。这句话足以反映目前杨家坪的商业局面。同时，杨家坪曾经是除解放碑以外最重要的商业繁华地带，交通便捷，直接辐射石桥铺、大渡口、黄桷坪几大地区，这也给杨家坪的发展起到了推波助澜的作用。

杨家坪步行街也是重庆美食的集中地之一。重庆百货门口铺位的小吃满街飘香，常常引得过往行人驻足停留；地下商场的凉粉凉面是刺激各位顾客味蕾的绝佳良品；广场周围的韩国烧烤、必胜客、味千、天绿等则为情侣们提供了约会的良好场所。而广场东部的直港大道则更是享誉巴渝的美食街，各种规格的川菜、粤菜、火锅、鱼庄、东北菜、香辣虾、汤菜等应有尽有，直港大道尽端还可以尽享长江美景，江风拂面，大快朵颐，好不自在。

4.1.11　九龙坡万象城

4.1.11.1　基本情况

重庆华润万象城位于重庆九龙坡区杨家坪商圈，是中国第七座开业的万象城。重庆万象城作为西南地区具有示范效应的"一站式"购物中心及商业新地标、新核心，是世界500强企业华润集团旗下开发的高品质购物中心，是中国购物中心行业的领跑者。万象城倡导"一站式"消费和"体验式"购物，为消费者带来全新的消费概念和生活体验。

华润中心落户重庆西城，总建筑面积超百万平方米，是智图 GeoQ 商业地产数据中的 A+商场，是西南地区具有示范效应的"一站式"购物中心及商业新地标、新核心。其中，海纳35万平方米万象城一期购物中心、24万平方米华润大厦、160万平方米住宅、7万平方米顶级酒店和12万平方米万象润街，形成一个全新的都会中心。重庆华润中心，聚合购物中心、高端写字楼、顶级酒店、高端居住区、格调商业街五大顶级城市业态为一体，进行良性互补与互动，使华润中心作为重庆新都会中心，地位更加稳固。重庆华润中心正好位于轻轨2号线、轨道环线的交错点之上，该地段还拥有南北、东西两条城市快速干道贯穿。在以华润中心为原点的1公里范围内，还有一座跨江大桥和数十条公交线路，编织了一张畅达全城的交通网。同时，项目还处于城市几大核心板块的交会处，具有非常好的跨区辐射能力。周边两公里范围内就有45万居民，直接辐射人口达65万。

4.1.11.2　主要特色

万象城现已成为众多国际国内著名品牌进一步拓展中国市场的首选之地和优良载体。

HOPSCA 是集酒店（Hotel）、写字楼（Office）、生态公园（Park）、购物中心（Shopping）、会所（Convention）、城市超级寓所（Apartment）于一体的多功能、现代化、综合性城市多维空间，是世界上最先进的地产开发模式，也是万象城的组成模式。都市综合体，将之前分割零散的不同建筑在此有机重组，并赋予它们新的意义；对每个怀有理想的城市而言，它是"从城市进化到都市"的必需品，成功的城市综合体将成为城市的象征。巴黎的拉·德方斯广场如此，纽约的洛克菲勒中心如此，东京的六本木新城如此，日益蓬勃兴盛的万象城亦如此。它们浓缩着时代的记忆，它们与城市融为一体，共同前进。根据中国购物中心等级评价标准，2019年万象城被评定为国家五星购物中心。

相较于中国其他万象城和重庆其他购物中心，重庆华润万象城有它与众不同之处。重庆华润万象城在造型上颇具"山城巴渝风"，Lifestyle 时尚街区神似临江吊脚楼，屋顶花园效仿蜀中民居，打造具有重庆特色的空中"宽窄巷子"，形成重庆万象城自身的"上半城""下半城"特色。

4.1.12 九龙坡石桥铺商圈

4.1.12.1 基本情况

石桥铺商圈历史悠久，作为重庆高新区东部板块核心区域，石桥铺辖区面积 10 平方公里，自古便是连接成渝两地的交通要塞。从 20 世纪 90 年代开始，重庆石桥铺就是与上海徐家汇、北京中关村齐名的电脑数码产品交易市场，承载着重庆的电子产品、办公用品和电器的交易、批发、维修等服务，是重庆的电脑城、手机城等。靠着佰腾、百脑汇、泰兴、赛博等 IT 数码专业市场，石桥铺商圈占据了重庆 IT 数码业务的绝大多数，如一颗明珠闪耀在巴渝大地。

如今的石桥铺，中心地位愈发凸显。这里是主城一环之内罕有的枢纽所在，九龙坡、沙坪坝、渝中区三区交会于此，地段优势不言而喻。

石桥铺作为传统主城中心，城市配套更是一应俱全，生活便捷、宜居宜商。加之近年来区域内商业、配套、路网完善等多方位全面提档，城市界面焕然一新。

4.1.12.2 主要特色

2014 年，九龙坡出台《重庆石桥铺商圈业态调整规划》，依托轨道 1 号线、2 号线、5 号线、环线围合的绝佳区位，在现有基础上向东、向南扩容商圈面积达 10 倍。自此，石桥铺商圈升级之路正式开启。

作为重庆的数码王国和高新技术区，石桥铺商务大厦高度集中。区域内汇集正升·百脑汇、赛博数码广场、佰腾数码广场、泰兴科技广场、高创数码广场、石桥铺机电市场、八益建材精品城、渝州五金机电城、科威五金机电城、高新机电批发市场等专业市场，庞大的商务市场辐射超过 30 万商务人群。从市场环境分析看，一方面，专业市场林立带来庞大的商务人群；另一方面，专业市场的大面积存在造成商业业态过于单一而无法满足商务人群的不同消费需求。

此外，作为重庆人口密度最大的区域之一，石桥铺内 100 余个社区密集分布，带来 65 万常住人口，区域消费力旺盛。然而目前石桥铺区域除专业市场外，属传统百货居多。从消费需求分析看，一方面，区域内社区消费者消费观念随着消费能力的提升而改变；另一方面，现有商业业态档次已无法满足社区消费者对品质商业的需求。

更值得一提的是，在重庆智博会后，阿里体育与重庆体育局、重庆高新区、九龙坡区正式签署合作协议，将阿里体育电子体育总部落地仁悦天地所在的江厦星光汇项目。随着"阿里"这一互联网巨头的到来，石桥铺商圈再次吸引全城目光，而仁悦天地也因此成为业界和广大市民广泛关注的潜力商业。

如今，万达广场、阿里巴巴电竞总部等众多城市重点商业配套及产业聚集于此；轻轨 1 号线、5 号线、环线等多条轨道线交会，四通八达的高效立体路网，无缝连接主城各大核心区域；西南医院、大坪医院等全市三甲医院聚合，更有 16 公顷平顶山公园、8.3 公顷烟灯山公园两大公园环抱，静享鲜氧绿意栖居。

4.1.13 南坪商圈群

4.1.13.1 基本情况

南坪商圈是重庆市主城区三大核心商圈之一，位于南岸区核心区域，规划面积 3 平方公里，核心区面积 1 平方公里，是集会展旅游、商务总部、时尚购物、娱乐休闲等多种功能于一体的城市综合服务区。位于南滨路南侧，商圈内有较多老商业综合体，最具代表性的就是南坪万达广场。拥有三星级以上酒店 9 家，亿元楼宇 10 栋，包括万达广场、时代天街、长嘉汇、东源 1891、上海城等。

南坪商圈位于南岸区核心区域，按照"高水平规划建设，特色化培育业态、精细化实施管理"的理念，着力推进南坪商圈的全面提档升级。面积和规模很大，人流量很大，交通也很便利。南坪商圈拥有五大步行街，日均人流量高达 30 万人。拥有商业设施 150.2 万平方米，商务设施 125.7 万平方米，全力打造"畅通商圈、舒适商圈、品质商圈、靓洁商圈"四个商圈建设。

4.1.13.2 主要特色

整个商圈主要以传统百货为主，各大商场汇集了大量的百货、超市、美食，成为辐射巴南、九龙坡、两路口等地屈指可数的一流商圈。南坪商圈近年来经济发展迅猛，商贸增长尤其令人瞩目，是重庆经济发展最快的地区之一。

作为重庆市五个主城区成熟商圈之一的南坪商圈，是南岸区商贸流通与商务服务的引擎。南坪商圈通过步行街、亿象城、南坪生态广场、大型景观空中连廊等步行设施实现了商圈内部各主力店无缝衔接，市民可逛街、吃饭、娱乐等全方位享受。这里不但拥有西部甚至全国领先的四层立体交通系统，而且南坪商圈核心区域公共交通覆盖率达 99％。

交通方面，这里主要由江南大道、南坪四路、惠工路、珊瑚路、南城大道五条主干道组成，便利的交通使得南坪商圈的综合性大大增强。区域内拥有全国领先的四层立体交通系统，地面单向车行循环系统，地下步行交通转换系统，轨道交通系统，下穿车行系统，四位一体。

在智慧交通方面，南坪商圈打造停车诱导系统，各停车场入口基本布设了 3 级诱导系统，极大地方便了居民出行。

生态环境方面，南坪广场面积达到 4.5 万平方米，绿化覆盖率高达 85％，位居重庆市前列，随处可见水景、雕塑或人性化的公共设施，种植香樟、桂花、银杏、黄桷树等 1300 余株，拥有南湖公园、长江国际、重庆国际会议展览中心等著名地标，消费需求与精神文化需求可以得到满足。

"吃在南岸、住在南岸、旅游在南岸"，从南坪对外推广口号中不难看出，南坪是一个充满休闲气息的地方。同时，南坪商圈也是一个商业聚集地，因此，该商圈各卖场将商圈特色与销售进行了完美融合。

南坪商圈经济发展迅猛，商贸增长尤其令人瞩目，是重庆经济发展最快的地区之一。在新建成重庆南坪商圈步行街后，业态已经有所变化。目前，南坪商圈以传统百货为主。从百盛到重百，从新世纪到万达广场，从万千百货到元旦百货，另外还有家乐福、麦德龙、诺玛特率队的外资军团。

南坪商圈已经进入主城核心商圈发展的第四阶段——"互联网＋"引领商圈升级转型阶段。自 2013 年起，南坪商圈从业态上着手，借助"互联网＋"，助推传统商业转型，促进商家与消费者互动融合，打造智慧商圈成为其发展重点，南坪商圈较为均衡的业态布局保证了商圈进一步的发展活力。

4.1.14 南坪弹子石老街

4.1.14.1 基本情况

弹子石老街位于重庆市南岸区泰昌路 68 号，于 2018 年 6 月 1 日正式开街，曾是西南地区著名的水陆埠口，拥有法国水师兵营、王家大院等开埠文化根脉。

每一个重庆人心中都有一条属于自己的老街，依山而建，面江而依，蜿蜒如龙，上天入水，而弹子石就是南岸人心中的那条老街。弹子石商圈是除了朝天门，另一个可观两江交会的绝佳"观景点"，且面对繁华的渝东半岛，城市夜景十分迷人。弹子石是全国首个以开埠文化为主轴的，百年老街与现代都市景观结合，并以九级坡地方式立体呈现的集历史文化、观光、休闲、娱乐、购物于一体的综合型景区。弹子石街整条原址复建的百年老街长达一公里，重生的弹子石老街以全新面貌保存传统重庆老街的精粹，新旧糅合、中西合璧的意念贯穿了整个项目。熟悉却又截然不同的老街深深吸引着土生土长的重庆人和初来乍到的客人，前者可以重温昔日点滴，后者则可以从现代视角认识重庆的历史。弹子石老街不仅是零售商业空间，它承载的还是重庆的历史和文化。

4.1.14.2 主要特色

2018 年 6 月 1 日，弹子石老街获得国家 4A 级旅游景区授牌，成为全国首个以"开埠文化与城市九级坡地地貌"为主题获批的 4A 级景区。弹子石老街位于有"重庆外滩"之称的南滨路上，南起王家沱码头，北至弹子石老街百岁坊，西起法国水师兵营，东至弹子石广场，占地面积 12 万平方米。

弹子石老街是连接朝天门码头的重要通道，从南滨路起始，沿弹正街 1 号拾级而上，直至弹子石转盘街口，主街道全长近 1000 米，高差近 80 米。穿梭于川东风格的街巷院坝，沿途可观星罗棋布的吊脚楼商肆。

弹子石老街以"老街·新趣"为打造理念，游客可在原址复建的老街里欣赏到筑台、悬挑、吊脚、梭箱等川渝传统建筑营造手法，品味山城古建筑之美。漫步老街，正面可眺望长江与嘉陵江交会，背向近观，目光沿 80 米高差梯步蜿蜒而上，市肆商号星罗棋布，品味"正看江，背看城"的独特风貌。

"一街两埠四院十景"构成了弹子石老街的核心景观。"一街"，即弹子石老街。"两埠"，即下江和上埠。"四院"指王家大院、孙家花园、夏家大院、青阳公馆。老街往上，则是海关石、映月池、青云桥、花朝门、余音阁、利川号、涂山窑、爱情墙、一德堂、百岁坊等"十景"。

2021 年 11 月 5 日，弹子石老街被文化和旅游部确定为第一批国家级夜间文化和旅游消费集聚区。2022 年 1 月 10 日，弹子石老街入选首批国家级旅游度假区。

多平台的设计同时也全面发挥了地块临江的优势，让游客可以从多角度欣赏江畔景色；项目内的建筑多为平房或矮楼，令空气更加流通，炎炎夏日亦能享受沿岸微风的舒爽。

4.1.15 巴南万达广场

4.1.15.1 基本情况

巴南万达广场位于枢纽之地，贯通全城。地处巴南区龙洲湾核心的巴南万达广场，交通便利、四通八达，30 条公交线路直达全市，私家车 40 分钟直达主城各区；两轨鱼洞交会，3 号线学堂湾站与巴南万达广场无缝连接，直达龙头寺火车站、江北机场。广场毗邻区政府，紧邻规划中的龙洲湾生态公园，与典雅戴斯酒店一街之隔。

项目总建筑面积 102 万平方米，其中包含 17.7 万平方米购物中心和 5800 个车位的大型停车场。作为一个吃喝玩乐购齐全的商业综合体，巴南万达广场内可逛的楼层有地下 2 层，地上 5 层。可满足区域市民购物、餐饮、休闲娱乐、社交、儿童体验等日常需求，进一步激发巴南商圈的活力与丰富度。其内设精品零售、超市、IMAX 影院、餐饮、零售、儿童体验、电玩、快时尚等业态。万达广场主力店为永辉超市、大玩家、海派健身、美时佳、万达影城、苏宁生活馆。

随着巴南万达广场的正式开业，龙洲湾迎来蝶变新机，主城核心商圈——龙洲湾商圈已经俨然成形，助推巴南竞争力与辐射力进一步增强。

4.1.15.2　主要特色

巴南万达广场内驻有大型苏宁易购商城、IMAX 影院和众多品牌商店，吃、喝、玩、乐俱全。

商场内连同外围的沿街铺面，入驻的服饰、饮品、美食小店更多专注于走自己的亲民路线，以满足市民日常生活与消费需求。

巴南万达广场还有一个更吸引人的方面，那就是与西部最大海洋公园相伴。目前，重庆汉海极地海洋公园已在巴南动工开建，作为第六代海洋公园，它将为游客带来焕然一新的"极地海洋"体验，人们不仅可以隔"窗"窥视海洋生物的动态，而且还能与海豚、海狮、海豹互动，体验不一样的海洋乐趣。

万达广场作为巴南区龙洲湾重点建设项目，在开发建设过程中，一直沿用高品质、高速度的建设理念，全力推进万达广场的建设，起到了区域标杆作用。同时，万达集团利用自身媒体资源，对宣传巴南城市建设和文化取得了较显著的成效。该项目丰富的业态、大型的商业规模将大幅提升巴南的商贸服务水平，对加快龙洲湾商圈建设以及辐射带动重庆经济社会持续快速发展有着重要作用。

4.1.16　渝北区嘉州新光天地和新牌坊商圈

4.1.16.1　基本情况

新光天地由台湾新光三越集团与重庆中渝物业发展有限公司合作打造，建筑面积35万平方米，新光天地以"让大家一起过好日子"的初心，建构了一个新兴的城市中心，以城市肌里规划出交通动线和横向三大世界"美丽市场""百货世界""天空之城"及一个"交通枢纽"，并以纵向A、B、C三大交通核连接各区块。

嘉州商圈是渝北区"十一五"末着手规划打造的都市核心商圈，定位为集商贸商务、文化休闲、金融总部等多元功能于一体的高端服务业集聚区。新光天地的开业意味着新牌坊嘉州商圈又多了一个商业综合体。新光天地的入市，助推嘉州商圈成为渝北区最大的亮点，引领嘉州商圈全面升级。目前，中渝购物广场、新光天地等购物中心的开发运营，将逐渐提高嘉州商圈的购物氛围，并且提高周边楼盘的价值。作为"重庆向北"的桥头堡，21世纪初的新牌坊片区，绝对是当时重庆的首选"置业热土"：这里是重庆有名的高端住宅区；65%以上的重庆高尔夫协会会员居住于此；逾60万常住人口中，70%为公务员、企事业单位中高层管理者；近10年间，重庆市民的首选"梦想居住地"。

"十二五"期间，渝北商贸服务业实施"一线两圈六片"的发展战略，其中两圈即嘉州商圈和两路空港商圈。作为承接重庆主城传统核心地段和两江新区的支点，嘉州商圈在重庆城市发展整体北进中强势渐显。被业内公认为未来北区核心商圈外拓的首个黄金区域，掘金价值或将远超解放碑和观音桥。作为嘉州商圈的领头羊，新光天地处于重庆交通咽喉，无缝接驳江北嘴中央商务区、重庆北站、江北机场等核心要冲，多条城市主动脉快速连接江北国际机场、重庆北站、寸滩两路保税港等世界窗口；30余条公交线路通达全城，畅行无忧；轻轨3号线下穿停靠。

4.1.16.2　主要特色

新光天地位置得天独厚，挨着市委大院、重庆高级人民法院、中国人民银行重庆分行、市政协等。这里的商场奢侈品较多，价格较为昂贵。

嘉州商圈邻近观音桥商圈，占据着渝北核心区位，且能承接市级商圈的部分人流。另外，商圈附近还坐落着重庆市高级人民法院、重庆市检察院等众多政务机构，在一定程度上推动了商圈的发展。

嘉州商圈被定位为"以金融为主导，集商贸商务、文化休闲等多元功能于一体的高端服务业集聚区"。目前，新牌坊片区商业商务设施面积达到了200多万平方米，比相邻的观音桥商圈面积还要大，极大地提升了该片区周边商业的增值空间。

新光天地坐落在渝北嘉州商圈，紧邻新牌坊立交，地处红锦大道，与城市主干道交会。2017年8月9日，新光天地正式开业，以打造"长江上游高端的购物及生活中心"为定位，整合商业文化、生活文化和城市文化内涵，以体验式消费为特色，包含文化、休闲、娱乐、餐饮、亲子、主题购物等业态，演绎更多元的生活方式。建筑面积35万平方米，营业面积25万平方米，呈现重庆城市清新、华丽的新地标。从地下5层到地上8层，重庆新光天地一共划分了3个区域，分别是"美丽市场""百货世界""天空之城"。

新光天地精心打造时尚与高品质结合的新复合生活模块，集结了生活、艺术、购物和美食，融入重庆本地文化，汇集全球时尚，让顾客远离商业购物区的推搡和拥挤，随处可遇灵动悠然的艺术氛围。新光天地重庆项目建筑面积达25万平方米，营业面积却只有18万平方米，内部空间开阔，有艺术展览及大面积的绿地规划，有最精致的手工艺品，也有全世界最新发售的潮流服饰品牌；这里被各种绿植覆盖，融合自然生态；这里的环境与动线设计，让每一处场景都成为一种情调，生活就该是这样，让心灵彻底放松。

4.1.17 渝北区冉家坝源著天街

4.1.17.1 基本情况

冉家坝-新牌坊区域是重庆最负盛名的社区集合地，中高收入人群密度最高的区域，不仅拥有龙湖香樟林、龙湖西苑和南苑、水晶郦城、江与城、MOCO、源著等13个龙湖高端社区，还有金科、保利等大量知名开发商的楼盘，其中也不乏市级机关政府的家属住宅区。成熟的社区将带来丰富的家庭客流。龙湖源著天街以琥珀为软装主题，将琥珀色、琥珀形融入购物中心，展现时尚现代的同时带来琥珀的涵养和家的温馨。

龙湖源著天街位于重庆江北核心区域，与轨道环线体育公园站无缝连接，周边五大道毗连全城，交通通达。该区域为重庆北四大中心：交通枢纽中心、居住中心、商务中心、政务中心。在品牌引进上，定位为"精致生活欢聚中心"的龙湖源著天街也不遗余力，比如西西弗、美丽田园、楼兰等50个品牌是项目所处区域内首进品牌；鹿岛生活馆、DUOZOULU、High Five、灰姑娘、Dazzling、丸龟拉面等近10个正红火的品牌则是首次进入重庆市场布局。

永辉 Bravo、CGV、威尔士健身、全棉时代、登康好儿尚等也将旗舰店开在源著天街，共同为项目所在区域的居住和商政客户营造高品质的社交、休闲、亲子和购物天地。

4.1.17.2　主要特色

作为龙湖天街系产品的第五座天街，总建筑面积 53 万平方米的龙湖源著天街包括了商业体、SOHO、写字楼等商业体量共约 20 万平方米。门前的轨道交通站汇集了地铁 6 号线、5 号线、环线三条轨道交通，立体的交通网将把更多的人流引向源著天街。

这座天街被定位为满足政务、商务、家庭等多元化需求的中高档商业。由于得天独厚的公园资源、轨道优势，以及独特的地形，源著天街有足够的条件，将高差商业、公园商业、轨道商业、综合性商业等形态，完美地集于一身，并为重庆全新的商业形式开创先河。在这里，既有以精致超市、时尚家饰、化妆品、家庭零售为主的"品质生活新向导"，也有以主题餐饮、时尚餐饮为主的"社交聚会的平台"，还有以主题餐吧、特色休闲商业为主的"乐享都市生活的综合指引"。源著天街的商业定位可以辐射更广的区域，并成为一个富有时尚潮流气息的体验式商业中心。

抛开区位、交通、客流等外在因素，源著天街在客流动线、软装主题、人性化环境体验上面下了苦功。龙湖源著天街在场内独家引进了向日葵式电动外遮阳系统和一氧化碳检测清新设备。向日葵式电动外遮阳系统将全天自测阳光射入角度，并根据角度自动调整遮阳板角度，带来最适宜的光照感，解决传统遮阳系统存在的挡西晒等问题。一氧化碳检测清新设备将自动解决场内由于汽车和污染带来的空气问题，让消费者进入源著天街有仿佛进入森林般的呼吸感受。

4.1.18　渝北区两路空港商圈

4.1.18.1　基本情况

两路空港商圈地处两江新区核心位置，辐射两路城区、空港工业园区、空港保税港区、空港新城等大片城区。随着两路空港商圈开发驶入快车道，越来越多的开发商注意到这块炙手可热的区域，随之而来的是众多拔地而起的商业项目。

早在 2012 年市商委召开的全市商圈建设工作会上，就发布了"十二五"期间主城区改造提升 5 个成熟商圈，续建、新建 10 个新兴商圈的规划。渝北两路空港商圈成为主城五大续建商圈之一。

按照"一廊两圈三片"布局临空商业商务聚集区，渝北对两路空港商圈的定位是，依托毗邻江北国际机场和空港新城的优势，建设集观光购物、商务办公、金融服务、信息服务、休闲娱乐功能于一体，突出设施先进、业态齐全、辐射面广、服务功能强、展示重庆新貌的组团中心商圈。

两路空港商圈规划占地面积0.93平方公里，位于渝北区两路街道，北至同茂大道—渝航路，南至锦湖路，东至滨港路，西至横街—建设路—龙翔街。目前已建成金港国际购物中心、金易都会、欧洲名品街、金港国际美食街等商业设施，商圈体系基本形成。

4.1.18.2　主要特色

两路空港商圈以购物中心、大型综合超市、百货店、专业店、专卖店、星级酒店、中高档餐饮、高档休闲娱乐设施为主，这里将成为主城北部展示重庆新貌的窗口和大都市商贸形象的标准型都市商圈，最大辐射人口为500万。空港新城是一个商业项目聚集的地方，在兰馨大道和腾芳大道交会的十字路口，汇集了华辰财富广场和汇祥好莱坞两个商业项目，再往上走还有在建的中航My Town。

两路空港商圈地处重庆空港核心区域，距江北国际机场仅1.5公里，主要服务机场巨量客商、两路地区和主城北部消费者，辐射四川东北部消费人群，倾力打造以金港国际为中心，集观光购物、金融服务、信息服务、商务办公、休闲娱乐于一体，设施先进、业态齐全、辐射面广、服务功能强的临空型核心商圈。商圈规划建成后商业商务设施面积达100万平方米，打造购物中心3个、高档写字楼3幢、大中型综合超市5个、主力百货店3个、中高档酒店4个、星级电影院4个。作为两路空港商圈扩容力作，重庆太平洋广场着力打造渝北商圈绿色商业体，满足居民休闲、娱乐、购物、吃喝玩乐需求。

2019年重庆市两会中，重庆市人大代表、重庆机场集团有限公司总经理公开表示，重庆设立的国家临空经济示范区骨架已成形，未来两年将以航空为依托，高起点、高标准、高规划进行市场化招商，加速打造商贸物流、飞机托管服务等航空服务配套产业。这当中，商贸也被专门提出"要加速"。

从上述官方表达中可以看出，尽管重庆机场商圈的建设现在还处于初期筹划阶段，但是重庆江北机场不断给城市带来的庞大消费力，无论是渝北区，还是重庆市商务委、重庆机场集团都已经发现和认同，并试图有所作为，开始规划整合各种方案。

从整个消费逻辑来看，机场商圈的推动建设，对两路空港商圈乃至整个空港新城的发展无疑是有带动和促进作用的，而重庆市商务委也提到两个商圈融合发展的问题，希望构建成一个机场区域经济发展生态圈。

4.1.19　渝北区中央公园板块商圈

4.1.19.1　基本情况

随着中央公园数块商业用地的悉数落定，渝北区政府正式对外发布中央公园商圈规划雏形。其中，360万平方米的综合体量，集合了包括龙湖天街系、吾悦广场、中粮大悦城等"城市范本级"商业综合体，不禁让人眼前一亮，一个重庆北新中心或将冉冉升起。

渝北区规划的大型商业集群包括嘉州商圈、空港商圈和中央公园商圈。前两个商圈都已成形，其功能性也基本展现。而中央公园商圈此时才正式启动建设，无论从体量、规划还是招商来说，其后发优势都十分明显，值得期待。

4.1.19.2　主要特色

中央公园板块与两江新区各个产业园都不远，它位于两江新区的几何中心，周边5公里范围内有中新前沿科技城、悦来会展城、仙桃大数据谷、汽车制造产业园等产业，中央公园板块作为这几个区域的地理位置核心，可以承接各个产业园产生的消费市场，有客观而现实的地利基础条件。政府对中央公园的定位是"两江核心区、主城新中心、国家中心城市风貌展示区，以及临空都市区的核心区"，是对外开放第一门户渝北区的黄金地带。《两江新区国际中心区规划设计方案》对中央公园板块的定位是，"以高端创新服务业为支柱、文化交往和活力消费为拓展、生态智能的宜居建设为基础的、面向国际面向未来的国家中心城市聚集区"。中央公园位于渝北和两江新区腹地核心，也是重庆两大山之间"南窄北宽的喇叭口位置"，是重庆屈指可数的几个地势平坦的城市聚集区，非常利于发展。区域内无大山天堑阻隔，交通呈井字路分布，可谓四通八达。

除了后发优势，"三流效应"也是中央公园相较于其他商圈的决胜法宝。所谓"三流效应"，其实就是临空经济、精尖产业、高端住区所带来的人流、物流、信息流的集合体。这无疑为中央公园商圈的起步埋下了良好的伏笔，使其不仅拥有了高质素人流的"自打底"，更集合了城市最新、最时尚的先锋资讯，这或将主导中央公园商圈成为下一个重庆北的商业标杆之作。中央公园是继纽约·中央公园、伦敦·海德公园之后的世界第三大城市中央公园，也是亚洲最大的城市中央公园。2013 年 5 月全园基本建成，总占地面积 1.52 平方公里（2300 亩），包含了中央广场、活力水景、阳光草坡、半岛镜湖和密林溪流五大景区。

重庆经济看"两江新区"，而作为两江商务中心的所在地，中央公园商圈无疑就是整个两江商务的门户之作了。这一点，从其规划中也不难看出。据渝北区政府介绍，整个中央公园商圈总用地面积 54 公顷，地上、地下建筑总规模近 360 万平方米。其中利用中央公园与全民健身中心之间 20 宗左右的商业地块，拟修建约 20 栋地上建筑面积约 210 万平方米的超高层建筑群，均以商业和商务为主，包括 3 栋标志性建筑，高度分别为 208 米、228 米、248 米；地下开发强度为 4 层，建筑规模约 150 万平方米，规划约 2.6 万个停车位。

空港新城已委托美国 SOM 等知名设计咨询单位，进行两江国际商务中心城市设计及地下空间规划研究。除了在商业上的扩大规模，该区域的交通、教育、医疗等配套也在逐步升级。在交通方面，按政府规划，整个中央公园板块将形成同茂大道、秋成大道和春华大道几条重要的交通大道，轨道线也将形成"三纵四横"共 7 条线贯穿的格局，"三横"即轨道 10 号线、轨道 14 号线、轨道 15 号线；"四纵"即轨道 6 号线、轨道 5 号线延伸段、轨道 9 号线和轨道 3 号线。教育上，前所未有的"中小学"配比率，将使居民得以享受最好的教育资源。医疗方面，渝北区人民医院三甲医院即将正式对外营业。

中央公园作为主城新中心、渝北商圈，规划了 360 万平方米两江国际商务中心，在建的有龙湖集团 13 万平方米龙湖天街，20 万平方米大悦城购物中心，新城控股吾悦广场将打造 46 万平方米城市级商业综合体，合景泰富"重庆悠方购物中心"、鲁能中央公馆 28 万平方米、鲁能泰山 7 号街区商业，金茂生态城商业。还未修建的有万科航空总部、香港置地 40 万平方米等。预计 3～5 年时间，这里将成为全市高质量发展的新地标、高品质生活的新中心，辐射逾百万常住人口。公园和商圈修好后，除了利好中央公园自身，还可以辐射周边板块，吸附四川广安、达州到重庆投资的人群。

此外，作为中央公园的一线开发商，鲁能、金茂、香港置地、华润、金辉等品牌开发商也纷纷投身到区域的"大发展"之中，以各种形式拉动区域的快速发展。据了解，华润·公园九里就从保护生态的角度出发，以牺牲利润的方式，把公园生态让给更多人。此外，在商业差异化竞争方面，率先进入中央公园板块的公园大道更是走在了前列。据其负责人介绍，其 40 万平方米的商业综合体将以倡导"家庭消费"为主体，关照业主各个年龄段的生活需求。

4.1.20　北碚礼嘉商圈

4.1.20.1　基本情况

礼嘉商务集聚区位于重庆市两江新区核心区——北部新区的礼嘉半岛、嘉陵江畔，距离悦来会展中心约 5 公里，距离江北国际机场约 15 公里，地段周边有渝武高速、金渝路和礼白路通过，轨道 6 号线及其支线贯穿其中，交通便利。

作为礼嘉商圈 60 万平方米滨水低密商业中的核心部分，礼嘉天街总建筑面积约 18 万平方米，2017 年动工，2021 年正式运营。在后续的规划中，还将建设 40 余万平方米以低密度、强体验式的创新商业为主的综合商业体，与拥有优渥自然资源的白云湖公园相互呼应，形成"滨水＋商业""一半山水一半城"的商业消费体验。

4.1.20.2　主要特色

"重庆向北"如今已经进入 3.0 时代，北区发展势头迅猛依旧，由于地处两江新区核心都市功能产业带上，礼嘉商圈近年来频频占据各大报道的头条位置，被定位为集体验式消费、生态商务总部及高品质居住、生态文化旅游于一体的五大新兴商圈之一。在实际行动上，两江新区以龙塘湖和白云湖两大天然湖泊为依托，利用低密度优良的地理环境，布局商务消费，打造了重庆首个低密度亲水商圈——礼嘉滨水商圈。生活圈、休闲娱乐圈、经济圈都已基本成形。从礼嘉天街、公园、医疗、交通，再到智慧城……各种当初"纸上的蓝图"已逐一呈现。

礼嘉商圈规划定位为面向国际、充分展现重庆市作为国家中心城市和两江新区形象品质的国际商贸中心，依托山水风貌特色，融汇中西及地方多元文化，集多元消费、生态总部和高品质居住为一体的服务产业集聚、主题特色鲜明、时尚品质凸显的国际商务中心、体验消费中心、城市生态型文化休闲和旅游中心。

礼嘉商圈按照交通区位条件和地形地貌特征，规划形成生态总部区、商贸核心区和高品质生态居住区三大片区。生态总部区：位于地段北部，依山就势，规划建设具有典型生态特征、符合低碳发展趋势的商务办公聚集区，辅以部分与自然地形和绿化景观融为一体的高品质独栋办公楼，吸引国内外一流公司总部。商贸核心区：位于地段中部和南部，规划利用原有水面及周边较平缓地区形成汇聚多种商业和文化娱乐业态，集中与分散相结合、提供多元消费体验的综合型地区。具体包括大型商业综合体、特色商业步行街、沿湖购物区和旅游度假酒店等。高品质生态居住区：位于地段东部，规划利用沿嘉陵江台地区域良好的自然环境和景观条件，形成具有较高品质、配套设施完善的生态型居住区。

4.1.21　北碚嘉陵风情步行街

4.1.21.1　基本情况

北碚也属重庆组成，地铁6号线直达重庆主城。嘉陵风情步行街位于重庆市北碚区，长800米，宽200～250米，分"状元之乡""温汤之史""民族之魂""花园之城"和"嘉陵之都"五大景观节点。

4.1.21.2　主要特色

大分区以步行街中心广场为界，分为北区和南区。北区为中心商业步行街区，商业面积12万平方米，以大型百货为龙头，以购物中心为核心，形成一个强有力的商业极核。南区为特色休闲步行街区，商业面积8万平方米，是充分展示北碚文化的精华区，以温泉浴、酒吧、茶馆、餐饮、歌舞、网吧、健身吧、迪吧形成主力消费区，同时以花鸟鱼虫、书画古玩、玻璃器皿、特色食品相辅助，实现"休闲娱乐在北碚"的目标。嘉陵风情步行街将要承担两大功能：一是成为北碚50平方公里、45万人生产生活的超大型经济活动中心，二是要打造成重庆北部的大商圈。步行街交通便利，靠近地铁状元碑站。状元碑站为岛式地下站，位于北碚区城南新区嘉陵风情步行街，毗邻北碚区行政中心、未来北碚区商业中心（城南新区）、中高档商业住宅区，北碚区健身步梯旁。

嘉陵风情步行街布局合理。与主城区其他高楼密集的步行街不同，北碚嘉陵风情步行街一半商业建筑外观属江南水乡徽派建筑风格，翘檐斗角别致，地砖上还刻有水墨画，漫步其间，别有一番意趣。另一半则属时尚的现代风格，两种风格的结合，让人不禁感叹北碚的风韵别致。

4.1.22　大渡口九宫庙商圈、金地广场

4.1.22.1　基本情况

九宫庙商圈位于重庆市大渡口区，自2008年开街以来，迅速崛起为重庆市主城十大新兴商圈之一。商圈规划面积2.5平方公里，商圈商业设施面积已

达 70 万平方米。商圈步行街分三期工程建设，已经完成一期和二期工程，占地面积约 0.5 平方公里，三期工程建设帷幕已经拉开。建成区呈长方形，以松青路步行街为中轴线，南北长 800 米，东西宽 400 米。九宫庙商圈将以繁荣丰富、绿色生态为元素，打造"生态购物商圈"，为大渡口区经济、城市、社会"三个转型"添砖加瓦。

作为大渡口区的城市客厅、商业中心、休闲乐园，九宫庙商圈辐射周边四个城区约 50 万人口的消费群体，与主城区其他商圈相比，九宫庙商圈还是全市有名的"绿色商圈"，绿化面积达到 2 万平方米，绿化覆盖率居主城商圈前列，加之多个休闲广场散落其中，是市民购物、休闲、健身的好去处。已吸纳新世纪百货、新天泽国际广场、顺祥壹街区、义乌商贸城、西奥海宁皮草城、沃尔玛购物广场等大型商业项目入驻，蓝光 BRC、华润凤凰城等在建商业综合体纷纷崛起。商圈正朝着集购物消费、美食娱乐、旅游观光、文化休闲、商务会展等于一体的都市生态文化核心商圈方向发展，打造核心区域的大型商业建筑群。2005 年 3 月，商圈核心区国瑞城项目破土动工，随后核心区域内的天泰金地广场、香港城、松华阁等纷纷开工建设。这标志着重庆首个以"购物公园"理念打造的商圈进入全面建设阶段。商业中心已建成和在建的主要建筑楼盘情况为：国瑞城占地面积 12.34 万平方米，总建筑面积 54 万平方米；香港城用地面积约 6.48 万平方米，建筑面积 33 万平方米；金地广场占地面积约 2.86 万平方米，建筑面积约 13.66 万平方米；华立·时代广场建筑规模约 10 万平方米；顺祥·壹街区占地面积约 6.32 万平方米，总建筑面积约 38 万平方米。

4.1.22.2　主要特色

2003 年，大渡口区政府确定了大渡口商圈的用地范围和功能定位，即袁茄路以西、文体路以南、春晖路以东、老九中路以北约 81 公顷、核心商圈 1 平方公里的面积作为商圈范围，由设计单位进行整体形象和城市空间布局规划，努力建设一个功能分区合理、基础设施配套、步行系统完善、交通组织畅达、生态环境优美的商贸中心，使之成为以商贸发展为主导，以步行街区为载体，以都市景观为标志，集购物、餐饮、金融、休闲观光、居住于一体的富有个性特征的都市生态购物公园式的大渡口商圈。大渡口商圈是当时重庆市唯一将公园引入商圈的"生态购物公园"。

2020 年 3 月，重庆市大渡口区为满足商圈消费提档升级的需求，提升大渡口商业的整体形象，进一步扩大商圈核心竞争力，计划将现有的商圈面积从 2.8 平方公里扩容到 8 平方公里，由原步行街片区拓展至双山片区，辐射 60

万消费人群，并在距九宫庙商圈步行街约 500 米处的松青路 1066 号打造音乐特色商业街。九宫庙商圈紧扣"公园大渡口、多彩艺术湾"建设主题，推动区域内大渡口公园与华润万象汇等商业主体融合，打造购物公园，做精商业圈，培育"公园商圈、多彩生活"消费品牌。九宫庙商圈的扩容提质，使发展框架逐渐拉开，展现出优化创新、百花齐放的多样业态，这个传统"老商圈"汇集绿色、潮流、智慧、特色于一身，焕发蓬勃的发展活力。

九宫庙商圈还加强特色商业街区打造，2021 年打造了尚品荟音乐风情步行街、新合作·星悦茂商业街、新天泽"摆个厂"特色商业街，从音乐特色餐饮、网红打卡、休闲娱乐等多重角度丰富商圈业态，打造更具体验乐趣的新型商业模式。新模式引人瞩目，传统展会活动同样亮点频出。九宫庙商圈在2021 年度平均每月组织一场大型会展活动，如"街头音乐周"、社区文化艺术节、小面文化节、义渡金手指江湖菜大赛等。

据了解，音乐特色商业街拟总投资 2 亿元，商业定位为"音乐特色步行街"。项目建设用地面积约 0.8 万平方米，总建筑面积约 4.5 万平方米，由 1幢 21 层写字楼、1 幢 18 层住宅楼、2 层地下车库以及商业裙楼组成，业态布局以餐饮、娱乐、休闲为主。音乐特色商业街建成后可与九宫庙商圈步行街南北呼应，纵向连接，对商圈扩容起到一定的带动和助推作用。

不同于其他商业街，音乐特色商业街融合音乐、灯光、美食等多种元素，满足市民对商业多样化、特色化、差异化消费需求，带动该区域商业的提档升级；加入音乐钢琴灯、音乐地跑灯、舞台音乐演绎等多种类型的文创元素，安装能够展示城市面貌和商业繁华的城市夜景灯，引入各类特色小吃、西式快餐、风味餐厅等。

4.2 重庆市主要特色商圈基本情况与特点分析

重庆城区是组团布局，因此不可避免地形成多中心商业格局，现在重庆基本上是以解放碑商圈为全市的商业中心，并辐射到区县，其他区形成沙坪坝商圈、杨家坪商圈、观音桥渝北商圈、南坪商圈，这四个次级商圈组成主城区庞大的商业组团，并形成每年高达 300 亿元的超级大市场。

解放碑位于市中心区——渝中区，是全市经济、金融、信息、商贸中心。观音桥位于渝中半岛和北部地区的几何中心，是江北区政治、经济、文化中心和交通枢纽。南坪位于市南部，商业主要集中在南岸中心、四公里、南滨路三个主要的地段。沙坪坝位于市西部，是距渝中区较远的一个主城区。杨家坪作为重要的交通枢纽，是连接南岸、渝中、沙坪坝、大渡口的重要交通通道。

解放碑有摩天大楼簇拥，由一系列高档化、国际化的品牌堆积，现已成为商业的地标和引领时尚界的标杆，是购物、餐饮、娱乐、休闲、观光、怀旧和品味现代文明的时尚场所。南岸区政府将把江南大道北段打造成会展一条街，会展经济成为南坪商圈继吃、住、旅游之后的又一品牌。沙坪坝区作为一个拥有典型文化氛围的区域，依托周边众多高校，主打"文化牌"，消费群体呈现年轻化、知识化的特点。该商圈定位是建成文化、教育、科技氛围最浓的文化商业中心。杨家坪商圈在定位上突出人文景观，力图建成景观优美、风景亮丽的购物休闲中心。江北商圈将打造辐射130万人，集精品、生态、文化于一体的北部购物天堂。

按照《重庆市城市总体规划（2007—2020）》，重庆主城要建成市级中心和副中心、组团中心三级网络，其中解放碑为市级中心，观音桥、沙坪坝、杨家坪、南坪为市级副中心，悦来、西永、茶园、龙兴、礼嘉、北碚、陶家、蔡家、大渡口、龙洲湾为规划新增的新城市副中心。下面主要以重庆主城五大商圈，即以解放碑为主中心和杨家坪、沙坪坝、南坪、江北观音桥4个区域中心为例，借助互联网开放数据，通过表格简单反映各商圈基本情况及特点，并做对比分析，如表4.1~表4.8及图4.1~图4.5所示。

表4.1　各商圈概况

商圈名称	等级	位置	现有优质商业供应（平方米）	租金水平（首层）（元/平方米/天）	节假日人流量（人次/天）
解放碑	市级	渝中	367000	200~2000	80万以上
观音桥		江北	449297	80~700	60万以上
沙坪坝	区域	沙坪坝区	205600	80~1000	50万以上
杨家坪		九龙坡区	225300	100~500	40万以上
南坪		南岸区	268000	12~50	30万以上

（数据来源：《重庆市主城区"两江四岸"致力提升实施方案》）

表 4.2 **各商圈地理范围及单位营业面积**

商圈名称	地理范围（2006 年）	单位（万平方米）
解放碑	西起现代书城，东至金禾丽都，北至朝天门鞋城，南至较场口得意世界，占地 1.61 平方公里	121
观音桥	北至茂业百货，西至嘉陵公园，东至龙湖北城天街，南以建新东西路为界，占地 5.08 平方公里，核心区域 0.65 平方公里	24（大商圈）185（核心区域）
沙坪坝	以三峡广场为中心，东至三角碑转盘，西至陈家湾，北接沙南街，南到北站路，占地约 1.1 平方公里	85
杨家坪	东起直港大道，西至工学院，南到动物园，北至艾佳沁园，占地 0.19 平方公里	368
南坪	东至宏声路口，西以万寿路为界，北起南坪转盘，南至响水路口，占地 0.3 平方公里	200

（数据来源：《重庆市主城区"两江四岸"致力提升实施方案》）

表 4.3 **各商圈商业供应规模及年总营业额**

商圈名称	当前供应量（平方米）	年总营业额（2005 年，亿元）
解放碑	121 万	～210
观音桥	110 万	～97.6
沙坪坝	85 万	～80
杨家坪	70 万	～100
南坪	70 万	～65

（数据来源：《重庆市主城区"两江四岸"致力提升实施方案》）

表 4.4 **各商圈商业档次**

商圈名称	主要业种	主要档次
解放碑	百货、综合、批发交易	中高档
观音桥	百货、综合	中档、中高档
沙坪坝	百货、综合、建材、电子设备	中档
杨家坪	百货、综合	中档
南坪	百货、建材、家居、旧车交易	中低档

（数据来源：《重庆市主城区"两江四岸"致力提升实施方案》）

表4.5 各商圈年平均营业额

类别	商圈名称	年平均营业额（万元）
商业核心区	解放碑	57000
次级核心区	沙坪坝	22000
	南坪	16500
	观音桥	32000
	杨家坪	28000

（数据来源：《重庆市主城区"两江四岸"致力提升实施方案》）

表4.6 各商圈商业类型对比分析

商圈名称	现有主要商业供应量（平方米）	商圈类型	各类商业类型所占比例（%）							
			百货公司	购物中心	超市大卖场	专业店	商品市场	商业街	餐饮娱乐	综合商业
解放碑	522500	市级	41.5	19.1	—	18.6	—	1.7	19.1	
观音桥	497000		38.2	28.2	—	11.1	4.4	10.1	—	8.0
沙坪坝	190000	区域	40.0	18.9	5.3	20.0	15.8			
杨家坪	291180		43.3	26.8	3.8	15.8	—			10.3
南坪	446800		20.8	17.5	9.4	19.7	6.7	25.9	—	—

（数据来源：由作者收集整理）

表4.7 各商圈业态结构对比分析

商圈名称	现有主要商业供应量（平方米）	各类商业业态所占比例（%）										
		服装服饰	餐饮	休闲娱乐	超市	美容美体/美甲/健身	电器/电子产品	家具家居	儿童	图书音像	服务配套	空置
解放碑	522500	38	12	15	2	2	7	9	1	4	1	9
观音桥	497000	65	6	8	3	2	9	1	1	2	1	2
沙坪坝	190000	57	5	3	8	1	18	1	1	4	1	1
杨家坪	291180	61	6	5	5	2	9	7	1	1	2	1
南坪	446800	45	4	3	11	1	12	7	1	/	1	15

（数据来源：由作者收集整理）

表 4.8　各商圈辐射范围内消费者消费模式分析

每次消费	50 元及以下	51～100 元	101～150 元	151～200 元	201～300 元	301～400 元	401～500 元	501～1000 元	1001～2000 元	2001～3000 元
逛街购物	0	3%	8%	24%	22%	19%	16%	7%	2%	1%
外出就餐	1%	3%	14%	23%	34%	17%	5%	3%	1%	0
休闲餐饮	2%	6%	17%	24%	28%	11%	10%	3%	1%	0
娱乐	0	2%	6%	19%	27%	27%	12%	5%	2%	0

每次消费	50 元及以下	51～100 元	101～150 元	151～200 元	201～500 元	501～1000 元	1001～1500 元	1501～2000 元	2001～3000 元	3001～5000 元
服装	—	1.4%	5.0%	10.7%	38.6%	31.1%	6.4%	5.0%	1.4%	0.4%
化妆品/护肤品	—	2.4%	10.6%	24.7%	29.4%	20.0%	4.7%	7.1%	1.2%	—
鞋、包	—	—	19.6%	30.4%	30.4%	17.9%	1.8%	—	—	—
娱乐	1.5%	7.4%	36.8%	32.4%	16.2%	4.4%	1.5%	—	—	—
外出就餐	2.4%	31.9%	22.7%	21.3%	18.8%	1.0%	0.5%	1.0%	0.5%	—
家居用品	—	5.9%	5.9%	23.5%	52.9%	5.9%	—	5.9%	—	—
应酬	—	1.5%	7.7%	9.2%	40.0%	12.3%	13.9%	10.8%	3.1%	1.5%

每次消费	2000 元以下	2001～3000 元	3001～4000 元	4001～5000 元	5001～6000 元	6001～7000 元	从不进行
会所	23%	11%	6%	2%	0	0	58%
健身	10%	5%	3%	0	0	0	82%
课外教育培训	7%	2%	1%	1%	0	0	90%
SPA	5%	2%	1%	1%	1%	0	90%

消费模式＼辐射范围	逛街购物	外出吃饭	休闲餐饮	娱乐	健身 SPA 等
家附近	6%	39%	16%	13%	37%
工作单位附近	3%	21%	13%	7%	12%
商业区	91%	38%	70%	80%	50%
其他	0	2%	0	0	1%

（数据来源：由作者收集整理）

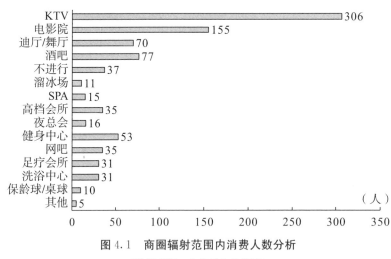

图4.1　商圈辐射范围内消费人数分析

（数据来源：由作者收集整理）

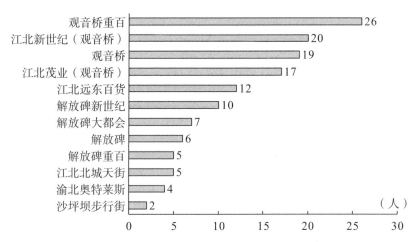

图4.2　商圈辐射范围内消费者主要消费地点分析

（数据来源：由作者收集整理）

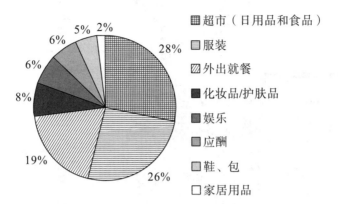

图 4.3 商圈辐射范围内消费者消费模式分析

（数据来源：由作者收集整理）

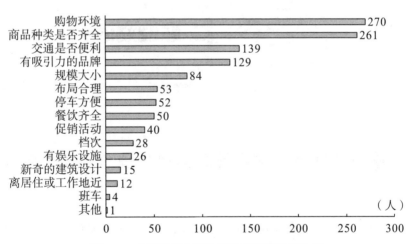

图 4.4 商圈辐射范围内消费者消费意愿分析

（数据来源：由作者收集整理）

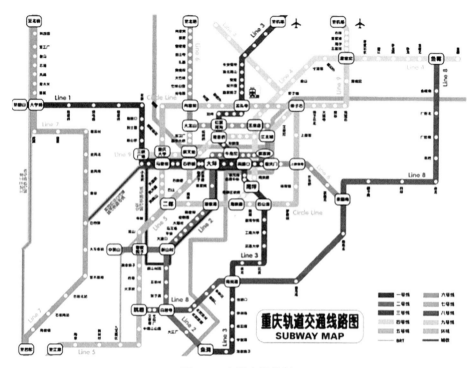

图 4.5　商圈交通分析

4.3　重庆市城市商圈发展总体规划理念与相关政策

　　重庆历史悠久，巴渝文化古朴厚重，商业文明源远流长，商贸兴起于秦汉，发展于明清，繁荣于民国，鼎盛于直辖，自古为西南地区工商业重镇。重庆商圈植根于深厚的商业文化土壤，同时是由于重庆多中心、组团式的城市布局结构而逐渐形成的，丰厚的商业文化积淀是重庆商圈产生和创新的动力源泉。

　　1997 年，重庆成为中国第四个直辖市，商贸发展翻开了新篇章，商圈建设也迎来辉煌时期。直辖之初，重庆作为老工业中心城市，产业基础薄弱，商贸设施落后。市委、市政府将产业转型和城市改造的突破口，放在了商圈建设上，就此拉开了新兴直辖市建设的大幕。1997 年，市政府和渝中区投入 3000多万元，以解放碑为中心，改造建成中国最早的商业街之一——解放碑中心购物广场。2003 年，沙坪坝区三峡广场建成，成为继解放碑之后重庆的第二个城市商圈。江北区政府以 7.5 亿元的基础设施投入，吸引 30 多家企业投资 200 多亿元，建成观音桥商圈，成功处置十余栋"烂尾楼"，盘活商业设施 50 万平方米。观音桥商圈是 4A 级景区，享有"中国商旅文产业发展示范商圈"的称号，它也成为商圈建设的经典案例。之后杨家坪和南坪商圈相继建成，形成了主城区五大商圈发展、五朵金花绽放的格局。万州、涪陵、永川等城市也建成区域特色商圈。

多年来，重庆商业市场一直保持着五大传统商圈各自雄踞一方的局面。但是，随着社会经济发展、轨道交通建设、政府弹性规划、居民消费升级等一系列因素的推动，原有的商圈格局逐渐被打破，新兴商圈如雨后春笋般涌现出来，重庆商业地产呈现多核心发展趋势。一方面，五大传统商圈不断扩容，增强自身影响力；另一方面，新兴商圈逐步崛起，对传统商圈消费人群进行了分流，与传统商圈形成激烈的竞争。

重庆市委在 2012 年、2013 年先后出台《重庆市人民政府关于加快商圈建设的意见》和《重庆市人民政府关于加快中央商务区建设的意见》，按照层次分明、结构合理、布局科学、功能互补的要求，推动建设形成了以中央商务区为龙头，主城区核心商圈和远郊区县核心商圈为骨干商圈布局体系。《重庆市人民政府关于加快中央商务区建设的意见》明确重庆中央商务区"规划总面积 10 平方公里，其中解放碑地区约 3.5 平方公里、江北嘴地区约 3.5 平方公里、弹子石地区约 3 平方公里。规划范围内商务商业用地 2.4 平方公里，商务商业建筑量 1500 万平方米"。商圈建设第二个层级是城市核心商圈，包括建成、续建和新建的 16 个主城核心商圈和远郊区县城市核心商圈。16 个核心商圈包括沙坪坝西永、北部新区礼嘉、南岸茶园、两江新区龙盛、九龙坡陶家、巴南区龙洲湾、观音桥、南坪、三峡广场、杨家坪、渝中区大坪、大渡口九宫庙、北碚缙云、渝北两路空港、渝北嘉州、巴南李家沱。商圈建设第三个层级是社区便民商圈，要求在半径 1 平方公里以内范围，服务人口 1 万人以上，最大限度地满足消费者需要。

随后，针对近年来大型商业设施过热倾向和商圈布局分散导致商业资源流失的倾向，重庆市委及时调整商圈规划布局思路，在三级商圈体系的基础上，按照中央商务区、城市核心商圈、城市次级商圈、社区商圈（乡镇商圈）四个层级推进商圈建设，确立了主城区"1+18"商圈布局规划，新增蔡家和金州两个市级商圈。在构建商圈体系的同时，重庆市委、市政府高度重视智慧商圈建设工作，于 2015 年出台了《重庆市智慧商圈建设实施方案》，提出建设全市智慧商圈信息服务平台，利用物联网、云计算和大数据等先进技术，增强智能化服务功能，提升商圈服务体验，促进商圈线上线下融合发展。政府首先在观音桥和南坪商圈进行试点建设，两个商圈均已完成智慧商圈基础设施建设。

重庆商圈在其起源和发展过程中，在功能上完成了由单一的满足消费者购物的基本需求向集购物、休闲、娱乐、餐饮、健身、运动等多元化需求于一体的转变；在商圈规划建设上经历了由杂乱无章的自由发展阶段到由政府主导、逐步完善、整体布局协调的成熟阶段；在经营业态构造上，逐步实现了网点布局、经营结构、经营形态、门市铺面等配置的合理化与高级化。市商务委发布的《重庆商圈发展报告》统计，截至 2015 年，重庆全市 100 亿元级商圈达到 10 个，其中 400 亿元级商圈 1 个，300 亿元级商圈 2 个，200 亿元级商圈 3 个，100 亿元级商圈 4 个；五大核心商圈实现社会消费品零售总额 625 亿元，增长 8.7%，占全市社会消费品零售总额的 25.3%，五大核心商圈每天人流量超过 120 万人。

2020 年在疫情影响下，重庆商圈应对积极，恢复迅速。2020 年 3 月，观音桥商圈即以 37.91% 的客流恢复量位列全国主要商圈恢复力前三位；2020 年 4 月，解放碑商圈日均人流量恢复达 85%；2020 年 10 月，重庆国庆消费恢复至常态，主要商圈销售额同比增长 8.3%，全市商务领域疫情防控措施落实到位，商贸流通企业促销活动精彩纷呈，消费市场总体呈现品种丰富、价格平稳态势。2021 年 2 月 17 日，重庆市商务委发布监测数据，牛年春节 7 天假期里，全市各区县主要商圈和重点监测商贸企业实现零售额 274.1 亿元，同比增长 49.9%。全市各大商圈、步行街、购物中心、大型连锁超市等开展各地土特产品、绿色有机食品、新型电子产品、特色伴手礼、进口商品等优质产品展销、促销等活动，进入年货大促模式，重点商圈人流增加，促进了消费增长。观音桥、解放碑、三峡广场等主城商圈纷纷开展多元化的促销活动，点燃购物热情，线上线下销售火爆。监测数据显示，春节期间重庆主城区五大商圈人流量达 1205 万人次，比疫情前一年（2019 年）增长 4%，其中三峡广场、观音桥、杨家坪、南坪商圈人流量分别增长 109.6%、22.8%、24.6%、4%。主城中心城区重点商圈销售额增长 91.7%，茂业百货、远东百货、国美电器销售额同比增长 192.1%、68.4%、56.4%。

综上所述，重庆商圈自直辖以来，在 20 余年中取得长足发展，为城市经济社会发展和城市品质提升做出了重要贡献，重庆商圈作为重庆打造长江上游地区商贸物流中心的一张名片，对重庆经济发展发挥了举足轻重的作用。但是，随着城市消费需求和消费习惯的转变，商圈发展中的一些问题也逐渐暴露出来，各商圈品牌同质化严重，经营档次不高，商圈规划上普遍缺乏统一管理和超前意识，商圈基础设施建设相对滞后，高端消费外流严重，商圈转型缓慢，商圈商务功能不强等都阻碍了商圈的进一步发展，商圈转型升级急需创新思维和系统思维。新时代，机遇与挑战并存，重庆商圈亟待进一步优化顶层设计，适应信息时代变革，创新商业业态与服务模式，推动品牌与整体形象塑造等，以商圈的深层创新变革推动城市发展。

5 案例研究：以创意经济为导向的观音桥商圈改造提升策略

5.1 观音桥商圈环境分析与总体定位

5.1.1 观音桥商圈环境分析

5.1.1.1 宏观环境分析

（1）政治环境分析。

①成渝双城经济圈建设的重大机遇。2020年1月，中央财经委员会六次会议正式提出推动成渝地区双城经济圈建设，有利于在西部形成高质量发展的重要增长极，打造内陆开放战略高地，对于推动高质量发展具有重要意义。江北区作为展示重庆国家中心城市形象的核心区之一，是联结成渝两地和重庆都市圈的重要节点，发挥着中心城市节点传递、聚散、辐射和带动作用，将成为推进成渝地区统筹发展，促进产业、人口及各类生产要素合理流动和高效集聚地，国家战略机遇和区位优势必将为位于江北区核心片区的观音桥商圈提供广阔发展平台和市场前景，强力助推成渝双城高质量发展。

②两江四岸整体提升建设机遇。2020年5月，重庆市城市提升领导小组办公室印发的《两江四岸核心区整体提升实施方案》提出，到2025年，将两江四岸核心区基本建设成为传承巴渝文化、承载乡愁记忆的历史人文风景眼，体验山环水绕、观览两江汇流的山水城市会客厅，拓展经济功能、开启未来发

展的商业商务中心区，按照国家 5A 级景区标准，推动长嘉汇大景区高品质发展，打造成为"近者悦、远者来"的全球著名旅游目的地，成为集中展示"山水之城、美丽之地"的城市名片；统筹提升解放碑、江北嘴、弹子石产业能级，塑造新型商圈，构建"吃住行游购娱"全产业链。毗邻江北嘴片区的观音桥商圈将深度融入两江四岸提升建设，成为重庆"国际化、绿色化、智能化、人文化"的现代城市窗口。

③江北区支撑国际消费中心城市建设战略机遇。2019 年，重庆市人民政府发布的《关于加快建设国际消费中心城市的实施意见》提出，加快建设国际购物名城、国际美食名城、国际会展名城、国际文化名城、国际旅游名城，建成具有全球影响力的国际消费中心城市。其中，重点打造国际消费商圈，推进观音桥、南坪、三峡广场、杨家坪等成熟商圈提档升级，加快大坪、嘉州、金州、保税港等新兴商圈扩容升级，打造场景化、智能化、国际化的高品质步行街和城市核心商圈。2020 年，重庆市《政府工作报告》明确提出，推动先进制造业和现代服务业融合发展商贸服务业，围绕建设国际消费中心城市，实施国际消费集聚区建设等十大工程，提档改造中央商务区，建设智慧商圈和国际邮轮母港，培育首店经济，发展夜经济。江北区将在发展空间和产业布局上筑牢"五大支撑"，其中将以观音桥商圈和北滨路经济带为依托，在创建国际消费中心城市上作支撑，建设成渝地区双城经济圈"示范区"。观音桥商圈是江北区落实重庆市城市品质提升的核心地区，是建设国际消费中心城市的重要地区。

（2）经济环境分析。

①江北区经济发展水平。2020 年，江北区实现生产总值 1325 亿元、增长 3.9%，"十三五"规划目标总体完成。地区生产总值较 2014 年实现翻番，人均 GDP 达到 14 万元，全员劳动生产率 25 万元，实有市场主体超过 10 万户，全区实现全口径税收 221.3 亿元，税收连续五年全市第一，存贷款余额 1.5 万亿元、增长 7%，商品销售总额突破 4000 亿元，社会消费品零售总额达到 700 亿元、增长 3.2%。一般公共预算收入 67.2 亿元，总量均位居重庆市行政区第一。

②江北区产业发展情况。2020 年，江北区产业加快升级，新引进国家金融科技认证中心、渝农商理财等 5 家全国性金融和总部机构，新增上市公司 2 家，全市首家"民营小微企业首贷续贷中心"开业运营；不夜经济、"互联网＋消费"蓬勃发展，中国西部消费扶贫中心建成开业；港城工业园获批重庆市生物医药产业建设基地，引进国内首个国家级氢能动力检测中心。动能加快积

蓄，果园保税物流中心（B型）封关运行，中新（重庆）多式联运示范基地、辉联埔程多式联运智慧物流项目加快建设；招商蓄能成效显著，字节跳动汽车业务全国总部及重庆创新中心、全市注册资本最大的京昆高铁西昆公司、全国性科技型消费金融公司小米消费金融成功落地。

③江北区城市建设情况。区域市政、交通条件对于城市商圈发展的作用至关重要，基础设施越完善，商贸流通越顺畅，商圈经济就越发达。近年来，江北区城市建设取得巨大成就，城市更新改造进一步推进，城市功能定位更加明确，城市功能更加健全，城市快速主干道、轨道交通、公交系统等都有长足发展，城市品质大幅提升。江北区以立体网络为抓手，推进畅达城区建设，全区跨江桥梁数达到11座，数量位居全市第一，跨江通行能力进一步增强，交通骨架路网基本形成。得益于基础设施建设的改善，观音桥商圈在交通、零售、餐饮、酒店及银行等方面的商业资源集聚度极大提升，在城市消费方面已然成为重庆市最具消费活力的商圈。

（3）社会文化环境分析。

近年来，江北区对提升城市品质的认识在逐渐深化，思路在逐渐拓展，举措在逐渐完善，正在从"外延式扩张""内涵式提升"并行阶段向以"内涵式提升"为主的阶段转换。2016年，江北区拉开了现代化品质城区建设序幕，开始走集约型内涵式发展道路，加快补齐交通、教育、卫生等短板，提速推进城市二次更新、老旧小区整治、历史文化街区建设，大力创建全国文明城区。2017年，江北区坚持以人为本，狠抓城市品质提升，成功创建全国文明城区，切实增强发展承载力，持续不断加大无障碍设施、道路设施、安全设施、排水设施、照明设施、公共厕所等"六类硬件"的整治力度；以环保行动为抓手，推进生态城区建设，大力实施"蓝天、碧水、宁静、绿地、田园"五大行动；智能城管实践入选"2017中国最具幸福感城市治理创新范例奖"。2018年，江北区印发《关于提升城市品质建设美丽江北三年攻坚行动的实施方案》《江北区城市综合管理提升三年行动实施方案》，在全区开展提升城市品质建设美丽江北三年攻坚行动，聚焦高质量、供给侧、智能化，推进"大城智管、大城细管、大城众管"，紧紧围绕国家中心城市、现代化大都市的城市定位和"宜居、宜业、宜游"的管理方向，全面提升"精细化、智能化、人性化"的管理水平。

（4）技术环境分析。

2020年，江北区共计推荐111家科技型企业申报2020年高新技术企业，全年新增高新技术企业32家、总数达170家，新增入库型企业454家、总数达 1200 家。目前江北区市级以上研发机构已达 70 家，共有 26 家科技型企业，多层次资本市场挂牌上市企业超 20 家，江北区在重庆市 38 个区县科技竞争力排名中位列第二。此外，江北区实施创新驱动发展战略，积极整合资源，加大扶持力度，大量引育科技型企业、高新技术企业，引导存量企业转型升级为科技型企业和高新技术企业，支持研发创新，鼓励企业搭建各类研发平台，提升自主创新能力；积极推进科技成果转移转化，开展系统性、专业化的科技成果转化高端服务，让一批批科技成果转化项目在江北落地生根；积极搭建"资本"与"智本"的长效对接平台，把发展科技金融作为促进科技创新、推动经济转型的重要工作内容。江北区技术创新实践和环境营造为观音桥商圈的智慧化提升奠定了扎实基础。

5.1.1.2 市场竞争环境分析

（1）优势分析。

一是商圈基础深厚。重庆主城区正加快建设以中央商务区、城市核心商圈、便民商圈为支撑的"三级商圈体系"，并初具规模。作为重庆城市向北的开始，观音桥商圈发展至今，区域内购物中心林立，日均人流量超过 80 万人次，客流涵盖了重庆主城九区，辐射周边区县，商圈影响力较大，早已成就"西部第一商圈"美誉，在全国 TOP 20 商圈排名中列第 9 位。

二是区位优势良好。观音桥商圈对外交通便捷，距重庆北站 4 公里，距寸滩－唐家沱邮轮母港 7.5 公里，距重庆江北国际机场 18 公里，是城市中心区的商圈，是整个江北、渝北区域消费的核心。基于百度大数据（人口热力成像）分析，观音桥商圈是重庆最具人气的商圈之一。

三是特色优势明显。重庆主城区传统的五大商圈除去其本位职能，特色要素各不相同，解放碑胜在历史文化；南坪商圈主打会展经济；杨家坪商圈突出工业遗迹；沙坪坝商圈凸显教育、文化元素，观音桥则是重庆主城区最具创新和时尚特色的商圈，既有高端金融服务、总部经济、商务办公等基础功能，也具备文化交往、旅游观光等功能，历史文化遗产和风貌整体保护良好。

（2）现存问题分析。

一是重庆商圈整体发展存在瓶颈。首先是"千圈一面"，商圈功能、业态、景观风貌趋同，特色缺乏，传统五大商圈的商业零售业态以购物中心和百货为主，尤其观音桥商圈高达 70% 以上。其次是商圈业态面临转型，优质写字楼库存量逐年上升，空置率高于全国同类城市，优质商业商务租金下滑较多。再次是体验式功能缺乏。部分商圈已出现体验式业态，但基本集中于室内，且规模较小。体验型消费业态已逐步成为商圈未来发展的重点，社交、体验功能推动商圈新型商业项目面临向大体量综合体转变的挑战。

二是观音桥商圈现存问题。首先是现有规划与发展诉求不匹配。《重庆市观音桥商圈发展规划》（2012年8月）将片区定位为浪漫休闲文娱区，重点依托休闲娱乐功能，配套发展餐饮酒店与时尚商业功能。规划片区内设置的主要文化类内容为城市活动中心、博物馆、文化艺术中心。原规划对片区定位为"浪漫休闲文娱区"，"餐饮酒店"等产业功能与观音桥商圈发展诉求不匹配。其次是商圈整体风貌亟待升级。商圈现有建筑有待整体改善，20世纪80—90年代修建的建筑以钢筋混凝土结构为主，现状质量较差；2000年以后新建建筑，采用钢筋混凝土结构，现状质量一般；开敞空间资源利用不足，商圈周边主要由居住建筑构成，高层建筑围绕，同时周边区域老旧建筑众多，建筑屋顶凌乱，城市空间形象较差，风貌不佳；嘉陵公园界面基本为朗晴广场、金鹏北城旺角高层建筑占据，建筑界面拥堵，城市空间形象一般。商圈周边公共交通站点多，线路过于密集，造成站点排队影响地块进出交通，公交站点与轨道换乘衔接不畅。

（3）国内外商圈发展潮流。

国内外商圈已出现较大规模的体验式业态，与商业相互协作，逐渐成为地区发展的特色。一是由体验式综合体逐渐向体验式商圈过渡。在满足人们一站式购物需求的同时，应在商圈增加文艺展演、运动康体、旅游服务等多种功能，成为不只满足人们物质消费需求，更满足人们精神消费需求的综合性商业场所，引导商圈由体验式综合体过渡为体验式商圈。二是24小时时间消费型的综合城市开发。休闲时代的到来使人们闲暇时间增多，以时间作为最主要的消费内容。商圈发展应着重加强24小时时间消费型的综合开发，做大做强夜经济，强化商圈现代都市经济业态。三是打破室内室外，强调开放、休闲和自然。现代商业中心从大屋顶的商业综合楼中解放出来，开始融合室内外空间，充分体现现代商业街区的开放性、体验性、互动性、生态性，更加契合人们娱乐、休闲、消费、购物习惯。

5.1.2　观音桥商圈总体定位

重庆主城区大力推进以解放碑、江北嘴、弹子石三大中央商务区为核心，南北双轴向发展，形成18个城市核心商圈，形成"一核双轴多极"的商圈基本格局；观音桥作为以"文化""贸易"为主功能的商圈，应在"城市吸引力"方面发挥核心作用。

以重庆市打造国家消费中心城市和成渝双城经济圈建设为契机，观音桥商圈整体目标定位如下：

（1）形象定位：与春熙路并列为"中国特色商业街西部双子星"，成渝城市群标志性体验式商圈，辐射贵州、川东北的中西部国际大都市时尚消费地标。

（2）功能定位：国际消费中心城市示范区，时尚潮流、休闲娱乐集聚区，全球商业消费服务高地。

5.2 观音桥商圈改造提升整体思路

5.2.1 产业体系优化与商圈业态提升

5.2.1.1 产业体系及业态建议

（1）主导产业。

现代商贸：在观音桥现有基础上，向产业链附加值更高一端发展，其中的发展重点为体验式商业。体验式商业是一种全新的商场消费模式，不以购物消费为基本，而是让消费成为一种文化、一种习惯、一种休闲，它是人们认知、评价一座城市的重要参考标准，从一个侧面反映了城市经济与文化的发展水平。

数字经济：重点发展针对人工智能、大数据、云计算等信息技术方面的智能经济产业。

专业服务：进一步构建专业服务产业链的纵深和完善发展，重点发展企业咨询、健康医疗两大细分产业。

休闲娱乐：在"降零售、增体验"的发展趋势下，重点发展体育娱乐、酒店旅游等体验型业态。

（2）细分产业。

体验型商业：重点发展生态休闲、智能科技、动漫游戏、亲子互动等业态，如共享健身、VR主题乐园、儿童消费综合体等。

智能产业：重点发展针对人工智能、大数据、云计算等信息技术方面的智能经济产业。

企业咨询：发展针对财务法律、战略管理、人才服务方面的企业级咨询等。

健康医疗：针对人口老龄化和医疗服务垂直化趋势，重点打造康养、养老日托、医疗美容、健康管理等配套功能。

体育娱乐：重点发展赛事体验和健身娱乐业态，如球迷体验中心和全民健身中心等。

酒店旅游：发展体验型都市旅游业态，打造跨界精品酒店、体验型民宿、文化旅游综合体等配套设施。

5.2.1.2 大力拓展"首店经济"

大力发展时尚消费，利用区域特有的资源优势，积极拓展"首店经济"，推动国际品牌集聚，使品牌价值与区域资源实现最优耦合，争取设立市内免税店，打造一批"网红打卡地"，大力发展新业态、新模式。紧跟时代步伐，利用数字科技，挖掘周边商业地产的可能性。依托专业的商业地产全景数据应用服务商，在提高效率的基础上，对首店项目做出宏观及区位分析解读，助力品牌选址、定位、可行性分析、策划、规划、运营优化等服务支持，在不断积极的尝试中，将每一条充满着可能性的路径打通并落地，促使品牌长红。

一是利用政策利好，加速首店落地。2020 年初，国家发展改革委、中宣部、财政部、商务部等 23 个部门联合印发《关于促进消费扩容提质加快形成强大国内市场的实施意见》，支持中心城市做强"首店经济"和"首发经济"，鼓励国际知名品牌在中国市场首发或同步上市新品。从目前来看，国内一线城市通过对创新品牌和创新业态的政策扶持，已经抢占了先机，重庆市应当以更富吸引力的举措加速追赶、梯次跟进，不断优化的营商环境为"首店经济"的发展提供了充足的空间。

二是打出地域特色牌，重塑品牌记忆点。推动首店品牌根据地域特色"量体裁衣"，植入地域鲜明的文化符号。根据地方特色做改变，不仅可实现品牌的差异化发展，也能在一定程度上提升区域的消费力、创新力和影响力。

【借鉴案例：北京乐高旗舰店】

据悉，2019 年北京王府井百货引进的首家乐高品牌，以故宫为灵感创作了巨型屋檐。除此之外，屋内陈列的大型乐高 3D 模型还有巍峨的长城景观、传统中式轿子以及栩栩如生的石狮子模型等。据了解，这个巨型屋檐由众多乐高工程师在国外累计用 10850 个小时才拼搭完成，用掉了 220 万块乐高积木，处处散发着中国传统的文化韵味（图 5.1）。

图 5.1　北京乐高旗舰店

三是开启数字化首店风。数字经济和首店经济正在催生"数字化首店"，给首店经济注入新的活力。

【借鉴案例：上海宜家天猫旗舰店】

2020 年初，家具及家居用品零售商宜家宣布天猫旗舰店正式上线，这是宜家在第三方平台开设线上官方旗舰店的"首店"。而这背后还有一个值得注意的地方，宜家这个第三方平台的"数字化首店"，注册地址选择落在上海。

2020 年至今，上海已经新增"数字化首店"71 家——这些来自全球 21 个国家的 71 个海外新品牌旗舰店，注册地均选择了上海。其中包括法国牙齿护理品牌 Regenerate、日本潮流服饰品牌 Bape、美国设计师品牌 Alexander Wang 等。上海作为全国的经济中心，也是首店经济的高地，也是许多新品牌选择进入中国市场的线上第一站。这些"数字化首店"通过线上平台融入城市实体经济，也将成为消费领域的一个新亮点。

5.2.2　全面提升消费层次与能级

5.2.2.1　世界级商圈的界定与专业服务分析

（1）世界级商圈的界定与主要特征。

世界著名商圈是经过长期的历史发展，不断积淀、生长而成，在全球范围内被广泛认知并对消费文化产生引领作用的商圈，是全球消费者和品牌商、零售商竞相追逐的商业胜地。世界级商圈的主要特征如下：

一是具有深厚的历史文化底蕴，也是城市商业文化和艺术传承的活化石，是城市乃至国家形象的名片。一方面，聚集大量的老字号商业和历史古迹；另一方面，其具备有世界影响力的博物馆、艺术馆等，也是具备较高艺术价值的雕塑、街道设施等的聚集之地。另外，世界级商圈文化影响力延展至全球，特别是街区的各种活动具备世界级的影响力，成为城市文化的缩影。

二是具有良好的设施条件。在交通上，自驾、出租车、公交和地铁均可便利地到达商圈区外。在设施方面，要在消费者到达后能够高效地满足顾客最后100米的便利交通需求。在环境上，顾客能够方便地游逛于商圈之中，同时也能在商圈及分布其中的各大商场中享受舒适的购物环境。

三是必然拥有独特和领先全球的商业模式，吸引全球范围的零售商汇聚一地，呈现出繁荣的商业景象。

四是具有优良的消费品质，能够满足综合性消费需求，能够为消费者提供高品质的商品，不仅是全世界最知名、最流行的时尚品牌的聚集地，同时也是众多世界顶级商品品牌的聚集地。

（2）世界级商圈的专业服务评测指标。

在专业服务方面，可以用7个客观的数值指标综合反映商圈的独特价值。

①商圈租金。租金往往是商圈客流、销售额、影响力等商圈特征的具体反映，庞大的客流量和巨大的销售额最终会推高商圈租金。土地价值论说明租金能够准确地反映商圈经营的高效性。入驻高租金商圈的商家必须拥有坚实的顾客基础、旺盛的消费需求和优质的品牌声誉才能够承担高额的租金。对于与供应商和消费者都具有广泛联系的商业企业来说，具有世界影响力和吸引力的城市中心商圈区往往可以在相当程度上保障并增加企业的经营利润。

②全球化零售商数量。商圈不仅商家云集，且在零售商的来源地方面，世界级商圈必然远远突破本土界限，成为全球化零售商投资的沃土。全球化零售商越多，商圈越具有活力，商业经营也越加高效，对满足各类消费者消费需求，提升消费体验的能力也越强，使消费者能够体验到来自世界各地的文化，对街区影响力的提升也作用显著。

③商业地标数量。商业地标不仅是商圈发挥模式引领作用的核心设施，也是提升商圈设施条件，增强商圈影响力等方面的重要指标。地标商业设施在完善商圈的商业生态，提升商业丰富度方面发挥着主导作用。同时，由于这种地标商业设施拥有强大的商业容纳力，因此地标商业也保障了商圈的合理和稳定的商业生态，特别是不会因为个别商业设施的退出而影响整个街区的发展。在实际评测中，地标商业可以按照面积划分为巨型地标和大型地标两类。世界著名商圈通常是拥有少数几个巨型地标商业体和若干大型地标商业体，以及众多

小型商业体。

④消费品牌数量。由图5.2可以看出全球顶奢商场品牌的数量对比。品牌数量既体现了世界著名商圈的品牌丰富度，也反映了世界著名商圈在模式引领、国际化程度等方面的特征。

⑤奢侈品牌数量。世界著名商圈不仅有海量的消费品牌，还有彰显世界著名商圈独特气质的奢侈品牌。奢侈品牌的数量是衡量商圈在设施环境、消费体验、国际吸引力和影响力等方面的指标。

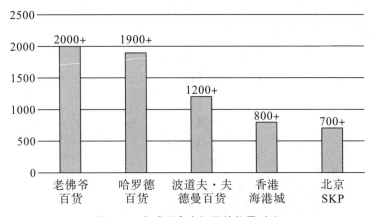

图5.2 **全球顶奢商场品牌数量对比**

⑥历史年代。历史年代久远的商圈往往在文化设施、文化影响力等方面较普通的商圈更为突出。世界级商圈在漫长的历史进程中，逐渐凝聚了城市文化发展的精华，拥有具备世界影响力的博物馆、艺术馆等，以及具备较高艺术价值的雕塑、街道设施等。同时，世界著名商圈在布局位置上也处于城市文脉的核心地带。

⑦停车场数量。停车场数量体现了商圈的便利性和舒适性。例如新加坡乌节路为自驾车主停车和地铁乘客高效购物提供了卓越的解决方式。著名的购物中心ION Orchard，有地上8层和地下4层，其中1~4层为购物中心，5~8层为停车场，地下2层与地铁站台层相连。乘客从地铁站出来就是大型商业广场。

5.2.2.2 全球顶奢商场案例经验借鉴

知名咨询公司麦肯锡指出，中国奢侈品规模（包括中国消费者在境内及境外的消费）将在2025年达到全球奢侈品市场份额的40%，成为最大的消费市场。要建设世界级商圈，提升城市消费层次与能级，顶奢品牌与商场无疑是商圈竞争塔尖的明珠。分布在伦敦、巴黎、纽约、香港和北京等第一梯队的世界城市的超一流顶奢商场，无一不是所在商圈的核心吸引场所，并成为全球消费的风向标，它们能够在全球范围内争夺最有消费力的人群的经验可以概括为如下几个方面：

（1）建筑风格：必须有自己的特色场景及文化内涵。

【案例借鉴：伦敦哈罗德百货——建筑风格与极致服务匹配，打造皇家体验式风格】

如图 5.3 所示，哈罗德百货的建筑风格与其所提供的皇家体验式服务浑然一体。已有上百年历史的哈罗德百货建筑是维多利亚式建筑的典型，起初建设时，外墙使用赤陶作为物料让建筑外立面呈现玫瑰金色，凸显其奢华独特，经过每年悉心修缮，建筑始终保持着独具标志性的颜色和模样。宫殿风格的红砖建筑，配着立面几十个不同国家的国旗，庄严大气，亦与其皇家体验相互衬托。

图 5.3　哈罗德百货

【案例借鉴：巴黎老佛爷百货——浪漫奢华，著名的旅游景点】

1912 年，老佛爷百货巴黎奥斯曼旗舰店落成开业，凭借豪华如宫殿的装修，轰动一时。拜占庭风格的巨型镂金新雕塑穹顶举世闻名，成为巴黎历史性建筑之一。内部空间上，整个商场所有商品全部拥挤地被摆在一起，相当于十年前国内的大卖场风格，在这里，顶级的大牌可能也只有一个小小摊位。但拜占庭风格彩绘玻璃圆形穹顶下的大中庭金碧辉煌、流光溢彩，也因此成为老佛爷发挥法式浪漫的商场活动的最佳场所。每年老佛爷百货巴黎奥斯曼旗舰店会在中庭设计不同款式、巨大无比的圣诞树，其圣诞橱窗展览也是巴黎人每年最爱的活动之一。

（2）业态规划：齐全品牌与舒适空间之间的取舍。

【案例借鉴：纽约波道夫·古德曼百货品牌组合】

纽约波道夫·古德曼百货位于纽约市第五大道，建立在铁路大亨 Cornelius Vanderbilt 的豪宅上，此豪宅也被后人认为是第五大道走向繁华的开端（图 5.4）。纽约古德曼百货品牌数量超过 1200 个，虽较巴黎老佛爷百货、伦敦哈罗德百货稍少，但其身为 Neiman Marcus 集团旗下的买手精品店，主要以"顶级品牌＋设计师品牌＋趋势系列品牌"为组合构建奢侈品王国。

图 5.4　纽约波道夫·古德曼百货

因此，古德曼百货囊括众多小众设计师品牌，致力于培育有上升潜力的新品牌，既足够前卫，又可抓住具有时尚潮流理念的高端客群，保证销量。在新品牌获得市场认可后，古德曼百货则可在新品展示权、最早的销售时间，甚至在某些市场上的专营权方面占据优势。2015 年，古德曼百货就曾将其五楼整层提供给王大仁打造运动鞋主题快闪店，专门销售 Alexander Wang 2015 春季 T 台系列及其副牌 T by Alexander Wang 的 2015 年春季系列的新品服饰与包袋。

【案例借鉴：北京 SKP——直营模式＋买手专业店】

由于国内商业地产的发展起步较晚，北京 SKP 对比全球其他顶奢商场，建筑形态方面算是一个购物中心（图 5.5）。北京 SKP 采用百货直营化为主的模式，相比特许经营模式更为灵活，可以根据零售情况随时对品牌进行调整，能更容易引入高奢品牌的限量款/全球首发款。这一模式的优势，会更直接地在消费者角度予以体现——奢侈品商场内再也不是千篇一律的品牌了。此外，北京 SKP 有着不同于全球买手所采购商品的"SKP SELECT"专业店，以买手店接近消费者，自采专营让北京 SKP 更好地把握市场需求，以适时做出调整。

图 5.5　北京 SKP

（3）商业形态：奢侈品消费目的性强，全球顶奢商场百货形态居多。

放眼国内，部分商场为了提供更好的购物体验，正在逐步去百货化。然而全球顶奢商场中百货却占据更多，原因在于：

一是欧美百货拥有百年历史——成熟的理念。真正成熟的商业模式需要经过长时间的积累，商场管理者往往在漫长的管理过程中，也在权衡是否值得为顾客微小的需求去提高成本，精进服务。

二是自营/联营模式——更好的服务。购物中心的运营模式本质上是对接管理品牌门店，而百货的自营/联营模式则可直接面对消费者。换句话说，购物中心为大众消费者提升购物品质，顶奢百货则直接面对少数的奢侈品消费者做好顶级的服务。

三是目的性消费——更纯粹的零售体验。购物中心是"场"的管理，而百货是"货"的管理。如今商场的趋势是重体验的娱乐消费，而奢侈品消费本身具有较强的目的性，百货对货品的把控优势就体现出来，提供客户想要的商品才是交易的本质。这使得百货模式在奢侈品商场的竞争中拥有更高的天花板。从业态占比来看，北京 SKP、伦敦哈罗德百货、香港海港城零售占比均超过了 60%，这也是目的性消费极强的奢侈品商场之共性。

综上所述，全球顶奢商场均具备历史内涵、地理区位、建筑场景、顶级品牌的优势，也拥有极致的服务体验。不仅如此，要做到独一无二，还需要为商场注入独特的企业文化，才能赋予商场经久不衰的生命力。

5.2.2.3 引入顶奢品牌与商场提升消费层次

顶奢商场具有高端品牌壁垒、高规模投资、高建造设计标准打造的高端购物体验、强运营管理能力等。这要求商场必须具备优越的地段（包括所处城市消费基础）、较大的单体规模、充分的投资规模、优秀的运营管理团队等优势。

借鉴全球顶奢商场经验，观音桥商圈引入顶奢商场和品牌需要的基本思路可概括如下：

（1）挖掘并塑造商圈资产成为世界级地标的潜力。

要想打造世界级的顶奢商场，必须将商场打造成为世界级的旅游景点，在全球范围内不断提升知名度。建筑作为消费和旅游场景是展示商场的重要窗口，其本身亦是文化传承和品牌符号的载体。例如，看到维多利亚式的红砖宫殿建筑，便能想到哈罗德百货。

若要打造世界级地标，区位选择是重中之重，如伦敦哈罗德百货、巴黎老佛爷百货、纽约波道夫·古德曼百货、香港海港城、北京 SKP 等全球顶奢商场均在世界著名旅游城市的核心地段，优越的地段提供了稳定的高质量客源。

（2）深度挖掘品牌价值是顶奢商场实现创新的关键。

不论是哈罗德百货专属的奢侈品品牌"独家发售权"，还是古德曼百货偏爱培育小众设计师品牌，与品牌的深度融合是奢侈品商场实现创新的关键。国内亦有北京 SKP 以自营买手制设立 SKP SELECT 专业店，服饰、家居品类均有，搜罗来自全球的小众品牌，与传统高端商场千篇一律的品牌相比，优势突出。

奢侈品商场采用兼具租赁、联营、直营的模式在国外虽早已不是新鲜事物，但在中国却尚不多见，与 I.T.、Joyce 或者连卡佛等零售商相比，SKP 等的优秀商场经验尚浅，需要时间和业绩取得品牌的信任。此外，负责开拓品牌的买手团队也至关重要。

（3）以独特的奢侈品运营树立行业影响力。

奢侈品商场的运营需要影响力，影响力需要标新立异，需要轰动效应，有无能力做到"穷奢极侈"也就成了行业声望的重要指标。

纽约的古德曼百货时尚前沿的橱窗设计、哈罗德皇家体验般的服务文化、北京 SKP 深挖消费者需求的营销，皆是这些顶级奢侈品商场通过运营塑造影响力的关键。一丝不苟的定位把握和顾客聚焦，对于品牌价值精益求精的创新手法，以及运营队伍对于"奢侈品运营"的优秀直觉和经验，是这些商场于奢侈品零售领域风生水起之关键。于国内商业地产来说，恒隆广场世界级的建筑设计、太古地产精耕细作的匠人风骨、新世界项目的艺术创新等为打造高端商场提供了典范。

5.2.3　创新打造商圈品牌

商业地产行业发展迅猛，购物中心如雨后春笋般拔地而起，屹立在城市的新老商圈。由于购物中心增长速度过快，也导致同质化现象严重。基于此，很多商圈都在想方设法丰富商场业态配比，引进时尚新颖的体验业态、主题街区等进驻，进而吸引客流。要想在众多商圈中脱颖而出、独树一帜，打造商业中心 IP，实现以 IP 为切位点的客流吸引的突破，是塑造具有较高标识度的商圈品牌的重要选择。

"品牌 IP 化，IP 品牌化"已经成为商业运营中必不可少的一个载体，同时也是品牌破圈圈粉的重要手段。商业 IP 早期还被称为吉祥物，现在大家已经不愿这么称呼它，可不仅仅是因为"老土"，更是因为如今的 IP 早已不是早期吉祥物单一地作为品牌辅助视觉元素而出现。在角色设定上，IP 形象除了精细化的视觉设计，更拥有丰富多元的"人设"，让消费者能更真实地感受到它的个性与魅力。在运营方式上，IP 既可依托品牌，为品牌提升情感力，也可以独立出来进行授权与衍生，不仅可以在线上传播中发挥优势，也可以在线下进行用户互动，轻松参与各类营销活动，以多种方式出现在受众面前，玩转不同品牌的跨界营销。

5.2.3.1　商圈自有 IP 形象打造

一是瞄准定位客群，与之匹配。商圈自有 IP 形象应具备唯一性、针对性，辨识度高。全国有数不清的品牌 IP 形象，它们都大同小异，自然不能引起人们的关注。找到一个独特的定位就是重要解决方法。这种独特并不是要标新立异，而是一种角度的独特，表达形式的独特，但内容上又要和品牌相互融合。在社会上，也要符合大部分消费者的审美趋势，这样才会获得大多数人的认同感。观音桥商圈客群以重庆主城区为主，覆盖面涉及西南地区，自有 IP 形象可与重庆特色文化结合，突破动物/人物形象局限，聚焦文化本质，如重庆崽儿、江湖、袍哥、棒棒文化等。

二是赋予 IP 文化内涵，让 IP 活起来。自有 IP 形象确立后，不能停留在形象视觉上干巴巴地塑造出某个卡通动漫形象，而是要对 IP 形象赋予文化内涵，利用 IP 形象讲重庆故事，讲关于观音桥和商业发展的故事，让 IP 形象成为一个有故事的活着的形象，让其充满文化内涵，更加具有代入感，才能让顾客更加喜爱。

三是场景塑造多维度，加大科技体验。IP形象被赋予内涵后，还需要整个项目在多维度上设置相关场景，将顾客代入专属于IP的世界。在不同区域、不同商场、不同职能方位塑造多维度的场景，利用科技打造IP动漫VR体验，游戏场景化等，进一步利用声光电等，多维度组合，赋予IP以灵魂，将IP形象所带来的体验最大化。

四是同步社会热点或节日，扩展IP内容价值。社会热点事件或者节日在每一个阶段都有，商圈自有IP形象不能一成不变，需要跟进热点动态保持变化，充分利用社会热点或者节日，对IP形象增加曝光度，将IP内容价值拓展开来，在消费者心中留下深刻印象。比如，中国传统春节，以喜庆为主，主要凸显"红""吉祥如意"等，在这些概念上做文章，很好地使IP形象和节日嫁接，肯定会取得事半功倍的效果。

五是宣传推广，不间断传播。除了在商业项目做企划活动的时候推广IP形象，还可以全年、全天候地在户外媒体、车载媒体、网络平台等不间断地投放广告，增加顾客对这个形象的深入认识程度，笼络顾客购物之心。自有IP打造是一个不断完善成熟的过程，其肯定会经历一个IP形象的粉丝群由少变多的过程，这期间要不断地根据消费者的选择做出适当的调整。将IP形象、内容、价值进行充分的挖掘，拴住消费者的情感和情绪，肯定能收获项目形象、品牌等来自受众消费者的忠诚，以及因为其忠诚所带来的效益。

5.2.3.2 商圈IP内容打造

一是打造商圈独特的场景IP，通过场景营销引爆人的兴趣和高度参与，独特的场景营造还可成为购物中心特有的"IP"。要创造好的商圈IP，应扎根于具体的场景、时间和特定的人群中，这样商圈才能吸引更多人。

【借鉴案例：上海大悦城二期屋顶摩天轮】

上海大悦城二期的屋顶摩天轮从搭建到开业，始终占据着热门话题。建成开放后也不负众望，一跃成为上海一大浪漫地标。每日载客量已超过4000人次，上海大悦城春节期间客流与销售显著提升。由大悦城与飞耀文创、嘉皇文创、兆达投资共同合作的暑期大档"蛋黄哥展"开展第一天4小时人流就突破1万人次，8小时创造2万人次的惊人纪录，全天下来打破过去LINE FRIEND保持的中国吸人第一纪录，当天超过2.5万人次进展，整个商场单天突破15万人次。

购物中心发展"屋顶经济"大有可为。办公楼、住宅楼的屋顶多布置花园或者绿色农场，而购物中心的屋顶业态则更为丰富，运动场、餐厅、游乐场、摩天轮……逐渐进入屋顶，为单调枯燥的屋顶带来不一样的空间体验。对于当下的消费者来说，购物中心不再是简单产生"交易""交换"的场地，而需要更多地满足消费者社交、休闲娱乐、个性化等多元精神层面的需求。为了在众多购物中心中脱颖而出，商家纷纷瞄准了屋顶这块宝地，致力于解锁"屋顶经济"各类新玩法。

表 5.1　上海大悦城摩天轮场景 IP 关键点说明

场景 IP 关键点	案例：上海大悦城摩天轮
故事性	以"爱情"为主题的情感场景体验
独特性	定位为魔都爱情地标 国内首个悬臂式屋顶摩天轮
消费者互动	除了摩天轮，上海大悦城还在 8 楼设置高科技互动装置： 虚实结合的爱情圣地摄影区：消费者可拍出置身巴黎、爱琴海和普罗旺斯的"度假大片" 爱的电话亭：设置了给爱人、朋友语音留言的功能 "一千零一夜"互动窗装置：重温经典爱情电影场景 高科技魔镜：可看见几十年后白头偕老的模样
感情触动	首创亲密社交空间理念，以爱情文化效应强力驱动客流 结合情人节节日营销，特别推出情人节首发套票
诱发消费者自主传播	摩天轮造型、浪漫的场景设计、高科技互动装置都是引发消费者拍照留念、自主传播的"诱因"
产生衍生收益	与 GODIVA、LANCOME 等商户跨界合作，摩天轮情侣套票搭售巧克力 摩天轮轿舱内享用下午茶及夜色大餐 摩天轮纪念品和情人节限定灯光秀等，形成摩天轮经济，带动商场整体销售增长

二是引进文化艺术 IP 进入购物中心，通过艺术展览、演艺空间，将这些世界级优秀艺术家作品元素引入购物中心，与体验、社交、娱乐、场景消费和文创消费等功能进行融合（表 5.2）。"艺术＋商业"的组合模式被业界公认为撒手锏。艺术元素与商业的嫁接将会成为一种新趋势，二者之间形成共生关系，艺术与文化的融入为传统的商业综合体注入新的活力，带来强大的流量。艺术型的商业购物中心如雨后春笋般出现在世界各地。随着消费理念的不断升级，"体验式消费"的热度持续高涨，购物中心越来越趋于个性化、服务化、场景化、主题化。商业场景迭代，艺术跨界已势不可挡。

如今的主力消费群体越来越趋于年轻化，他们对购物中心的选择越来越挑剔，是否新奇好玩，是否有文化内涵成了很重要的衡量标准。一个大规模购物中心想要成功，得具有足够多的关注及新奇体验才更容易吸引消费者不辞辛苦地前来，而极具娱乐性、观赏性的高科技体验、室内乐园、水族馆、艺术馆就是很好的选项，可以成为吸引消费者、延长消费者停留时间、增加影响力的核心。

到购物中心逛展正成为年轻人的生活方式。各个购物中心形形色色的展览，人气并不比美术馆低，尤其是核心商圈的大型展览，比如北京朝阳大悦城艺术展、上海万象城与 Teamlab 合办的"光影秘境"，以及深圳诚品生活的"小王子"展。美术馆、博物馆里，展品和观众常常保持着疏远的距离，气氛安静肃穆。购物中心里的展览更注重互动、更强调体验、更加年轻活泼。霓虹灯牌、云朵灯饰、冰激凌抱枕、天使翅膀背景墙、海洋球，这些展览构建的美好场景，吸引着年轻人拍照打卡。

表 5.2 文化艺术 IP 为购物中心带来的积极效应

积极效应	情况说明
吸引客流	一线城市中艺术主题业态在购物中心占比已上升到 3%，成为购物中心吸引客流的特色之一，虽然绝对占比低，但是相对增速迅猛，正处于快速发展期
双重租金收益	演出租金收益高于购物中心首层租金 2～3 倍，同时艺术演出作为商家青睐的推广平台之一，购物中心可获取双重租金收益
衍生收益	门票收入、衍生品以及企业赞助是艺术演出的主要收入来源，其中衍生品收入最高，占比达 43%，超过门票收入。衍生品包含零售纪念品、以咖啡为主的艺术主题简餐等
传播效应	将消费者所熟悉的艺术、文化引进购物中心。通过情感触动、体验互动等方式，让人们进入场景之中，并且产生相应的传播效应，提升购物中心的品牌价值

图 5.8

【借鉴案例：北京朝阳大悦城艺术展】

如图 5.6～图 5.8 所示，在北京朝阳大悦城举办的《不朽的梵·高——感映艺术展》将多媒体画廊与量身定制的展厅巧妙结合，通过感映技术打造成一个多观感体验式的多元空间。

图 5.6　多路动态影像＋提供实时语音导览服务

图 5.7　实景复原互动区

图 5.8　梵·高画作打造商场美陈

　　三是借运动商业化之势打造体育 IP。体育 IP 与购物中心的合作形式主要有两类，即体育明星和体育赛事。首先，体育赛事 IP 生命周期长，且较为稳定。体育赛事犹如文学、电影、漫画、明星或游戏甚至优于它们，人们对体育运动的热爱多则一辈子，甚至延续几个世纪。其次，体育赛事独特性强，辨识度高。好的 IP 需要有独特的辨识度和难以被模仿的生产能力。例如，科比、姚明作为体育 IP 之所以能有效维持，靠的是其他模仿者无法比拟的篮球技术、独特的体育精神和国家民族代表意义。体育运动及其赛事 IP 已经具备文化属性，代表一个国家或民族的气质和精神。最后，体育赛事 IP 具有网聚效应，用户参与性高。IP 的实质是粉丝效应，粉丝因为热爱所以聚集并形成口碑效应，而口碑辐射则是网聚效应的直接体现，并可转化为商业价值。人们可能因为喜欢林丹而只用林丹代言的羽毛球拍尤尼克斯，甚至连家里的食用油都只用金龙鱼。

【借鉴案例：广州天河路商圈旗舰店】

以广州天河路商圈的两家老牌商场为例，正佳广场和天河城先后分别在 2015 年、2016 年引入耐克旗舰店、阿迪达斯全球首家足球旗舰店。开业当天，均请来体育明星助阵，正佳耐克请来科比，而天河城阿迪达斯请来贝克汉姆。当日人气可想而知，几乎让整个广州球迷沸腾。

5.2.3.3 商圈 IP 打造路径

（1）与 IP 连锁零售专业厂商合作。以 Rock Bear 超级萌工厂为例，厂商围绕商圈将 IP 衍生品打造为 4 种形态：①超级旗舰店——面积在 200~400 平方米，定位于 IP 衍生品集合店，除了衍生品，旗舰店还将依托 IP 故事文化，引进娱乐设施，打造娱乐场景。②主题店——面积在 30 平方米以下，以单个 IP 为主，目前主题店占比约 70%。2017 年 6 月，首家哆啦 A 梦主题的萌工厂在广州正佳商场开业。通过直营和加盟两种形式，萌工厂已经在全国开设了近 50 家主题店。③Mini 店——面积在 10 平方米以下，短时间性的快闪店。④无人售卖机——放置于商场人流量较高的位置。

（2）动态打造四季 IP。围绕商圈 IP 策划贯穿四季的全周期活动，达到周周有活动、月月有亮点、四季都精彩，打造有情感、有温度的城市地标。

【借鉴案例：青岛中央商务区时尚市北四季"IP"】

2020 年以来，青岛中央商务区着力打造独具商务区特色的"CBD 四季"全时活动 IP，通过"CBD 春日诵读""CBD 之夏·青年夏日狂享季""CBD 金秋运动季""CBD 暖冬小剧场"，营造吸引青年人集聚的创新、创业、创意、创投环境，打造青春、现代、活力、时尚的现代商务活力区，为"创新市北，活力之区"营造良好氛围。

春天：来自 CBD 各行各业的 9 位嘉宾参加了 CBD "春日诵读"活动，行业高管、快递小哥、新兴领域的青年代表等以"跨界"为形式，以"希望"为主题，用朴素的声音，传递心底的美好。

夏天："CBD 之夏·青年夏日狂享季"主题盛宴集聚青春、时尚、文化、创意扑面而来。围绕"嗨啤一夏""活力一夏""Shopping 一夏""童趣一夏"

四大板块，CBD之夏活动持续两个多月时间，它融合啤酒、音乐和美食，释放无穷的热情与活力，缔造出专属年轻人的新"夜"态，奔涌出前沿、自主、高端的时尚新潮。

秋天："新媒体之夜"时尚盛宴在中央商务区举行，来自中国（青岛）新媒体产业园全国知名新媒体企业近150位网红达人现场走秀。以此次活动为契机，青岛中央商务区不仅向外界奉献了一场时尚盛宴，同时也用自己的率先垂范，积极融入青年经济的发展热潮，以青年时尚激活文化基因，助力青岛打造国际时尚大都市。同时，中央商务区抢抓青年经济机遇，联动驻区各企业，举办了CBD第三届足球联赛、街舞、滑板、电竞等多项青年人喜爱的运动类活动，满足青年群体文化娱乐等需求。"龙城巷子""猫与名画"主题街区成为岛城新晋时尚打卡街区，"姻缘树下许姻缘"青年交友等多项活动受到青年追捧。

冬天：随着"2020的小温暖"少儿美术作品展的开展，青岛CBD"暖冬文艺季"温暖启幕。一场温暖、时尚、创意的暖冬文艺盛宴在为期近3个月的时间里释放浓郁的文艺气息。

（3）植入热门IP主题展。

第一，热门IP具备强大的粉丝效应，能有效提升客流。热门IP主题展能精准锁定目标客群，迅速聚拢人气，带来大量人流（图5.9）。例如《熊出没》《樱桃小丸子》等经典动漫文化主题展，以及《魔兽》《哈利·波特》等大热电影IP主题展，其本身就拥有海量忠实粉丝，能直接将粉丝转化成人流量。

第二，商圈及购物中心借势超级IP，创新营销模式。商圈和购物中心从IP出发，为其注入新的极致化内容，比如引入超级IP，能从外部对整个商业项目进行重塑包装。而高质量、高人气的IP主题展能为商业体带来波峰式的进场人流，最大限度地提高品牌业主及购物中心的收益。尤其亲子类IP不仅能提升商场人气，还能带动家长等主力群体的消费。

第三，IP主题展获取的数据可转化成商业价值。IP主题展期间，可能会有高达数十万消费者来到购物中心观展，通过各种互动活动，获取客户数据，而购物中心可以从庞杂的数据背后挖掘、分析他们的行为习惯和喜好，找出更符合消费者"口味"的产品和服务。

【资源推荐：最受购物中心欢迎的 IP 主题展 TOP50】

TOP 10			
排名	IP名称	展览类型 IP分类	已合作典型项目
1	《熊出没之萌熊来袭》主题展	互动展 动漫IP	北京金融街购物中心
2	《魔兽》电影主题展	互动展 电影IP	成都大悦城/上海大悦城/北京三里屯太古里
3	《星球大战™：原力觉醒》主题展	互动展 电影IP	上海iapm/广州天河城/北京三里屯太古里
4	《功夫熊猫3》主题展	互动展 电影IP	北京融惠港/上海恒隆广场/深圳华润万象城
5	《愤怒的小鸟》主题展	互动展 游戏IP	北京悠唐购物中心
6	《美国队长3》主题特展	静态展 电影IP	北京颐堤港/广州太古汇/上海中信泰富广场
7	《几米世界的角落》主题展	互动展 图书IP	广州天河城/上海大悦城/杭州万象城
8	《爸爸去哪儿》主题嘉年华	互动展 栏目IP	上海金山万达/苏州旨悦广场
9	《冰雪奇缘》主题展	互动展 电影IP	广州西城都荟/上海虹桥南丰城
10	《CSI犯罪现场调查》体验展	互动展 电视剧IP	北京朝阳大悦城

TOP 20			
排名	IP名称	展览类型 IP分类	已合作典型项目
11	《托马斯和他的朋友》主题展	互动展 动漫IP	成都IFS/北京朝阳大悦城
12	迪士尼星潮展	静态展 动漫IP	武汉凯德·1818
13	《触电·鬼吹灯》主题展	互动展 图书IP	北京西单大悦城
14	《上海迪士尼度假区》主题巡展	互动展 动漫IP	上海港汇恒隆广场/南京环宇城
15	《小羊肖恩酷夏竞技赛》主题展	静态展 电影IP	广州天环广场
16	《蝙蝠侠大战超人：正义黎明》主题展	互动展 电影IP	广州太古汇
17	《印象莫奈：时光映迹》艺术展	静态展 艺术IP	成都IFS
18	《胡桃夹子》主题展	互动展 动漫IP	成都银泰城/武汉泛海城市广场
19	《饼干警长》主题展	静态展 动漫IP	武汉群星城
20	《大闹天宫·美猴王"勇萌归来"》主题嘉年华	互动展 动漫IP	北京世纪金源

TOP 30			
排名	IP名称	展览类型 IP分类	已合作典型项目
21	《寻找小王子》4D星球旅行展	互动展 图书IP	天津大悦城
22	《红鼻子星球旅程》主题展	互动展 动漫IP	天津恒隆广场
23	《星际迷航》主题特展	互动展 电影IP	北京世贸天阶
24	《仙境传说》官方RO展	互动展 游戏IP	上海港汇恒隆广场
25	《了不起的安徒生》经典童话展	互动展 图书IP	上海新天地湖滨道购物中心/虹桥天地/瑞虹天地
26	《英雄本色》经典回顾展	静态展 电影IP	上海环球金融中心
27	《日本国宝级动漫大师手稿特展》	互动展 动漫IP	上海近铁广场
28	《哈利·波特™：魔法世界》主题展	静态展 电影IP	上海正大广场
29	《悠猴奇趣》主题展	互动展 动漫IP	上海虹桥南丰城
30	《米奇和朋友们》主题展	静态展 动漫IP	上海国金中心

TOP 40			
排名	IP名称	展览类型 IP分类	已合作典型项目
31	《终结者2》主题展	互动展 电影IP	深圳欢乐海岸
32	《樱桃小丸子》主题展	静态展 动漫IP	深圳海岸城
33	《阿狸》艺术装置展	静态展 动漫IP	南京虹悦城/上海时代广场
34	《小黄人大眼萌》主题展	静态展 电影IP	天津嘉里汇
35	《超顺官霸王龙》主题展	静态展 电影IP	天津恒隆广场
36	《寻找英雄鸭》主题展	互动展 动漫IP	广州乐峰广场
37	《猪猪侠》主题乐园	静态展 动漫IP	北京国家会议中心
38	《大嘴猴潮流公仔》巡展	静态展 动漫IP	广州万菱汇
39	《仙境传说RO》夏冬主题展	互动展 游戏IP	上海港汇恒隆广场
40	《Kipling主题猴》巡展	静态展 动漫IP	南京中央商场

TOP 50			
排名	IP名称	展览类型 IP分类	已合作典型项目
41	《哆啦A梦》四次元主题展	静态展 动漫IP	苏州印象城
42	《奥特曼系列》主题展	静态展 动漫IP	上海新世界大丸百货
43	《名侦探柯南》主题展	静态展 动漫IP	上海高岛屋百货
44	《疯狂外星人》主题展	静态展 电影IP	苏州丽丰购物中心
45	《蜡笔小新》25周年主题展	互动展 动漫IP	北京朝阳大悦城
46	《童梦森林奇遇记》主题展	静态展 动漫	沈阳大悦城
47	《乐高幻影忍者》主题展	互动展 动漫	广州正佳广场/上海龙之梦/天津大悦城
48	《Hello Kitty》40周年展	静态展 动漫	广州正佳广场
49	《淡淡君》主题展	静态展 动漫	成都九方购物中心
50	《植物大战僵尸2》主题展	互动展 游戏	北京蓝色港湾

图 5.9 最受购物中心欢迎的 IP 主题展 TOP50

5.2.4　商圈街区文创元素注入

5.2.4.1　文创商业发展背景

文化创意商业包括文化创意零售、特色餐饮、剧院式商业空间、展览空间等多种模式，他们将文化创意与商业结合在一起，打造一种独特的商业体验空间。

定位：锁定"价值观"。在物质产品发达的当下，消费需求已经到达了"社交需求、尊重需求和自我实现需求"的阶段。

业态及品牌：讲求形散而神不散。实际上，很难将文创商业按照常规方式归类于某种业态，因为其大多为"跨界"经营，看似无迹可寻，实际却是形散而神不散，组合形式多样，却都不偏离价值观的核心标签。

运营：要实现可持续的"创造力"。文创商业植根于文化，繁盛于创意，长久于经营。因此，保持创意的持续与新鲜是最大的挑战。这种商品有情怀、重设计、高品质，并且能植入本地文化，具备独特的产品造型形式，可爱、可人、实用，有匠心精神，因此得到市场热捧。

文创商业项目发展具有较大的局限性，想通过文创产品本身主导市场难度较大；知名文创品牌选择入驻大众商业是因为大众商业自身优势比文创商业项目更适合这些文创品牌的发展，但是仅凭购物中心小部分的文创品牌，文创商业依旧无法快速成长。

5.2.4.2　商圈街区文创元素注入整体思路

（1）打破壁垒，从"文创商业化"到"商业文创化"。商业文创化面对的是市场，市场需要什么就生产什么，其本质是在迎合消费者需求的同时，赋予商品特定的精神内涵和人文情怀。商业文创化有利于产业引领价值链高端。在物质短缺时代，商品的市场价值主要由使用价值左右；随着物质短缺时代结束，知识经济时代到来，产品中内含的观念价值逐渐凸显，以人文精神构筑的附加值可以给予产品独特的个性。文创产业作为具有自主知识产权的内容产业，为产品或服务提供了使用价值外的文化价值，最终放大了产品或服务的市场价值。

【借鉴案例：日本鸟取县北荣町超级"IP"柯南小镇】

鸟取县是创作柯南的原作者青山刚昌出生的地方。因此这里也成为柯南迷的朝圣地，被称为柯南小镇（图5.10）。走在柯南大道上，标志牌、浮雕、铜像、井盖全以柯南为主题，柯南大桥上还有很多活灵活现的柯南铜像，让人感觉漫画中的主人公不是虚幻的，似乎真的存在。鸟取县北荣町本身不具备任何文化属性，但因为是柯南之父的故乡，通过商业化的系统打造，从而被赋予了精神内涵和人文情怀，成为日本著名景点。

图 5.10 　日本鸟取县北荣町超级"IP"柯南小镇

（2）拓宽思路，打造多元化文创业态。一方面优化业态组合，产生连带消费效应。单一的业态组合无法满足文创商业市场化的需求。考虑商业整体的收益平衡性，文创商业各种业态的客群应该是共享的，是可以互动的。不能只看人气，还要看各种业态、品牌之间是否能产生连带消费。一个成功的项目不能只满足某一部分人的需求，而是应该通过合理的业态组合，满足更多人的需求，从而产生乘数效应。另一方面配备一站式业态功能，跨界集合店是趋势。注重多种生活体验式服务空间和情景打造的跨界复合店，多含图书、服饰、咖啡店、手艺教室、美食教室、皮革工坊、家庭摄影、花艺空间、亲子空间等品类，多品类品牌集合店汇集多个产品类别，通过品牌商品选取和组合、视觉陈列及场景设计，打造统一的价值内核，满足消费者多元化需求，创造愉悦的消费体验。

另外，找到特定标签，与大众"价值观"形成共鸣。满足消费者的"社交需求、尊重需求和自我实现需求"阶段中，尤为重要的是"自我实现需求"，现代人愿意将人群属性标签化，无论是商品还是场所都应迎合这种需求，给予人群标签心理暗示。文创品牌有着易制造标签属性，应与目标客群在"价值观"上形成共鸣。

【借鉴案例：新加坡新达城——极致业态组合】

新加坡新达城综合开发项目，建筑面积 65 万平方米，包括世界顶级的新加坡国际会议与展览中心，四栋 45 层及一栋 18 层的办公大楼，一栋 4 层的购物中心，以及财富之泉（图 5.11）。项目规划为一座兼具休闲娱乐、知识交流、商业契机、创新研究的多元化环境的"城中之城"。尽管新达城属于文化主题商业，但整体业态规划中，购物占比 20％，酒店占比 36％，文化/展馆占比仅有 4％，办公及其他占比 40％。

图 5.11　新加坡新达城

（3）颠覆传统，推动艺术与商业的双赢。一方面，利用数据算法核心竞争力，强化"深度浸润式"文化体验。通过大数据技术，对特定人群的文化消费喜好进行分析挖掘，明确受众群体的品位和需求，有效解决文创产品供需脱节的矛盾，以及广告无效投放的困扰。还可以量身定做个性化服务，特色化、精确化的营销手段，创造出受欢迎的文创精品，提升文创产品的消费体验，强化"深度浸润式"文化体验。另一方面，深植属地化文化基因。将业态组合与生活、社交、娱乐结合。用文化底蕴、互动性、情感体验来吸引消费者，用对"生活美学"的传达，来实现与消费者的黏性。同时，考虑地方历史文化特色、消费者需求和艺文社群现状，来决定文创和普通商业的比例。注重入驻品牌原创性。因此，通过组建本土化运营团队，制定发展的系统策略格外重要，要在繁多的业态品类中筛选出契合定位的品牌，打造属地化的氛围及环境。

【借鉴案例：茑屋书店——大数据的先行者】

日本最大的书店连锁茑屋书店，拥有 1400 多家店铺，为日本最大的书店连锁品牌。1400 多家店铺都是各有特色，结合地域差异性制定不同店铺的运营模式是创始人增田宗昭的书店运营理念之一。譬如，函馆店保留着较强的家庭、社区联系，在营造空间时更多考虑三代人需求，儿童书籍和绘本类非常丰富，体验感极强。由增田宗昭创办的 Culture Convenience Club 集团，掌握了近 5000 万人的消费数据，也就是说，掌握了日本国内近 40％人口的消费数据，奠定了书店成功的重要基础。

5.2.4.3 商圈文创元素植入模式参考

（1）艺术表演——将传统人文艺术融入现代时尚。

一是利用商圈现有空间和场所，引入高等级艺术表演项目。现有的商业中心是聚集经济、娱乐、购物、休闲、旅游等空间的综合体，与社会生活相互联系、相辅相成。当艺术实现与时尚融合在一起时，艺术便不再晦涩难懂。简单的快时尚已远远不能满足大众消费的需求，他们逐渐追求精神需求。

二是规划设计专有的艺术展演空间（如小剧场等），作为文化艺术表演的固定场地和固定吸引物。呈现这些艺术品的空间也不再是独立的存在，空间与艺术品共同构成了现当代艺术的完整性。因此，现当代艺术的展览空间最大的特点便是艺术品是空间的主人，空间内的艺术品有自我话语权。展示空间是最直接有效的传播艺术理念与实施大众教育的场所，艺术品作为空间灵魂般的存在，不仅有其自身特殊的含义，同时也是具体视觉传播元素。

（2）跨界美食——缔造真正生活家。

上升到工艺美学层面打造重庆美食夜市，塑造美食空间的仪式感，以网红餐饮店铺和活动构成客流发动机和引爆点。例如，江北的九街位于观音桥商圈，是一个以时尚、潮流、炫酷的年轻消费为主要目标客户群，以时尚餐饮、主题酒吧、文化娱乐为主的网红夜生活一条街，目前聚集了包括纯K、本色、苏荷、SOMEONE、IF等国内著名品牌在内的20多家酒吧，已经成为重庆乃至全国闻名的"夜市经济"名片。漫步九街，耳畔充斥着此起彼伏的音乐声，各种香槟、美食的味道更是扑面而来，全国各地甚至世界各地的美食文化在这里交融，除了重庆小面、火锅、烤鱼、串串等本土小食，印度的飞饼、土耳其冰激凌、牙买加烧烤、克罗地亚烤肠、泰国香脆煎饼、越南炸虾饼、韩国炸鸡等也有不少。

（3）生活美学零售——创客大本营。

重视将新世纪生活美学引入商圈，提倡亲力亲为、全心投入的工作精神与生活态度，以及注重每个环节的过程，追求尽善尽美的境界，从"人心"开始革命，是创客的摇篮，塑造新零售业形态。生活美学，是一个人有了对美的理解，从而践行到生活中的方方面面，衣食住行、言谈举止间透露出来的品位与格调。伴随着消费社会的全面深入，当下的中国社会正经历着前所未有的变革。无边蔓延的审美泛化现象已然成为当代中国社会审美风尚的整体图景。致力于研究人们衣食住行等方面的艺术或审美体现，并建构"生活本体论"，以沟通乃至统一"生活世界"和"审美活动"的生活美学便应运而生，并已发展成为中国当代美学的大潮。

（4）主题咖啡馆——都市群体心灵栖息地。

深度孕育精致脱俗的咖啡馆文化，不仅将咖啡馆打造成为休闲平台，更将其塑造为都市职业群体、青年群体的心灵栖息地。例如猫咪主体咖啡馆，在这里你可以看到店里的猫大摇大摆，或者睡在阳台、楼梯、吧台、沙发等你可以想到或想不到的任意地方。你可以享受猫咪在你脚旁打转献殷勤，萌萌的大眼睛盯着你像是要说话交流，甚至会跳到你腿上求抚摸，来次亲密接触。你可以肆无忌惮地和它们合影发朋友圈。对萌物泛滥的爱心就是基本元素。还有图书主题咖啡馆（书咖），一般依托一家书店。依托的书店规模不能太大，否则像图书大厦这样的地方人声嘈杂，没有和快餐咖啡形成区别。一般是比较有特色的书店，比如北京生活·读书·新知三联书店是北京旧城中一处环境较好的地方，上海韬奋书局的外文书店在法式别墅区很有文化气息。也有一些店铺以咖啡服务为主，通过设立更多开放书架，营造读书的气氛。大学城周围有很多咖啡馆采用了这种风格。

（5）文创书店/综合体——生活方式的代表。

引入茑屋、诚品、方所等品牌，以人文理想情怀塑造商圈文创生活方式。例如，1200 bookshop 是广州的第一家 24 小时不打烊书店，店主是华南理工大学建筑系"学霸"出身，做过建筑师。店主给出了书店方向和态度：不卖武侠和励志书；为背包客提供免费住宿；白天是生意，晚上才是态度和温情。1200 bookshop 的文创产品设计感不一定有多强，至少它很文艺。

（6）特色城市民宿——奉行"小而美"的经营哲学。

丰富住宿业态，打造特色民宿院落，在喧嚣城市商圈周边注入慢生活元素，提升城市生活品质。由于民宿通常是自用的住宅结合当地人文、自然景观和周围的环境资源，经过精心设计和装饰，然后为旅行者提供了富有特色的居住场所。一个好的民宿可以将自然景观、传统风情和独特的住宅有机地结合在一起，因此更加能够激起人们心中的那份乡愁。

（7）文化创意产业园——文创孵化器。

深度打造和创新北仓文创园区，以文创生活体验场景带动关联产业发展。文化产业是指为社会公众提供文化、娱乐产品和服务的活动，以及与这些活动有关联的活动。文化产业及相关产业的范围包括：提供文化产品、文化传播服务和与文化休息娱乐活动有直接关联的用品、设备的生产和销售活动以及相关文化产品的生产销售活动。

5.2.5 智慧服务布局

5.2.5.1 现有智慧服务资源整合

全面梳理现有商场、街区智慧服务资源，整合商圈整体场外营销、门店引流、停车管理、场内营销、结账管理、会员管理、社群营销等资源，规划商圈街区整体智慧管理方案。

观音桥商圈商业信息大数据库：除基础数据外，尤其关注商圈内品牌详细信息、细分业态布局等动态数据。

客流分析平台：实现分区域、分时段的实时客流统计及密度警报，就近通知安保力量，落实相应的限行措施。不同于线上商业与人的直接交互，线下实体商业依托于场景的构建，由此与消费者产生关联。因此，人工智能与大数据在实体商业中的应用，是通过掌握消费客群行为、需求的变化，改变品牌、业态等场景布局，实现精准的运营与决策。例如，汇纳科技的汇客云平台就非常适合，它汇聚了行业内最大体量的以客流为核心的数据，其中包括线下客流数据库、线下客群标签库、地理标签库、商场基础信息库、业态品牌标签库、店铺 POI 信息库等多维度数据，可以轻松实现门店的深度分析，有效改善门店运营能力，提高软实力及盈利水平。

智慧商城系统：随着时代的快速发展，商场的形象和服务也发生了巨大的变化。比如在当前这个智慧化时代，智能产品已经渗透到各行各业的每一个终端，当人们对某些终端或者行为养成习惯以后，其他的领域也需要随之去适应。在商场里，智慧化升级改造是一个很重要的战略，而且现在已经到了不得不推进的时期。但是具体怎么去做、去落地，这是很多传统行业思维惯性较重的商家普遍面临的问题。

慢行导视系统：设立电子屏不仅可以查到观音桥商圈周边的商旅文资源，还可以查到江北区以及重庆市重要的商旅文资源，为游客提供更多游览服务。观音桥商圈导视标识作为与人的使用需求密切相关的系统，其功能的完善与形象的提升也为建设良好的购物休闲环境，呈现崭新的观音桥商圈形象起到不容忽视的作用。同时通过引入"智慧导视"的理念，将其作为构建智慧商圈的重要环节，探索智慧导视在智慧商圈建设中的更多可能性。

观音桥步行街 App：结合商圈自有 IP 打造，集成商圈各种公共服务信息、商业活动信息、共享停车等服务。观音桥步行街位于重庆的江北区，是著名的商业街，也是集购物、娱乐、休闲、餐饮于一体的时尚生活购物中心。观音桥步行街是一个吃喝玩乐的休闲娱乐之地，这里人来人往、灯光璀璨、美食众多，在这里可以体验到丰富的重庆风情。曾经的观音桥，几乎是没有存在感的，一眼就可以望过去的小街，就像一个小乡场，那就是观音桥的所有。但如今的观音桥，是繁华的商贸圈，囊括了购物、用餐、游玩，热闹非凡，是不管本地人还是外地人都争相来打卡的地方。在观音桥，你总能买到你想要的东西，玩到你想要的花样，吃到你想要的美食。到了观音桥你就买买买，北城天街以及步行街的各种旗舰店、地下商场等，能够满足各类消费人群的需求，让你买到你想要的理想款。

区域 Wi-Fi 全覆盖：因地制宜地提高总接入带宽，扩大上网容量，推进 5G 建设，争取实现全商圈 5G 信号覆盖，提升了公共空间 Wi-Fi 上网体验，同时能够带动更多的户外消费。公共 Wi-Fi 体验感越好，越有可能留下更多的客户和消费者，也能够刺激他们的消费，拉动经济的发展。

5.2.5.2　引入 AR 智慧商业模式

随着 AR（Augmented Reality）技术的发展，其应用也越来越广泛了，其中 AR 商场导航是主要的应用方向之一。AR 技术让导航更加直观，旨在使用 AR 商场导览来帮助引导用户到达目的地。

AR 是一种创新的交互方式，可实时地计算摄影机的影像位置和角度，再加上相对应的图像、视频、3D 模型，最终目标是在屏幕上把虚拟世界置放于现实世界中，进行交互互动。利用 AR 技术，针对集社交、娱乐、美食、零售等功能于一体的商场/商业综合体、购物街区、公共空间等业态，可以打造全场景的 AR 智慧商业模式。AR 商场实景地图导航应用于商场、步行街等购物场所，通过投放店铺信息、促销信息，播放商品广告，浏览店铺网页，可方便消费者实时了解商品和店铺，线上线下一体化购物，评价购物感受，带来沉浸式逛街新体验。

AR 导航：基于 EasyAR 空间计算技术，实现室外＋室内店铺、公共设施 AR 实景导航，提升消费者购物体验。对于传统导航我们再熟悉不过，2D 导航在给我们提供便利的同时，确实还存在着很多不尽如人意的地方，比如复杂高架桥、景区道路崎岖、商城店铺繁多时，很多人都有过因为没理解导航提示，而错过路口、走错店铺的情况，而 AR 导航会凭借其沉浸式的导航体验、精准的定位，以及人性化的智能语音播报，将这一窘境的发生率降至最低。

空间 AR 红包/优惠券：结合 AR 导航，利用空间定位技术，在物理空间中布置品牌优惠券、红包等 AR 互动内容，吸引顾客到店，盘活线下流量，促进销售转化。

空间景观：基于 EasyAR 空间计算技术，在各类商业空间中布置视听震撼的 3D 虚拟景观，达到虚实融合的效果，打造沉浸式商业空间购物新体验。

空间广告投放：与 AR 导航相结合，在无限的三维空间中投放 AR 立体互动或者平面视频广告，在不占用任何物理空间的情况下为商场带来更多广告收益，并有效实现品牌方广告诉求。触摸导览屏支持商家进行广告活动投放展示，微信小程序可实时推送商铺活动信息，用户可一键导航至商铺位置。系统支持对接商场会员系统，实现会员系统与导航应用的数据联通互动。

空间艺术展览：通过 EasyAR 空间计算技术，对商业公共空间进行三维重建后，可布置各类风格的沉浸式展览，提升商场/商业综合体、购物街区、公共空间的文化性、艺术性，从而满足广大消费者的精神需求。评论家、策展人和学者 Robert Hewison 说："美术馆和博物馆不仅仅是物品的存放处，它们也是人们和思想交流的场所。美术馆的未来取决于保持公共领域中充满活力的部分。"而 AR 可能就是那个带来活力的解决方案。AR 激活面前的艺术品，让观众有机会与艺术品互动，从而获得身临其境的体验。由于人们大都注重视觉体验，这能在更深层次上吸引他们的注意力，人们的看展体验得以改善。但这不是 AR 唯一可以做的事情，它也可以作为人们的私人向导，带他们前往所有有趣的地方，并提供已有信息之外的更多信息。

5.3 观音桥商圈专项建设策划

5.3.1 酒店建设相关调研和发展思路

5.3.1.1 重庆旅游住宿业宏观环境分析

（1）宏观经济环境。

2014—2017 年，重庆市 GDP 稳步增长，增幅虽然有所浮动，但保持在 10%~12%之间。旅游业就外汇收入而言，即使 2015 年产业升级经历涨幅低谷，增长率仍超过 12%，总体增幅远高于 GDP 涨幅，且近年来持续走高，2017 年突破 25%。酒店业虽然直接受当地旅游业经济影响，但重庆酒店业近年收入涨幅与旅游外汇收入增长呈反比，整体涨幅仅在 2015 年达到峰值 14.86%时高于旅游业外汇收入（图 5.12）。

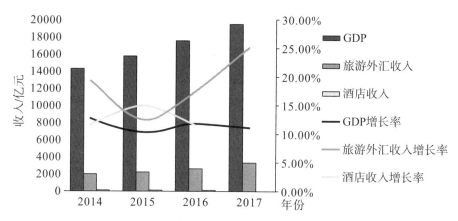

图5.12 2014—2017年重庆市GDP、旅游外汇收入及酒店经济收入发展趋势
（数据来源：迈点研究院）

当前旅游住宿业发展面临变局，一是发展环境变局，在推进高质量发展进程中，我国经济发展正逐步形成以国内大循环为主体、国内国际双循环相互促进的新发展格局，我国社会经济发展总目标将从实现一部分人先富向全体人民共同富裕跨越，我国还将实现2030年前碳达峰和2060年前碳中和的"双碳"战略目标，数字经济上升为国家战略并加速发展。这一系列变化确定了住宿业发展的经济、社会、生态以及科技等环境基础。二是住宿业市场格局变化。从旅游需求侧来看，延续2020年以来国内市场占据绝对主导地位的格局；国内旅游以城市近郊、周边市场为主，辅之以部分中远程市场；消费群体则是商务人士、千禧一代、银发一族、亲子家庭最为活跃；以主题酒店、精品民宿、度假村等为核心的近郊和乡村微度假、城市微度假等产品最受消费者青睐。

（2）重庆旅游市场体量。

重庆市历年接待游客人数逐年递增，在2015年产业转型后受政策支持游客人数大幅上升，游客增长率在2017年突破20%（图5.13）。

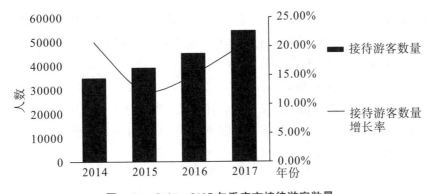

图5.13　2014—2017**年重庆市接待游客数量**

（数据来源：迈点研究院）

　　火锅、串串、洪崖洞、长江索道……提起重庆旅游，这些美食与美景都让人流连忘返。不过，对于关心重庆旅游业发展的人来说，重庆如何将"吃得好、拍得好"的网红打卡旅游，转变为"玩得好、花得好"的深度旅游、全域旅游，如何开拓吸引力强、附加值高的旅游产品，才是长期来看需要解决的问题。在当地政策的不断鼓励和各界人士的积极参与下，"网红"重庆也正在不断发生变化。独特的山城地貌，让重庆的建筑别具特色，也让整个城市变得更加"立体"。

　　不过，在没有被互联网普及之前，不论是洪崖洞、长江索道、磁器口古镇，还是穿楼而过的轻轨2号线，这些现在全国闻名的景点，当时都还只是重庆人日常生活中的普通一部分，甚至是已经被逐渐遗忘的"城市角落"。随着移动互联网时代的到来，短视频等社交媒体的普及，让这些独特而精致的城市风景开始大放异彩，并从2018年开始成为全国最为热门的"打卡"景点。

5.3.1.2　2018年重庆酒店市场分析

　　时光荏苒，日新月异。对于西南地区的直辖城市重庆来说，这十几年重庆就像坐上了火箭一般发展着，到2020年重庆已经成为西南地区经济发展得最好的城市之一。抖音重庆、山城重庆、火锅重庆、夜景重庆、旅游重庆，每个标志都成为让人们能够将这座火热的城市铭记于心的标签。

　　对于酒店行业来说，重庆是兵家必争之地，维也纳、全季、温德姆、凯里亚德、亚朵等多个大型中高端酒店品牌陆续将重庆作为重点发展之地。重庆是国内中西部唯一的直辖市，也是长江上游地区的经济、金融、科创、航运和商贸物流中心。作为西南地区连接各地的交通枢纽，重庆的流动人口和常住人口十分庞大，商务酒店市场广阔。同时，当地丰富的历史文化和饮食文化，以及独特地势和自然景观成就了重庆独有的旅游资源。作为国际旅游城市，重庆的休闲度假酒店市场也十分可观。据迈点研究院实时抓取第三方酒店预订平台的不完全数据统计，重庆 2018 年共有 12778 家酒店提供住宿，其中中高端酒店（四、五星级酒店及四、五星级标准酒店）484 家，市场占比 3.79%。

（1）重庆现有酒店行政区分布。

重庆的 484 家中高端酒店分布在重庆的 37 个行政区及下辖市。酒店主要密集分布在主城区的渝北区、渝中区和江北区，渝北区由于区域面积广，涵盖机场等交通枢纽，酒店数量最多，超过 90 家；大渡口区等 5 个行政区则中高端酒店市场较小，仅各有 1 家（图 5.14）。

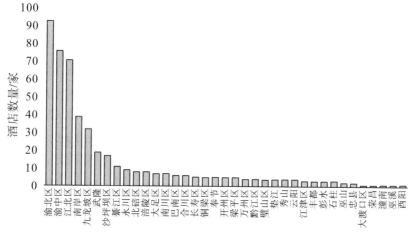

图 5.14　2018 年重庆市中高端酒店行政区分布情况
（数据来源：迈点研究院）

具体到品牌方面，重庆的五星级酒店包括了喜来登、洲际这样的知名品牌，也有相对本地化的特色酒店，比如主打温泉的贝迪颐园。那么，重庆的五星级酒店数量，在全国范围内又属于怎样的水平呢？通过整理部分其他城市的五星级酒店数据得知，北京有 64 家；上海有 72 家；广东全省有 100 家，其中广州 20 家，深圳 23 家。和北、上、广、深这几个一线城市相比，重庆能够进入前三。四川省拥有 34 家五星级酒店，而成都市则有 17 家。从整体上来看，重庆的五星级酒店数量并不算少，但是相对集中在主城区，很多区县一家也没有，显得有些分布不均。

（2）重庆现有酒店商圈/景区分布。

此次统计的 484 家中高端酒店共涉及重庆 51 个商圈/景区，酒店分布较为分散。迈点区域酒店舆情指数 MCI 监测酒店中共有 6 个商圈/景区较为热门，酒店总量达到 111 家，占重庆中高端酒店市场超过两成。解放碑/洪崖洞、观音桥/九街和两江新区、北部新区三个商圈内包含中高端酒店均在 22～25 家之间；另外三个商圈中高端酒店数量虽然不如前三个商圈，但也不低于 12 家，差距相较其他城市而言更小（图 5.15）。

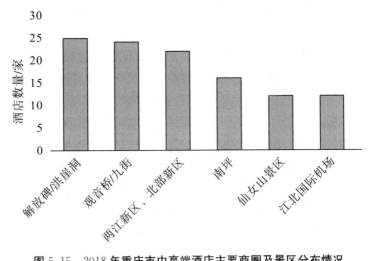

图 5.15 2018 年重庆市中高端酒店主要商圈及景区分布情况

（数据来源：迈点研究院）

重庆现有酒店品牌占比情况如图 5.16 所示。

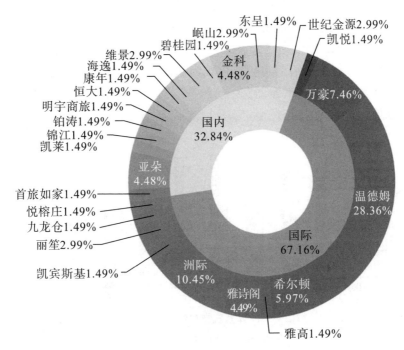

图 5.16 国际、国内酒店品牌占比情况

此次统计的重庆酒店市场品牌酒店占比 24.63％，以国际酒店品牌为主，占品牌总量的 67.16％；其中温德姆旗下品牌酒店居多，以戴斯酒店为主（共21 家），占国际酒店的 28.36％。国内品牌稍少，占 32.84％，亚朵和金科比重最大，各占 4.48％。

重庆中高端酒店市场内，品牌化水平偏低，不足总量的 1/4，以单体酒店为主。在品牌酒店中，国际酒店市场占有率较高，但以国际知名酒店集团旗下酒店为主，且奢华品牌较少；国内品牌数量较多，但酒店总数偏少，每个品牌的市场占有率较低。

5.3.1.3 2018 年重庆酒店运营表现分析

就酒店市场运营表现而言，除了平均房价和入住率，酒店的市场宣传和市场认知也是不可忽略的重要部分。迈点区域酒店舆情指数 MCI 中的运营指数数据在一定程度上反映了各酒店在当地市场的认知程度，同时为各酒店衡量自身在市场中的位置提供了一个参考依据。

（1）重庆星级酒店运营分析。

国家文旅部监督管理司数据显示，重庆 2010—2017 年星级酒店房价水平中，五星级酒店房价波动明显，三、四星级酒店房价较为稳定（图 5.17）。五星级酒店总体房价水平高于四星级酒店约 200 元/晚，相较其他城市而言差距不大；2012 年平均房价达到最高值 569 元/晚，之后房价一路走低至 2016 年的 474 元/晚，2017 年稍有回升，但仍不足 500 元/晚，且与四星级酒店房价差距有所缩小。四星级酒店房价整体较为稳定，2014 年达到峰值 345 元/晚，之后房价在 320 元/晚上下浮动。三星级酒店房价一直稳定在 200 元/晚上下，无明显峰值，但 2017 年相较往年房价稍有下滑。

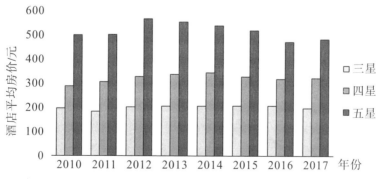

图 5.17 2010—2017 年重庆市星级酒店平均房价统计情况

（数据来源：国家文旅部监督管理司）

酒店品牌效应非常重要，规模效益所能带来的一切附加值是惊人的。不是说单体酒店就一定不好，但是大多数单体酒店都没有连锁品牌酒店所具有的一套标准以及服务流程，只有少部分单体酒店能在目前国内酒店市场的红海中站稳脚跟。大部分时候，酒店的收益与酒店所能够提供的服务是成正比的。

酒店的建成时间也是人们选择酒店入住时的一个考量指标。建成越早就说明酒店的设施越陈旧，但是营业时间比较久的酒店，在某些细节上会处理得比新酒店更好一些。

重庆市星级酒店出租率自 2011 年达到最高后持续下降，2017 年有所回升。五星级酒店入住率仅在 2010 年高于四星级酒店，但差距在 2013 年达到最大后逐渐缩小。四星级酒店入住率自 2011 年起一直处于行业领先水平，整体保持在 60％ 以上，属于最受市场欢迎的酒店档次，2017 年入住率上升至 63.60％，依然为市场最高水平。三星级酒店入住率一直处于市场较低水平，且与另外两个等级的酒店差距更大，一直在 50％～60％ 之间浮动，2011 年达到最高值后稍有下滑，2017 年回升至 52.4％（图 5.18）。

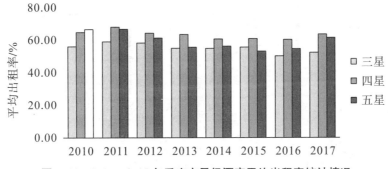

图 5.18　2010—2017 年重庆市星级酒店平均出租率统计情况

（数据来源：国家文旅部监督管理司）

（2）主要商圈/景区运营情况分析。

①价位分布。根据迈点研究院监测的第三方预订平台酒店房价水平，6 个主要商圈价位分布如图 5.19 所示。重庆市中高端酒店房价在各商圈之间差异明显，解放碑/洪崖洞商圈酒店数量最多，价位分布最广，跨度从 190 元/晚至 1100 元/晚，但市场内有明显定价区间空白，且空白不止一处；江北国际机场地区虽然酒店数量属于 6 个商圈中最少且酒店房价较低，但该地区酒店定价一致性较高，价位集中在 140 元/晚至 350 元/晚。

②平均运营指数分析。解放碑/洪崖洞地区为重庆热门商圈景区，酒店密集，市场竞争激烈，多家国际联号酒店带动市场内酒店整体运营指数走高，达

到 0.6。但由于仍有一定数量的单体酒店尚未重视酒店自身对于市场的宣传运营，与市场内优秀运营酒店差距过大，整体市场运营指数标准偏差也为 6 个商圈中最高，超过 0.65，市场内运营水平两极分化明显。相比之下，仙女山景区市场内酒店整体水平十分平均。这主要是由于当地市场类型明显，以休闲度假为主，且市场内的酒店基本为单体酒店，彼此之间的市场运营水平较为一致，但整体指数偏低，仅为 0.03 左右；而标准偏差几乎与运营指数一致，主要是由于仙女山景区面积较广，各酒店分布较为分散，彼此间竞争相对缓和，酒店拥有稳定的市场供应，对于市场宣传需求较低（图 5.20）。重庆单体酒店领域竞争的激烈程度远高于全国其他城市，一方面是因为重庆的单体酒店体量远大于其他城市；另一方面作为网红城市的重庆旅游热度持续不减，也会导致不少新的投资者进入这一领域，加剧行业竞争。

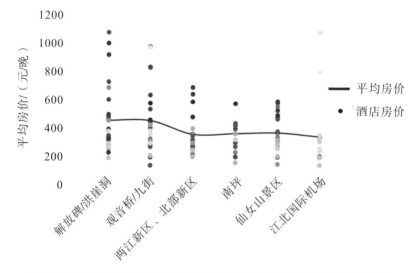

图 5.19　2017 年重庆市主要商圈/景区中高端酒店平均房价及价格分布
（数据来源：迈点研究院）

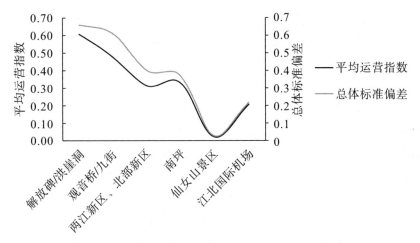

图 5.20 2018 年重庆市主要商圈/景区平均运营指数及离散程度

（数据来源：迈点研究院）

（3）平均运营指数。

2018 年平均运营指数前 10 的酒店名单如图 5.21 所示。

2018 年重庆市中高端酒店运营指数前10名单		
排名	酒店名称	运营指数
1	重庆万友康年大酒店	4.41
2	重庆喜来登大酒店	2.85
3	重庆恒大酒店	2.78
4	重庆大酒店	2.54
5	重庆大世界酒店	2.41
6	重庆富力凯悦酒店	2.15
7	重庆长都假日酒店	1.81
8	重庆银河大酒店	1.68
9	重庆 JW 万豪酒店	1.58
10	重庆天来公寓	1.46

图 5.21 2018 年重庆市中高端酒店运营指数前 10 名单

（数据来源：迈点研究院）

就市场运营方面而言，重庆市中高端酒店中以国际品牌和单体酒店为主。国内品牌酒店虽然只有 2 家，但是这 2 家酒店的运营能力均十分亮眼，排名第一和第三，且第一的重庆万友康年大酒店运营指数与其他上榜酒店指数相比明显领先；国际品牌酒店虽然数量较多，但仅万豪国际旗下的重庆喜来登大酒店排名进入前三，且与之后酒店的运营指数差距较小，彼此间竞争激烈。重庆单体酒店虽然整体运营水平偏低，但成绩突出的酒店仍不少。

5.3.1.4　2018 年重庆酒店目标客群分析

（1）中高端酒店潜在客群画像分析。

重庆酒店的潜在客群中，以 30~49 岁男性为主，其中惯用"重庆酒店"搜索酒店的潜在客群更年轻化，集中在 30~39 岁之间，男女比例相对更均衡；而惯用"重庆宾馆"搜索酒店的潜在客群则年龄层更靠后，集中在 40~49 岁，男女比例中男性比重上升至 61%。

重庆市酒店市场潜在客群主要来自以重庆市和四川省为代表的西南地区，重庆市为主要市场，其次为成都市。对于外省城市而言，重庆酒店潜在市场主要集中在华东地区的江苏、浙江和上海三个省级行政区，且使用"酒店"和"宾馆"惯用语的客群整体分布基本一致（图 5.22）。

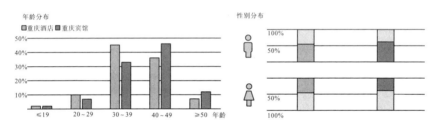

图 5.22　人群属性

（数据来源：百度指数）

（2）主要商圈/景区客评情况分析。

①OTA（Online Travel Agency，在线旅行代理）点评情况。从监测的 OTA 点评情况来看，6 个热门商圈/景区中，除仙女山景区外，其余 5 个商圈的点评数量与该区所拥有的酒店数量成正比。解放碑/洪崖洞商圈内酒店数量最多，其点评数和好评率均为第一，成为重庆最受欢迎商圈；两江新区、北部新区虽然酒店数量位居第三，但其酒店的好评率较高，虽然点评总量相对不多，但地区平均顾客满意度位列第二，市场整体更侧重顾客服务体验；江北国际机场地区虽然酒店数量偏少，但受其地区交通枢纽区位影响，大量酒店订单也带来随之增长的点评数量，同时由于该地区主要客群需求较为单一且易满足，好评率较高（图 5.23）。

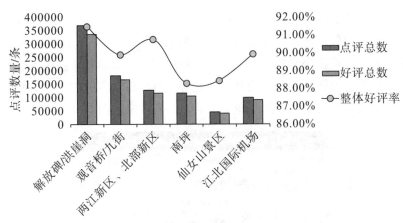

图 5.23 2018 年重庆市主要商圈/景区酒店点评情况

（数据来源：迈点研究院）

②平均点评指数分析。2018 年重庆市 6 个重点商圈/景区平均点评指数及其离散程度如图 5.24 所示，各商圈/景区除仙女山风景区外，彼此间指数水平较平均，跨度区间 36～40。解放碑/洪崖洞地区作为重庆最热门商圈，区域内酒店数量为各商圈榜首，同时市场需求庞大，使大量 OTA 订单涌入该地区，基于大体量的预定，线上点评数量也相对更多；区域市场内由于竞争激烈，多数酒店凭借高质量的对客服务和优越的地理位置赢得较高的点评，点评指数最高；同时由于市场内酒店繁多，总体偏差仅低于观音桥/九街地区，酒店之间点评指数水平参差不齐。仙女山景区拥有的中高端酒店数量虽然在 6 个商圈/景区中偏少，市场内的线上评论也较少，总体点评指数呈低谷，但其区域内酒店彼此间水平较为一致，总体偏差也为最低。

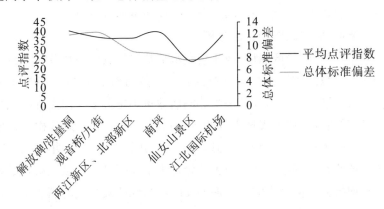

图 5.24 2018 年重庆市主要商圈/景区平均点评指数及离散程度

（数据来源：迈点研究院）

（3）点评指数前 10 的酒店名单。

相比运营指数排名，点评指数前 10 多由国际酒店霸占，仅有的 3 家国内酒店中 2 家来自世纪金源集团，唯一一家单体酒店实力非凡，甚至占据点评指数第一的位置。国际品牌占据绝对市场优势，目标市场客群相对更偏好于选择国际品牌酒店，尤其是万豪国际旗下酒店，共有 3 家（图 5.25）。

2018 年重庆市中高端酒店点评指数前10名单		
排名	酒店名称	点评指数
1	重庆洪崖洞大酒店	55.29
2	重庆希尔顿酒店	54.22
3	重庆喜来登大酒店	53.85
4	重庆解放碑威斯汀酒店	52.64
5	重庆洲际酒店	52.33
6	重庆世纪金源大饭店	52.24
7	重庆喜地山戴斯大酒店	52.06
8	重庆凯宾斯基酒店	51.37
9	重庆君豪大饭店	51.10
10	重庆 JW 万豪酒店	51.04

图 5.25　2018 年重庆市中高端酒店点评指数前 10 名单

（数据来源：迈点研究院）

5.3.1.5　2018 年重庆中高端酒店舆情指数（MCI）分析

迈点区域酒店舆情指数综合了酒店的运营指数和点评指数，在一定程度上代表了酒店在当地市场的影响力和受欢迎程度。换言之，迈点区域酒店舆情指数（MCI）高的酒店，在市场中的综合表现往往更加有竞争力。

（1）主要商圈/景区舆情指数分析。

重庆市重点商圈/景区酒店 MCI 指数水平基本与点评指数分布一致，同时峰谷值和地区指数离散程度受运营指数影响。各商圈平均 MCI 指数水平和整体区域竞争力差别明显：南坪地区虽然酒店数量不是最多，但点评指数仅次于解放碑/洪崖洞地区，加上表现中等的运营指数，同时标准偏差相对较低，证明该地区内酒店市场竞争力较为一致，且水平中上；观音桥/九街地区以单体酒店为主，彼此间市场运营和客户关系管理水平差距悬殊，虽然有指数较高的酒店拉高平均指数，但过高的标准偏差反映出当地两极分化的酒店市场竞争能力（图 5.26）。

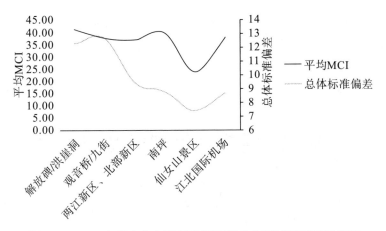

图 5.26 2018 年重庆市主要商圈/景区平均 MCI 指数及离散程度

（数据来源：迈点研究院）

（2）主要商圈/景区品牌分布。

重庆市品牌酒店市场占比为 26.52％，相比之下，6 个商圈的酒店品牌比重为 27.78％，稍高于市场整体水平。虽然热门商圈地区拥有的各类区位优势更易吸引品牌酒店入驻，但就重庆地区而言，与全市整体水平差别不大，品牌化程度稍低。从酒店品牌来看，虽然重庆市场内国际品牌中温德姆旗下酒店占主体，但聚焦至 6 个热门商圈，则万豪、洲际和温德姆三家不分上下，各占3.60％；而国内品牌酒店中，则是世纪金源占比稍高，为 1.85％（图 5.27）。

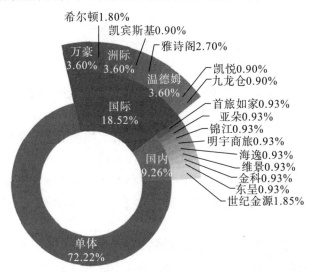

图 5.27 2018 年重庆市主要商圈/景区 MCI 酒店品牌分布情况

（数据来源：迈点研究院）

（3）2018 年重庆市中高端酒店舆情指数（MCI）前 10 名单。舆情指数前 10 榜单中，国际品牌占据大半壁江山，国内酒店仅有 3 家，且 2 家为品牌酒店。万豪旗下酒店表现超群，共有 3 家进入前 10，其中重庆喜来登大酒店甚至凭借自身较高的运营指数，成功超越重庆洪崖洞大酒店成为 MCI 指数榜首（图 5.28）。

2018 年重庆市中高端酒店舆情指数（MCI）前10名单		
排名	酒店名称	舆情指数（MCI）
1	重庆喜来登大酒店	56.70
2	重庆洪崖洞大酒店	56.55
3	重庆希尔顿酒店	55.01
4	重庆万友康年大酒店	54.44
5	重庆解放碑威斯汀酒店	54.10
6	重庆洲际酒店	53.77
7	重庆世纪金源大饭店	53.23
8	重庆 JW 万豪酒店	52.64
9	重庆凯宾斯基酒店	52.44
10	重庆喜地山戴斯大酒店	52.18

图 5.28　2018 年重庆市中高端酒店舆情指数 MCI 前 10 名单

（数据来源：迈点研究院）

5.3.1.6　观音桥商圈酒店业发展思路

（1）持续引入高端酒店品牌。

世界级商圈匹配世界级地标，高端乃至奢华品牌酒店往往会成为城市地标，是传播城市魅力的重要媒介。一方面，全球奢华五星级酒店多具备悠久的历史和品牌附加值，有一批来自世界各地的忠实拥趸，符合项目国际化地标建筑定位；另一方面，奢华五星级酒店也有自身成熟的配套产业和周边产品。双方资源和价值的聚合，匹配项目城市综合体占位。奢华五星级酒店群和其周边的地标建筑、顶级购物中心、高级办公楼和餐厅，因为核心目标群体的相似而相互引流、赋能，成为引领城市高端生活方式、汇聚顶级核心阶层的活力经济带。

重庆市近年来成长为国际级旅游城市、西南经济文化中心，目前重庆市在建及未开业的奢华五星级酒店，仅有位于渝中区和江北嘴的 2 家丽思卡尔顿。因此，目标着眼于世界级商圈的观音桥商圈，应倾力引进全球奢华五星级酒店，助力商圈成为重庆市未来最具活力的经济中心，提升重庆的国际知名度与美誉度。

　　除了众所周知的万豪、喜来登、洲际等品牌，观音桥商圈可尝试接触如安缦集团、悦榕庄、四季酒店、瑰丽酒店、诗德堡酒店等世界级奢华酒店品牌，结合酒店品牌风格重塑商圈整体形象和品质，极大提升重庆现代服务业的硬件环境，提高吸引国际高端客户的能力（图 5.29）。

图 5.29　引入高端酒店品牌

　　（2）立足城市文化，开拓精品设计酒店和特色民宿。

　　发源于 20 世纪 80 年代的设计酒店是酒店业发展高级阶段的产物，是设计文明与酒店文化高度融合的社会人文现象，具有独一无二的原创性主题，且不局限于酒店项目的类型、规模和档次。设计酒店的流行，不仅意味着酒店空间美学的革命，也是现代旅行价值观的革命。设计酒店使酒店不再只是客人旅行时不得不住的地方，而成为客人梦想去住的地方。随着大众休闲时代的到来，选择一个高品质酒店度假消费，"跟着酒店去旅行"已成为中高端旅游消费人群的新选择和新时尚。

　　观音桥商圈在中高端酒店市场布局中，除了引入代表性的顶级奢华品牌，应当更注重扎实推动一批精品设计酒店和民宿的引入和建设。

　　【案例借鉴：上海虹桥 CitizenM 酒店】

　　CitizenM 酒店主打轻奢概念，走年轻化路线，为虹桥商圈增添了不少活力。工业感冷峻的外墙上挂着巨型画作——《课间操》，让人回忆起美好的学生时代。在设计年轻而色彩斑斓，在设计上增强了社交空间，且客人可以自助办理入住和退房，非常适合年轻潮人。公共空间就像一个展厅一样有趣好玩：各式趣味十足的装饰物件、精挑细选的书籍，以及设计师品牌 Vitra 家具，特别精选的艺术品赋予了整个空间别样活力（图 5.30）。

图 5.30　**案例借鉴：上海虹桥** CitizenM **酒店**

（3）结合智慧商圈推动酒店智慧化建设。

酒店服务场景是商圈服务中的重要环节。在智慧商圈建设中，应当将智慧酒店建设作为商圈智慧服务的典型代表。未来的智能酒店可能有两种方向：一种是彻底的无人化，利用技术手段实现酒店的无人化。另一种是利用技术解决重复性的工作，解放人力，从而充分发挥人的价值。目前已经有了一些实践探索，如阿里巴巴的未来酒店菲住布渴，实现了全场景身份识别响应和大量的AI 智能服务。未来智能酒店将发展得更加深入全面，不仅仅是面向客人的智能化，在酒店的经营管理上也会出现智能化，比如停车场智能管理、多媒体商务会议系统、楼宇自动化管理系统、餐饮智能管理系统等。

从商圈建设的立场和视角来看，在选择酒店入驻商圈项目和推动整体酒店布局的过程中，可以优先进行以下考虑：

一是将酒店智慧化纳入智慧商圈建设方案。在商圈整体智慧化建设布局中，把酒店智慧化作为重要业态，全面鼓励和推动现有酒店设备智能化、体验智能化、运营智能化。

二是引入智能主题酒店，针对不同需求特征的客群市场，根据不同的主题，布置相应的智能硬件。

三是保持对宏观趋势与酒店产业关系的关注，包括时尚趋势、政策趋势和技术趋势对酒店产业的影响，在酒店产业布局和品牌引入的过程中不单纯指向技术层面的智慧化，同样关注商圈整体发展风格，重视酒店业态对时尚生活的引领功能，同时也注重酒店本身的"有趣有温度"能够为商圈带来的积极效应。

5.3.2 嘉陵公园改造提升

在发展成熟的城市空间里，城市绿地公园改造无处不在。随着我国城市建设的发展，生活节奏在不断加快，居民对城市公园的需求也越来越多。但是多年以来，我国大部分城市公园存在设施陈旧、布局杂乱、环境质量差等突出问题。为了重塑城区生态环境，打造生态宜居城市，需站在建设生态文明城市的基础上，对公园进行改造与扩建。它可以结合在老旧小区改造、棚户区改造、城中村改造和拆违拆迁等城市更新模块中，可以利用在闲置地、废弃地、公共建筑周边等城市零碎空间改造里，也可以单独作为一个城市更新模块，单独应用到片区改造中。嘉陵公园作为中心商业步行街的有机组成部分，是观音桥商圈的一片"肺叶"，也是主城商圈难得一见的城市公园，其景观和功能将直接影响商圈的整体形象和层次。

嘉陵公园建于 1986 年，并于 2003 年、2017 年先后进行了较大规模的改造，目前重点改造效果与观音桥步行街相匹配，包括景观大道花台、智能停车楼、夜晚景观照明提升、智能公厕、24 小时图书馆等项目。公园南端的植物景观升级改造，将运用桩头、造型乔木、彩叶树种、小品等形式，营造出和谐优美的南端绿化格局，打造立体"街头大盆景"；公园北端匝道则将采取"桩景＋草坪"的景观搭配，打造造型独特、具有代表性的绿化景观。嘉陵公园环道也将更换新树桶和移走长势不好的植物。从目前情况来看，嘉陵公园整体景观与观音桥商圈风格基本一致，但面临着景观整体性、地标性不强，功能相对单一，晨间、夜间活动以中老年群体广场舞为主，与观音桥商圈整体向世界级商圈提升的目标还存在差距。

5.3.2.1 城市公园功能定位发展趋势

城市公园是城市公共绿地的类型之一，主要服务对象为城市居民，但随着城市旅游开发和城市旅游目的地形成，城市公园将不再单一地服务于市民，也将服务于旅游者；景区的旅游空间结构不是一成不变的，它受景区内外两大因素的影响，即旅游市场需求的变化和旅游景区生命周期的发展。为了更好地满足市场的需求，提高景区的盈利率，旅游景区必须对自身的空间结构进行优化和提升。

例如，在现在大众度假时代背景下，很多观光景区面临着向休闲度假景区目标转变，在这一转变过程中最需要的是开拓景区的休闲度假空间。受制于原有景区用地的限制，很多景区选择了与主景区相连、相邻的周边区域。形成以景区为吸引核的旅游圈，在外围形成一个休闲聚集区或休闲小镇，形成产业积聚，带动整个区域的开发。城市中心公园的主要功能应当是休闲、游憩、娱乐，而且随着城市自身的发展及市民、旅游者外在需求的拉动，休闲、游憩、娱乐等主题的产品细分化、精细化将成为主流。城市公园的重要功能包括以下四点。

（1）生态功能：城市中心公园是城市绿地系统中最大的绿色生态板块，是城市中动植物资源最丰富之所在，对于改善城市生态环境、保护生物多样性起着积极、有效的作用。湿地生态系统有蓄洪防旱功能，森林和草原有防止水土流失的功能。生态价值是区别于劳动价值的一种价值，指的是空气、水、土地、生物等具有的价值，生态价值是自然物质生产过程创造的。它是"自然－社会"系统的共同财富。无机环境的价值是显而易见的，它是人类生存和发展的基础。

（2）空间景观功能：城市土地的深度开发使城市景观趋向于破碎化，但是在措施得当的条件下，可以重构城市景观，组合文化、历史、休闲的要素，使城市重新焕发活力。景观把一些事物连接在一起，它们构成生机勃勃的空间，是精神飞跃的起点，并将城市公园本身塑造为城市重要的节点和标志物。

（3）美育功能：城市中心公园自诞生起即被赋予美学意义，城市公园需要融合生态、文化、科学、艺术于一体，符合人对环境综合要求的生态准则，提高人的文化艺术修养水平、社会行为道德水平和综合素质水平，全面提高生活质量。需要给市民增加休闲娱乐场所，给城市增加动植物生态功能，给建筑留出视野和景观。

（4）防灾功能：城市中心公园的公共开放空间面积较大，灾难来临时，可作为避难场所，安置大量人员。在地震多发地区，城市中心公园还承担防灾避险功能，为城市在紧急情况下提供可靠的避难所。

5.3.2.2　案例借鉴

【较大体量的案例：纽约长岛猎人角南水滨公园——工业遗址回归生态绿地】

公园面积：约12万平方米（图5.31）。

图 5.31　纽约长岛猎人角南水滨公园——工业遗址回归生态绿地

猎人角位于美国纽约长岛市，两百年前曾经是成片湿地。随着时间的推移和工业化浪潮的到来，工厂、库房逐渐占据这片区域，也逐步消解其丰富的自然生态景观。待工业浪潮褪去，原先丰饶富足的湿地滨水景致却成为破败荒废的后工业遗址，得天独厚的滨水环境被埋没，曾经的美景不复存在。随着可持续发展成为全球趋势，猎人角获得再次崛起的重要契机。猎人角南水滨位于长岛市皇后区的东河沿岸，三面环水，作为城市的滨水区和门户区，同时也是动植物栖息地，坐拥重要地理位置。因此，当地规划将其改造成为新型城市生态示范区。

该项目在重建昔日沼泽地的基础上，引入了一个弹性的、多层次的休闲娱乐公共空间，将毗邻的学校、住宅等社区与自然相连接，最终打造成为一个充满活力的生活平台，也开创了城市生态和可持续发展的创新模式。该项目的主要亮点如下：

（1）湿地——公园重建了约4000平方米的湿地来塑造基地的环境复原力，一方面可以有效控制河岸侵蚀程度和水体稳定性，另一方面可以促使野生动植物和鱼类在此繁衍生息。

（2）人行步道——从中心区域的步道开始，新建的湿地和小路成为连接公园的主要功能区。这个步道系统一直延伸到水边，成为柔性边缘基础设施的一部分，也实现了将城市引向公园，将公园引向水边的设计愿景。

（3）景观瞭望台——瞭望台被架空至距离水面约6.7米处，从陆地边缘开始向外悬挑延伸约16.8米。瞭望台的木板桥和休息空间由一个钢结构支撑，这个钢结构搭建起一个通往水边的湿地漫步之旅。瞭望台像是即将驶向远方水域的"甲板"，停驻于新湿地水体之上，使游客们遍览曼哈顿的天际线和东河的景色。

（4）椭圆形草坪——多功能椭圆绿地是公园中最为开阔的中心区域，这里不仅可以举办各种活动，而且可以在草坪上欣赏曼哈顿的天际线，确保了景观空间和市民聚会空间（图 5.32）。

图 5.32　椭圆形草坪

（5）运动和野餐露台——三个退台形式的运动和野餐露台连接了整个河岸线和城市街道，露台上的长凳座椅区和树荫可以让市民享受一个轻松惬意的午后，上层的平台上设有成人健身器材，中层和下层平台则是野餐和聚会交流的空间。

从工业遗址到如今的综合型城市滨水公共空间，猎人角南水滨公园通过一系列更新改造设计，不仅给城市提供了可持续发展的借鉴模板，为城市重新注入了绿色气息和活力，而且也提升了城市的美观性、韧性和宜居性。

【较小体量的案例：美国马萨诸塞州北安普顿市——Pulaski 公园一处绿地的重生】

公园面积：约 1 万平方米（图 5.33）。

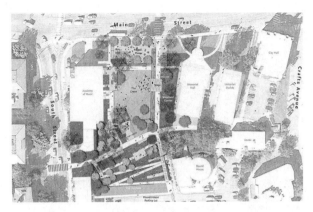

图 5.33 Pulaski **公园**

Pulaski 公园的重新设计象征着马萨诸塞州北安普顿市中心唯——处绿地的重生。该公园占地约 1 万平方米，面积虽然不大，重要性却不容小觑。在该项目中，景观设计师与城市工程师通力合作，在筹措大量资金的同时还参与了为期一年的公共设计研讨论坛，以便尽可能多地收集来自社区的意见。最终的景观设计成果真实地体现了北安普顿的城市多样性、丰富的工业遗产以及社会和环境价值。新设计的概念是让城市中心与埋藏的生态和文化历史相互关联。实现的方法主要是创造景观空间、恢复生态环境，以及建立能够对整个城市产生影响的主要步行道路之间的连接。

Pulaski 公园重新设计的主要亮点如下：

（1）Pulaski 广场——为了活化街道边缘景观，Pulaski 广场被设计成一个通透的城市公共空间，可容纳街头表演、社会活动以及社区庆典等丰富的都市活动。该广场还包括一个自行车停放处和一座公交候车站。可移动桌椅鲜活地反映了城市人口的多样性。Pulaski 广场和生态洼地的侧缘设有一座由当地的歌珊石块垒就而成的大型喷泉。在温暖的日子里，它是供儿童和鸟类嬉戏的空间。

（2）绿地——作为城市中心唯——处实质性开放的绿地，朝南的宽阔草坪为非正式聚会、游戏和文化活动提供了便利的开放式中庭空间。西面的舞台横跨雨水花园上方，并延伸至河滨林地，以满足季节性活动。而广场南侧的圣诞树周围有充足的空间供庆典活动及其他活动使用（图 5.34）。

图 5.34　Pulaski 公园绿地

（3）生态湿地——生态湿地构成了所有场地要素间的共同纽带，它把全部景观联系起来并串联起大部分公园周围的地表径流。由米尔河沿岸常见的多年生草本植物和灌木构成的生态洼地是一连串长长的绿色景观，可以过滤雨水并改善水质。公园减轻了原有环境的生态压力，同时提高了公众对城市绿色环境中的基础设施的认知。

（4）Overlook 景观平台——设计师对公园南面原来杂草丛生的斜坡进行了大规模的坡度调整，同时将公园延伸到停车场，余出一片闲置的坡地。畅达的人行通道、楼梯以及圆形剧场式活动、聚会空间展现出 Holyoke 山脉一系列历史景观，并利用当地植被修复了斜坡的生态环境。主干道重新连接了公园和市区，并直通诺沃特克的铁路干线和米尔河的幽灵步道。

5.3.2.3　嘉陵公园改造提升思路

城市的可持续发展随着社会的可持续发展趋势热度渐强，生态成为焦点话题，但是对于现代社会来说，光有生态似乎有些单调乏味。随着人们物质生活水平的提高，对于公园绿地的要求也随之提高，更强调改造设计中的"场所精神"。

猎人角南水滨公园早前是成片湿地，在后工业时代的片区改造中，湿地被恢复，生态多样性得到保护。在这样一种生态保护型的城市公园改造中，因为其毗邻学校、住宅等社会环境的地理位置，设计者更强调人与自然的互动场景，如沿河步道、观景台、中央草坪等。

Pulaski 公园是北安普顿市的历史、文化和精神及内涵的有力代表。该项目小而普通，预算紧张，但真材实料，构造精巧。尽管占地仅 1 万平方米，但公园仍然凝聚了社区的远见卓识以及对广场、绿地、游乐空间和公园空间的严格要求。当地材料、工业构造以及熟悉的绿色植物与北安普顿的文化和生态遗存产生了共鸣。它被各年龄段的人们喜爱和使用，成为真正意义上的人民公园。

嘉陵公园与上述两个案例相比较，尽管其体量、城市环境、文化氛围都有较大差异，但真正意义上的改造和提升应当跳出既定框架，从不同的经验中获取有价值的理念，拓展景观和功能的异质性，在繁华的商圈中营造一个相对静谧的空间，提升整体环境品质。具体的提升改造思路可以概括为如下几个方面：

（1）规划设计强调生物多样性。在公园再设计中，尽可能尊重现状、减少人工，以本土材料和天然材料为主，让野生植物、野草、野灌木形成自然绿化，植物多样性的设计将带来动物景观的多样性，吸引更多的昆虫、鸟类和小动物栖息，进而公园周边环境能得到有机改善，提升公园的景观效果。

（2）严格规范城市中心公园规划市场准入机制。城市中心公园规划设计涉及多行业、多领域，其发展模式、产品模式和娱乐项目的创新发展，都会为之注入新的生命和活力。应当指定核心部门和专家团队统领公园改造提升设计定位，对城市中心公园进行充分的特色、亮点分析。

（3）建立通俗易懂的解说宣教系统，突出生态、文化两大主题。城市中心公园所蕴含的丰富的生态文化和科普知识，应当通过通俗易懂的解说系统和故事传递给游客。突出生态主题，就是要突出常绿树种，在"四季有花、三季有果"上面做文章，强调生态、环境、人与自然的融合。突出文化主题，就需要在景观标识系统和旅游解说词上下功夫，在建筑、标牌等建设上广泛结合"说文解字"，尤其注意结合重庆文化元素，照顾儿童科普需求，不断创新探索信息传递模式。

（4）深化创意产品，增设游客参与体验项目，提供体验价值。嘉陵公园改造提升再设计应当具备感知多样性、感官体验的复杂性和对市民需求的适应性，以满足居民和游客的各种需要，并赋予公园有益的重要体验。该设计具有城市特色，一些具有代表性的公园可以成为城市的名片，促进城市旅游业的发展。结合商圈特色，按照季节、节日等节奏策划体验项目，将公园塑造成为城市时尚活力、文化体验的核心场所。嘉陵公园的存在可以完善城市格局，改善城市风貌和竞争力，延缓温室效应，满足市民群众对美好生活的需要，以推动城市高质量发展。

5.4 案例启示：城市商圈发展方向与路径思考

5.4.1 国内特色商圈与观音桥商圈对标分析及启示

国内特色商圈的代表主要有上海南京路商圈、广州北京路商圈、长沙五一商圈等。

上海市的南京路是上海市开埠后最早建立的一条商业街，它东起外滩、西迄延安西路，横跨静安、黄浦两区，全长 5.5 公里，以西藏中路为界分为东、西两段，是上海最早、最繁华的街区之一，两侧云集着七百多家商店，随着改革开放的深入，南京东路步行街的开通，各国商家的入驻，这条商业大街，现已成为名副其实的"中华第一街"。步行街路面铺设彩砖，以金带为主线，象征荣华富贵，道路中间还有叮当车来往，供游客观光使用，是中国十大最美的步行街之一。

广州市的北京路是一条集文化、娱乐、商业于一体的街道，地处广东省广州市中心，是广东省广州市城建之始所在地，也是广州市历史上最繁华的商业集散地。北京路北起广州市广卫路，南到沿江中路，全长 1450 多米。北京路商业步行街以中山四路与北京路交叉处为中心向四方伸展，东起仓边路，西至起义路，北起财厅前，南至大新路，延及高第街一带。步行街从 1997 年 2 月 8 日开始逢双休日实施准步行，至 2002 年 1 月 1 日实现全日步行，前后经过 5 次扩容的北京路步行街长度已突破千米。

长沙五一商圈是长沙历史最悠久的区域，古长沙的城址即为今天的五一广场及其周围区域，在几千年的历史中，五一广场周围一直都是历代古长沙的官署所在地。五一商圈已稳居长沙中心商圈地位，影响全湖南，在长沙人心目中，五一广场为老城区最中心，为黄兴路与五一路两条马路交会处。马路中央先后设有绿化花园、语录碑、交通指挥台等。其范围北到燎原电影院所在的紫荆街巷口，南以药王街、东牌楼为分界点，西至湖南剧院与市一商业局，东抵省供销合作社（今新世界百货）与南阳街口。

由此可见，观音桥商圈在业态、特色定位、交通状况等方面与国内几个吸引力最大的商圈相比，并无明显差别，说明其经过多年的发展，已经找到了自身发展定位以及如何提升对游客的吸引力，因此观音桥商圈与其他商圈之间有着众多的共性，如利用本身的文化优势来打造文创景区或文创街道，引进高档商业购物中心来提升商圈档次。但是，观音桥商圈的客流量却略低于表 5.3 所示其他几个商圈，上海和广州本身人流量就较大，旅游人数也较多，因此其商圈的客流量也随之较大。长沙五一商圈近几年客流量逐年增长，甚至节假日客流量会比平时增长 5 倍，这一数据说明了其外地游客较多，对外地游客的吸引力较大。原因可能是五一商圈近几年将其文化底蕴与旅游景点很好地结合在了一起，并且其景点较为集中，形成了众多游客必去的"网红打卡"地，如"文和友""坡子街"等。

表 5.3　四大商圈对比分析

商圈名称	重庆观音桥商圈	上海南京路商圈	广州北京路商圈	长沙五一商圈
特色定位	时尚休闲步行街	传统文化步行街	时尚休闲步行街	时尚休闲步行街
交通状况	观音桥商圈形成"地面环行＋地下直行＋地下轻轨"的立体交通网络，轻轨 3、6、9、10 号线横贯商圈，"四横四纵"骨干路网可在 15 分钟内到达重庆江北国际机场，10 分钟内到达龙头寺火车站、重庆火车站、重庆港、江北城中央商务区和两路寸滩保税港区，引领都市交通速度	地铁 1 号线可到达人民广场站；地铁 2 号线可到达南京西路站、人民广场站、南京东路站；地铁 8 号线可到达人民广场站；地铁 10 号线可到达南京东路站。地铁 12、13 号线可到达南京西路站。南京东路步行街已经成为上海的招牌之一，在步行街主线南侧是一条 7 米宽的观光车道，开通了慢速观光游览车	广州地铁 1、2 号线：公园前站。广州地铁 6 号线：北京路站	商圈道路四通八达，地铁 1、2 号线在此交会形成"黄金十字"，无论乘坐何种交通工具都相当便利
商品定位	中高端为主，部分中低端	中高端为主，部分中低端	中高端为主，部分中低端	中高端为主，部分中低端
客流量	日均客流量 49 万人次，2020 年"五一"期间日均客流量超过 60 万人次	以春秋季节为例，南京东路日均客流总量为 68 万人次	平时日均客流量为 40 ～ 50 万人次	日均客流量为 50 万人次，"十一"客流量是平时的 5 倍以上

商圈名称	重庆观音桥商圈	上海南京路商圈	广州北京路商圈	长沙五一商圈
2020年主要商场营业状况	北城天街：32亿元	50～60亿元	天河城：58亿元	IFS：近50亿元

根据表5.3的分析，并结合观音桥商圈的发展现状与现有优势，总结出以下四点启示。

（1）充分挖掘文化优势，提高现代业态占比。

重庆观音桥商圈无论是规模还是各项资源基础，在重庆的商圈中均处于前列，其本身拥有较好的地理区位条件和发展基础，但是传统百货引领下的经营在现代商业模式的冲击下会逐渐失去自身的优势，而传统百货商店的销售模式也逐渐被购物中心式的商业综合体所取代。如果传统营业模式下的业态仍然以零售业为主，而现代业态的占比较低，就会导致观音桥商圈自身所拥有的优势与特点并没有很好地得到发挥。因此，对于其改造而言，可以参考上海的南京路商圈，在自身资源长处的基础上转型升级，对于传统的商铺来说，可以挖掘其企业传统文化和品牌特征，通过引进新型的消费者可以参与的体验式设备，直接与个人受众产生联系，通过创造不同的空间和活动，使受众在消费者和游客之外体验多重身份，丰富消费体验，满足文化诉求，从而通过这些体验活动来增强人与空间的联系，达到持续吸引顾客的目的。

（2）增加商圈的品牌尤其是特色品牌的数量。

品牌力量是一个商圈形成所不可或缺的核心之一，商圈的繁荣更是离不开购物中心的优质品牌。优秀的品牌汇聚将会形成一条纽带，连接着消费者、城市以及经营者，同步走向更美好的发展与未来。作为消费提质增效的新引擎，品牌经济成为加快建设优秀商圈的重要切入口，尤其是特色品牌的引入，更能吸引大批消费者，从而助力打造优秀商圈，推动城市的经济发展。首先，与广州北京路商圈业态情况相似的是，年轻人也是观音桥商圈的主要消费群体，但商圈的品牌数量不完善，引入新品牌的空间仍然比较大。因此，值得学习的是，观音桥商圈可以进一步重视餐饮业、娱乐业的发展，步行街餐饮应以西式快餐、粤菜、西餐厅、中式快餐为主，以小吃甜品、日韩料理等其他特色小食为辅，休闲娱乐方面也应引入多种娱乐业态，从而推动观音桥商圈业态特征朝着多元化、综合化的趋势发展。其次，在建立品牌形象时，品牌标识不应该拘泥于展示一个标准的视觉效果，而是以动态的形式植入民俗活动记忆。虽然城市记忆的重要形态是城市建筑，但构成城市记忆的真正实质是附属在建筑之上的精神内涵，对城市建筑的色彩、肌理、形态，对民俗文化、生活、历史，以及其共性的研究才是挖掘品牌精神和品牌价值的核心。因此，观音桥可以以其民俗文化的商业特征为线索梳理记忆点，提取以街道、生活为主的视觉符号，因为民俗是最能反映当地人生活的文化，从而可以将各个时期的民俗文化、美食文化、商贸休闲文化糅合在一起，既体现出了历史的记忆，又可以交织出特有的风貌。

（3）发展智慧商圈，实现商圈线上线下联动。

商圈可以融入互联网技术，打造智慧街区，支持游客通过电子设备及街边引导互动装置，实时查询和了解商圈里的商户情况等，同时可以引入实时客流数据汇总大屏与巡查系统，使经营管理、客流引导等工作更加安全高效。

智慧商圈是智慧城市建设的一个核心内容，它是一个基于互联网、移动互联网、大数据、云计算等智慧应用的大型智慧应用平台；是利用科技创新技术，使商业智能区域的商户能够迅速准确地察觉到顾客的需要，并对其进行及时的反应和服务；同时，通过这一商业平台，消费者可以从各方面得到实惠和方便。总体上讲，"智慧商业区"是为了最大限度地尊重和满足人们的需要，使社会变得更和谐、更幸福。智慧商圈以现有商圈为基础，无论是交互导航还是采集消费数据都在构建商圈内容数字化，丰富商业区的消费体验，提高商户在碎片化时代的触达和经营的效率。最后，将产品、服务、品牌、消费体验贯穿于整个区域，让消费者更多地参与到线下商业活动中去，从而为品牌带来流量。

从春熙路发展的成功经验可以看出，城市商圈的发展应形成企业、居民与政府三方共建机制，通过提质改造、重组产业、补充新建等方式改造传统商圈，形成新型商圈，整合资源、技术、机制保障等方面要素，利用互联网信息技术，以新的商业模式、服务方式和现代管理理念，使商圈朝着高附加值方向发展。同时，商圈虚拟化是伴随着实体店铺向网络销售的转化而产生的，因此商圈可以推进载体虚拟化，联动线上线下发展，不仅使商贸流通服务可以在线上线下发展，文化创意、游客服务等都可以在虚拟载体中进行，通过搭建虚拟平台，组建专业的运营团队，促进景区与游客之间的交流，使商圈的影响范围更广、覆盖面积更大。

（4）充分挖掘地域特色，增强对游客的吸引力。

观音桥商圈可以借鉴五一商圈紧扣历史要素发展的经验，增强文化底蕴，彰显本商圈的特色，整合聚集文化资源，营造独具地方特色和历史特色的文化氛围，融入文化元素，利用地方特色节日来推动产品与服务的创新升级，将地域文脉传承与时尚潮流统一起来。除此之外，观音桥商圈可以深挖地域特色，培养新的商业增长点，形成商旅文联动高效发展的新型商业模式。

5.4.2 国外特色商圈与观音桥商圈对标分析与启示

任何一个国家的大城市都有一个或者几个著名的商圈，比如国际上著名的纽约第五大道、巴黎香榭丽舍大街、香港铜锣湾、北京王府井大街等。这些商业街经过几十年甚至上百年的规划建设，最终成为它们所在城市的特有品牌，它们凭借着自身优良的环境、繁华的商业氛围、齐全的配套商业设施，同时还拥有独特的经营方式和品位，吸引了世界各地的旅客前去观赏游玩。目前，我国的各大城市也开始关注商圈建设，试图通过打造城市商圈来带动经济，吸引各地游客，促进城市经济的可持续发展。因此，借鉴和学习国外特色商圈的经验和教训，能给我们带来诸多启示。

5.4.2.1 商圈可以适当注入视觉元素

视觉元素是指构成视觉对象的基本单元，是人类接受与传达信息的工具与媒介，是视觉传达语言的单词与符号，因而人们可以从视觉元素来认识和研究大自然与人类社会不同时空的变化以及事物静态与动态的所有信息。

视觉元素的设计是有目的的审美创造活动，为了达到传递信息的目的，同时能够给人以视觉上、心理上的审美享受。视觉元素的设计常常利用富有感染力的图形，利用独特的表现方式，展现视觉元素的创意美、形式美、色彩美等特点，将所要传递的信息呈现在人们面前。视觉元素的设计过程巧妙地将信息传递转化为视觉体验过程，从而创造出富有乐趣和审美意味的视觉作品。

香榭丽舍大街运用审美性原则，创造出了"世界上最美丽的大街"，为人们提供了最丰富、最美丽的视觉盛宴。香榭丽舍大街的协和广场，充分体现了对称与均衡的美感，其南北两侧各建有一个3层的大型喷泉，喷水池上有6个精美的青铜雕美人鱼，手中各持一条鱼，从鱼嘴中喷出的水柱可形成水花飞溅的场景。广场的北边是河神喷泉，南边是海神喷泉。河神喷泉的雕塑以河为主，分为上下两层，上层是玩耍戏水的几个小天使，下层的中心人物是美丽的莱茵河女神，其余三位分别是怀抱葡萄的收获仙子、手捧鲜花的爱情仙子和象征甜蜜的水果仙子。这三位仙子姿态各异，身穿绿色长袍，围绕着莱茵河女神。海神喷泉的布局同河神喷泉一样，只是雕塑的人物不同，其中心人物是男性的代表——大西洋海神，环绕着海神的三位仙子分别是珍珠仙子、贝壳仙子和珊瑚仙子。在景观设计上既有动态的喷泉景象，又有静态的雕塑之美，在巴黎蓝天的映衬下，给人们既大气又恬适的视觉体验。

视觉元素的设计是为了人，以满足人的需求为出发点。在视觉元素的设计中，需要关注视觉信息接收者的需求动机，包括心理需求与生理需求，同时给予更多的人文关怀。

一般认为，商业街最合适的长度为 500～700 米。但香榭丽舍大街全长有1900 多米，其分为东段的林荫大道与西段的商业购物街两个区，并且街道两侧有休闲座椅等设施，还有丰富的街景、艺术雕塑等景观小品供人们停留欣赏。这样的分区既考虑到人的身体状况与生理需求，也满足了人们购物、休闲、娱乐的目的。香榭丽舍大街的街道规划重视以人为本，各种导向指示标识以传达信息为主，同时利用色彩、图形、文字等视觉元素标识设计，增加美感；在合理地处理车行道与步行道的前提下，为人们提供了一个更加开阔的步行街道和更加开放的视觉空间。

创新在视觉元素的设计中就是要讲究元素设计的差异化与个性化。在视觉元素的设计过程中，能够运用文字、图形、色彩、灯光、空间等元素展现作品在设计理念和制作形式上独特的创意，增强作品的表现力和感染力。尤其是在视觉元素数量及品种繁多、信息传达丰富的商业街中，更要求视觉元素的设计作品能够给人们留下深刻的印象。

商圈作为一个城市对外的窗口，必须立足于其基本的地域情况和人文历史进行规划与建设。在商业街视觉元素的设计中，应当将当地的自然环境与人文环境结合起来，倡导绿色设计与文化设计，使视觉元素的设计更加贴近自然、生活、文化，人们才能更加真实地感受到商业街甚至这个城市给人们带来的舒适与惬意。

就香榭丽舍大街的协和广场来看，其就像是一个表演历史剧目的大舞台，18 世纪修建时是革命广场，象征着至高无上的皇权；19 世纪重新整修，其中间矗立着查理五世时期的埃及方尖碑，碑文为埃及象形文。站在广场中心，沿着香榭丽舍大街放眼望去，可以看到西端尽头处戴高乐广场上的凯旋门，街道两侧遥相呼应的国民议会大厦波旁宫和玛德莱娜教堂，巴黎的母亲河——塞纳河等。在香榭丽舍大街上，可以远观自然风景，近看景观雕塑，感受自然与文化的交融。

如今我国城市化发展速度加快，城市的空间格局也在发生着翻天覆地的变化。在体验经济的背景下，观音桥商圈的规划设计可以倾向于休闲功能的开发，在发展过程中需重视视觉元素的设计与传达，把满足人们的休闲需求作为视觉元素设计的出发点。由于国内外文化环境的不同，可以结合本地区的地域文化，坚持一切从实际出发的原则，关注自然环境的保护，采用个性化、多元化的传达方式，保证传达信息的准确性与可记忆性。通过规划建设适合当地文化历史、自然环境的商业街，改善商圈空间环境。

5.4.2.2 商圈可以适当注入文化氛围景观

商圈建设应该注重自身景观等硬环境的改造提升力度，结合商圈的发展布局以及现有的景观优势，发展旅游、文化、博览、奥体等多种业态，增强休闲、娱乐、健康等体验项目，发展体验式消费，构筑集购物、观光、学习、餐饮和聚会等于一体的消费业态新模式，加快聚集人气和商气，为游客提供更好的消费体验和游览体验。

例如纽约第五大道的两端有两个城市公园，一个是华盛顿广场公园，一个是著名的中央公园。这是世界著名的城市中心的休闲、旅游胜地。在摩天大楼之下，绿树浓荫，空气清新。中央公园的重要性不在"大"，而在于提供各项人性化的功能，中央公园内设有艺术廊、剧院、动物园、网球场、游泳池，还有可供泛舟湖泊和休憩的大草坪。在中央公园外围还有8座博物馆和美术馆，如美国自然博物馆、纽约市博物馆、大都会博物馆、惠特尼美国美术馆和现代艺术美术馆等，为商业街增添了更多的文化氛围。

5.4.2.3 商圈的行业结构应"三足鼎立"

"三足鼎立"是指购物、餐饮、休闲娱乐在商业街中各占有1/3的比例，一般是商品购物占40%，餐饮（含咖啡、茶座）占30%，休闲娱乐等占30%，形成商业街特有的市场格局。这种结构具有一个优势，就是可以提高商业街的吸附力，从功能上满足旅游者观光、购物的心理和消遣、休憩、品味都市文化的精神要求，同时也为当地居民创造了休闲消费的场所。反之，如果商业街功能单一，设施不配套，游客高高兴兴慕名而去，却疲惫不堪、无精打采而归，甚至是有钱花不出去，就会使商业街的形象和效益大打折扣。

5.4.2.4 商圈可以充分利用绿地公园优势

商圈可以利用既有的绿地公园等基础建设，开发其价值，同时兼顾景观生态等绿色价值的提升和活动休憩等人本主义的关怀需要，使游客无论是观光旅行还是逛街游玩，都可以有一个休憩的选择之地。

香港铜锣湾高密度的商业中心区与维多利亚公园形成对应关系，然而两者一密一疏、一紧一弛、一商业一休闲、一资本一无偿、一消费一公共，无论在城市功能还是空间形态上都形成了良好的互补关系。绿地公园满足了高密度商业空间中人们缓解压力的需要，同时高密度的人流也避免了城市绿地由于可达性不足而形成无人问津的死角，保证了与商业同等的活力高效。这种功能复合和形态互补型的空间模式实现了中心区城市单元内部需求的自给自足，使人们可以在一个单元内享受多元的服务和不同的空间体验，体现了城市功能复合、形态多元和空间互补模式的优势和必要性。

5.4.3 观音桥商圈与春熙路商圈对标分析

5.4.3.1 春熙路商圈可参照性说明

作为中国特色商业街的成都春熙路商圈，在区位条件、发展定位和商圈地位等方面与观音桥商圈所处的位置相似，并且成都和重庆都属于新一线城市，因此，春熙路的多元化商圈业态值得观音桥借鉴。

5.4.3.2 发展历程

（1）春熙路发展历程。

自 1924 年得名以来，春熙路已经有 100 年的历史，号称百年金街。据历史资料记载，春熙路的前世肇始于商贾，发命于官府，完成于军阀时期。最初，成都市春熙路因杨森头衔"森威将军"而拟被命名为"森威路"，后取老子《道德经》中"众人熙熙，如享太牢，如登春台"的典故，改名春熙路，以描述这里商业繁华、百姓熙来攘往、盛世升平的景象。

春熙路所在地段，在清代是按察司署所在。按察司署被称为"臬台衙门"，是一省最高司法机关。中华民国成立后，臬台衙门逐渐沦为废墟。1924 年，杨森任四川督理，提出"建设新四川"的口号，积极推行新政，其中修马路是新政的重中之重。当时在市中心繁华商业区，来往客商、市民从东大街去商业场，要经过九弯十八拐的羊肠小道，实在不便。杨森委任他的第一师师长王瓒绪兼任市场督办，筹建各种新政设施。王瓒绪看到成都旧臬台衙门地界十分宽敞，于是向杨森建议将按察司署衙门和沿街私建店铺拆除，把东大街拓成马路，再在东大街到劝业场（今商业场）之间修建一条南北向的马路。杨森同意了王瓒绪的建议，命市政公署负责办理。在王瓒绪的主持之下，1924 年 5 月动工，到了 8 月，一条新的市内街道就初具规模。新街道修建之时，有人提议以杨森当时的官衔"森威将军"将其命名为"森威"路，但是遭到众人反对。遂请前清举人江子虞先生命名，江子虞将新街道命名为春熙路。

第一代春熙路商圈是在从 1925 年起的 10 年之间逐渐形成的。春熙路上商号林立，相继开设银楼、百货、眼镜、陶瓷、照相、糖果、钟表、图书、银行、报馆、布匹、文具、茶馆、旅馆、卷烟、茶叶、印刷、交通器材等店铺177家，涉及27个行业，成为成都最早的商业中心。

从第二代商圈开始，大量店铺和摊位出现，1992年9月春熙路历史上的夜市首次开张。20世纪90年代，东风、九龙、太平洋等百货商场的相继入驻，使整个商圈商业体量达到30万平方米。这个时期，商圈的经营业态以服装和饰品类为主，结构相对单一。

从2001年开始，春熙路商圈向东扩张，经成都市政府的规划、改造、扩建等系列工程，摒弃不符合消费需求的低端业态，中高端的商场和购物中心进驻，老街焕然一新。

第三代商圈商业项目扎堆，包括IFS、远洋·太古里以及雄飞中心等大型高端商业项目，商圈业态向多元化方向发展。此外，商圈内大规模百货商场也达到十余个，伊藤、王府井、仁和春天等知名商家均在列，商圈内已入驻世界500强企业76家，国际知名商贸品牌数百个。

纵观春熙路百年的发展历史，春熙路商圈经历了以消遣娱乐为主的第一代，以服装、饰品类为主的第二代，以及以百货、综合体为主的第三代。

（2）观音桥发展历程。

20多年前，观音桥还只是一个毫不起眼的地方，四周除了大片农田，几乎就是破破旧旧的老房子，就连最近的小学都是二里开外的大庙，而最近的中学也是二里开外的新声中学。谁也没有想到，就是这样一个毫不起眼的地方，20多年之后竟然成为西部第一大步行街。

自2003年观音桥商圈启动建设以来，这里接连上演"传奇"，从过去的"拦截过江消费"到今天辐射北部乃至整个重庆的新商业中心，观音桥商圈的变化可谓翻天覆地。

十余年时间里，观音桥商圈先后成功创建为西南首条中国著名商业街，"全国百城万店无假货示范街"，西部首条、重庆唯一"国家4A级景区"商业步行街，荣膺"中国最具竞争力商圈""中国重点示范都市商圈"和全国首个服务业标准化试点示范商圈等各种"头衔"。

随着观音桥商圈的日渐繁荣，入驻商家也随之迅速发展。观音桥商圈拥有世纪新都、重百江北商场、茂业百货、远东百货、新世界百货五大主力百货和星光68广场、龙湖北城天街、大融城三大购物中心；GUCCI、ARMANI、CARTIER等国际知名品牌使这里成为引领重庆乃至西部高端消费的前沿。目前，全国规模第二的周大福旗舰店进驻朗晴广场。而在同品牌的对比中，世纪新都年销售额已连续5年位列重庆第一，苏宁电器观音桥店销售额西南第一，远东百货销售额大陆区域第一，西部第一 GUCCI 旗舰店每平方米销售额位列中国旗舰店前三强。

5.4.3.3 区域功能结构

（1）区域背景概述（表 5.4）。

表 5.4 春熙路与观音桥区域背景分析

春熙路	观音桥
锦江区"1234"战略	江北区发展战略
一个核心区：中央核心商务区 两条经济带：国际金融商务经济带，以东大街为轴线； 高档酒店配套服务经济带，以滨江路为轴线 三大功能板块：中央商业商务板块 高品质住宅及配套服务功能板块 旅游休闲功能板块 四大产业聚集区：大慈寺、水井坊商务文化休闲旅游 产业聚集区 三圣都市观光休闲旅游产业聚集区 红星路文化创意产业聚集区 锦江工业总部经济聚集区	两圈：观音桥商圈、江北嘴商圈 四心：大石片区、五里店片区寸铁片区、鱼复片区

（2）区域功能结构（表 5.5）。

表 5.5 春熙路与观音桥区域功能结构分析

春熙路	观音桥
1 个核心：春熙路商圈 1 条产业轴：东大街 2 条生态带：锦江生态带、沙河生态带 4 个产业社区：春熙时尚消费社区、东大街消费金融社区、攀成钢国际休闲社区、东湖文化演艺社区	一圈：观音桥商圈 一街：夜生活文化街区（北仓） 四中心：高端生活体验中心、数字文化体验中心、创意创新中心、体育文化活动中心 一轴：现代风貌展示轴 一廊：夜经济文化走廊

5.4.3.4 历史文化

（1）春熙路商圈的历史文化。"百年春熙"不仅历史悠久，还拥有大慈寺、广东会馆等历史古迹，文化氛围浓厚。春熙路上现存许多老字号商业建筑，以及一些重要的历史文物，如基督教青年会馆、孙中山先生铜像等。当下，成都市锦江区大力推进后街经济，这也将是未来核心商圈的发展主线。以春熙路主街为中心扩大商圈辐射半径，锦江区规划了包括镗钯街、大川巷、四圣祠以及水井坊等历史文化街区。主街与后街珠联璧合，相辅相成，整合周边资源，带动区域整体统筹发展。

（2）观音桥商圈的历史文化。观音桥商圈 2003 年才启动建设，导致其缺乏精神文化，商圈特色不十分突出，没有一种明确的精神定位。观音桥商圈建设缺乏与精神层面的消费之间的联动，尚未形成一种无形的精神渗透和文化氛围。消费者缺少消费的成就感和荣誉感等心理体验，比如说未达到消费者到香港一定要去铜锣湾，到成都一定要去春熙路，到重庆一定要去解放碑这样一种类似的精神境界。

5.4.3.5　商业发展

（1）春熙路商圈的商业发展。

回顾春熙路商圈的发展，从 2000 年开始，精品百货扎堆入驻春熙路商圈，越来越多的"国际品牌"走入成都人的视线。春熙路一时间在全国名声大噪，成都的时尚产业逐步与国际接轨。2014 年，随着 IFS、太古里在春熙路商圈相继开业，春熙路时尚环境再次升级，其商圈影响力、品牌聚集度等方面已不可同日而语。

2018 年，时尚产业激发成都春熙路商圈乃至整个成都迸发出新的活力。据仲量联行研究统计，截至 2018 年末，成都春熙路商圈知名零售品牌总数约 1781 个，零售商业项目共计 11 个。其中，国际知名一线品牌及知名潮牌数量约 66 个，品牌最新产品同步发售率达 82%。春熙路商圈时尚聚合度成长潜力凸显。Dior Beauty 全球最大旗舰店、法国奢侈品牌 Isabel Marant 西南首店、Bose 全国最大体验店已进驻太古里；小众奢侈品牌 Goyard、潮牌 Champion 西南首店、国际知名设计师品牌 Thom brown 等均落户春熙路商圈。随着 2018 成都国际时尚周的举办、法国高级成衣品牌 Chloé 等品牌大秀的亮相，春熙路商圈的时尚影响力也迎来新高。

2019 年，春熙路商圈的营业收入超 300 亿元，太古里和 IFS 双双跻身全国购物中心前 20 强。值得一提的是，就品牌规模而言，春熙路共计有 1900 多个品牌，与国际顶级商圈的差距不断缩小。随着"远洋太古里＋IFS"助推春熙路成为百亿元商圈，成都连续 4 年位居《中国城市商业魅力排行榜》新一线城市榜首。

在新浪微博中，春熙路商圈拥有 1000 多万条的讨论量，商圈的影响力不言而喻。随着夜间经济的兴起，春熙路商圈的夜间消费场景不断丰富，通过"夜游锦江"等 IP 项目，春熙路商圈的消费活力进一步得到提升。

春熙路商圈隶属锦江区，2019 年锦江区 GDP 再次突破千亿元大关，以

7.2％的增速于全市表现优异。而这主要得益于当前锦江区现代化产业体系。仲量联行最新数据显示，当前锦江区甲级办公楼中，金融、零售贸易等现代服务业占比接近五成，居全市首位。截至 2020 年上半年，锦江区甲级办公楼体量达到 130 万平方米。优质的商务楼宇，加之锦江区开放包容的氛围也吸引了诸多全球优质企业和机构落户。锦江区目前拥有世界 500 强企业 136 家，全市占比 45％，涵盖麦肯锡、安永、德勤、仲量联行等优质服务机构，以及拜尔、默沙东等全球医疗行业领先者；拥有外国领事馆 10 家，如韩国、新加坡、法国、澳大利亚等，在中西部处于领先位置。

春熙路发展方向为大力引进国内外总部型机构，培育一批本土跨国公司，全力提升总部经济发展能级。加快构建与国际接轨的专业服务体系，鼓励发展法律服务、经济鉴证服务、投资与资产管理服务、咨询服务、教育培训等业态。推进会展业市场化、专业化、国际化、信息化、规范化发展。支持市场主体发展演艺娱乐、艺术品原创、传媒动漫游戏、创意设计、出版发行、版权服务、非物质文化遗产项目生产性保护开发，提高成都中心区域的文化开放水平和城市文化品位。

（2）观音桥商圈的商业发展。

重庆市场格局以三大 CBD 为核心，南北双轴向发展，形成 18 个城市核心商圈。重庆商圈形成"一核双轴多极"的基本格局。以重庆市打造国家消费中心城市为契机，将观音桥建设成为时尚潮流、休闲娱乐集聚区全球服务高地，作为以"文化""贸易"为主功能的商圈，在"城市吸引力"方面发挥核心作用。

观音桥提升城市吸引力策略是巩固发展商贸流通业，以"国际消费城市示范区"建设为目标，着力集聚国际知名消费品牌，打造有国际影响力的商街、商圈和品牌活动；大力发展专业服务业，推动专业服务业向优化结构、突出功能、提升集聚度和能级的方向转变；融合发展文化创意服务业，整合西南文化创意资源，完善特色布局和服务功能，建设成辐射带动作用明显的文化创意产业发展格局；提升发展金融服务业，鼓励金融支持实体经济以及与文化、影视、产业的融合发展。

重庆五大商圈同质化现象严重，商圈业态主要以百货商场和超市为主，传统服务业比重大，对周围不同区域的顾客来说没有吸引力。观音桥目前产业主要集中为商贸业，复合程度较低。观音桥在专业服务业、休闲娱乐产业等方面存在缺失。观音桥目前尚处于商贸发展 2.0 阶段，未来发展向商贸 3.0 跃进的过程中，应选择性地发展具有更高附加值的专业服务业和休闲娱乐业。

5.4.3.6　交通状况

（1）春熙路商圈的交通状况。

春熙路临近成都天府广场，北南两面毗邻城市主干道，自驾车十分便利，停车场众多。但由于人流量远大于出租车量，春熙路打车较为困难。目前春熙路站点开通轨道交通 2 号线和 3 号线。

公开资料显示，高德地图联合"国家信息中心大数据发展部""中国社会科学院社会学研究所"等机构共同发布《2019 年 Q3 中国主要城市交通分析报告》（以下简称《报告》），首次提出"城市夜生活活跃度"评价指标，基于交通大数据，从出行角度对城市夜经济运行状况进行综合评价。《报告》将城市夜生活活跃度评价指标分为夜间拥堵、夜间经济、夜间驾车出行、夜间公交出行便利度以及夜间公共出行热度 5 个维度，从出行的角度对城市夜经济运行状况进行综合评价。从全国夜间拥堵热力分布图来看，全国夜间拥堵热力分布主要在四大经济区，而具体到城市，成都春熙路商圈则位列全国十大夜间最拥堵商圈，是当之无愧的夜间"CBD"。

（2）观音桥商圈的交通状况。

在观音桥规划中，交通路网在现有的"五横三纵"基础上升级为"八横六纵"，3 年内新增 2.5 万个车位，轻轨枢纽 3、5、6 号线和公交枢纽、北大道通车，红旗河沟地下隧道的开通，都使观音桥可以快速畅达全城。

江北区位于长江、嘉陵江交会处北岸，观音桥地理位置优越。区域内水陆空交通便捷，区境内渝怀铁路与渝黔、渝邻、渝涪三条高速公路纵横交错，319 国道、210 国道横贯全区；嘉陵江大桥、朝天门大桥等 10 多座大桥，15 分钟以内可到达江北机场、龙头寺火车站、重庆火车站、朝天门港口，具有极强的集聚功能和交通优势。

对比整个江北、渝北区域，观音桥商圈是消费核心，江北嘴是城市金融办公核心，金山片区是区域大型商贸核心。观音桥商圈整体目标定位为"两高"目标示范区。形象定位为中西部国际大都市时尚消费地标。功能定位为国际消费中心城市示范区、城市级体验式商圈，将规划区定位为集居住、办公、购物、餐饮、休闲、娱乐、文化、体育、观光于一体的高端生活体验中心。

5.4.3.7　规划建设

（1）春熙路商圈的规划建设。

春熙路商圈建设规划为东、南、西、北四段，呈十字交叉，中间设街心花园，后来东、南、西、北四段逐渐形成了各具特色的经营风格，如东、西段为专售高档商品的商行，北段商业则以百货业为主。春熙路社会消费品零售额页献突出，夜间经济、首店经济、后街经济发达。仲量联行数据显示，2019 年春熙路商圈的营业收入超 300 亿元，日均人流量达 73 万人次。

根据工作计划，成都将实现"一街连古今"，沿活力主轴全力打造春熙路国际顶级商圈，加快打造攀成钢、东村两大城市级商圈，协同联动打造交子公园世界级商圈，加快建设天府茂业城、四圣祠"大城之窗"等百亿元级商业新地标，形成极核引领、延伸互补、全域协同的商圈集群，加快建设国际消费中心城市引领区。还将以锦江为主线连接四大国际合作交往平台，打造世界级城市会客厅，争当成都建设国内国际双循环门户枢纽的示范区。按照成都市锦江区规划，打造首店经济，引进更多的国际品牌和国际首店；发展后街经济，把老成都蜀都范儿、国际范儿更好地向市民和更多的外地游客展现；发展夜间经济，擦亮夜游锦江平台，呈现更多新消费场景。

（2）观音桥商圈的规划建设。

根据规划，观音桥商圈的核心区面积将扩容至 4 倍以上，打造"一心四片"的升级版商圈，面积将由 1.5 平方公里扩展到 6.8 平方公里。东边向洋河片区延伸，西边向小苑片区扩张，南边向野水沟、三钢厂片区推进，北边向鹞子丘片区延展，打通制约发展的全身脉络。未来，观音桥商圈 3.0 版本是集高端居住、高端商贸、商务总部、都市中心公园于一体的城市"CBD"。

5.4.4 观音桥商圈都市旅游区（国家 4A 级景区）管理标准

4A 级景区是根据《旅游景区质量等级的划分与评定》标准与《旅游景区质量等级评定管理办法》，经省旅游景区质量等级评定委员会初评和推荐来评定的景区等级，是为中华人民共和国旅游景区质量等级划分的景区级别，分为五级，从高到低依次为 AAAAA、AAAA、AAA、AA、A 级。评定景区是几 A 级要从一个核心、三个细则、四个新标准和景区创 A 的 8 大件这四个方面来看。对于新的评定标准来说，更加注重旅游业态的置入，服务配套设施的健全，并明确指出在游览、餐饮、购物、住宿、娱乐等旅游消费功能中，5A 级旅游景区应不少于 4 类，4A 级旅游景区应不少于 3 类。4A 级景区意味着该旅游景区通过了 4A 级景区的质量和等级划分，并且与普通景区相比，4A 级旅游景区有着更高的观赏价值，更完善的服务，更优秀的体验，毕竟不是每一个景区都能成为 4A 级旅游景区。

2010 年 10 月 27 日，重庆江北区观音桥商圈正式接受"国家 4A 级旅游景区"授牌，成功创建西部首条 4A 级景区现代商业步行街。重庆市江北区位于长江、嘉陵江北岸，是重庆发达都市圈的核心功能区。观音桥商圈位于江北区核心区域，既是江北的物流中心和交通枢纽，又是江北的经济、文化中心和核心商业区。历经多年建设，观音桥商圈已成为集时尚商贸、商务总部、文化创意、现代物流、咨询服务、会展旅游六大功能于一体的城市综合服务区。观音桥商圈是以观音桥转盘为中心，以东、西、南、北路为辐射方向，半径1000米以内的区域，商圈都市旅游区规划面积6.8平方公里，包括一个广场（观音桥广场）、两个五星级酒店（金源大酒店和君豪大酒店）、三大主题公园（生态休闲为主的嘉陵公园，水上娱乐为核心的海洋公园、太阳谷公园）、四条特色步行街（观音桥步行街、北城天街、海洋步行街、浪漫金街）、五大主力百货（世纪新都、新世界、重庆百货、远东百货、茂业百货）、五大购物中心（龙湖北城天街购物广场、金源时代购物广场、星光68国际名品广场、大融城、协信黄金海岸）、十大特色景观（大型城市雕塑"观音桥"、古榕屏风、江北龙、金源地下不夜城、全彩激光灯饰音乐喷泉、浪漫金街雕塑群、嘉年华三面翻广告墙、金源时代购物广场、方特科幻公园、观音桥商圈夜景灯饰）。观音桥商圈是传统的商贸繁华区域，是重庆市人民政府确定的五大商圈之一，更是江北区政治、经济、文化中心和交通枢纽。与此同时，观音桥商圈凭借集生态、购物、休闲、浪漫及城市景观于一体的独特旅游资源，生动诠释了"重庆名片、城市客厅、市民乐园、消费天堂"的目标定位，已成为具有独特魅力的都市旅游形象典范。

5.4.4.1 景区目前存在的问题

（1）景区游客中心基本设施设备不足，功能严重缺失。

按照4A景区标准，游客中心应位于景区主入口醒目位置，游客中心标志除了按照规范设置，还应具有景区的特色；游客中心面积偏小，无法满足游客咨询服务需求；游客中心工作人员应佩戴工作牌，服务台需要设置各种功能铭牌；游客中心应按要求设置投诉室、医务室、母婴室、监控室、警务室、影视厅、触摸屏、特殊人群服务设施设备及游客休息设施等。由此可见，观音桥商圈都市旅游区游客中心基本的设施以及设备并不全面，功能严重缺失。

（2）标识系统需更新提升。

作为一个4A级景区，景区的标识系统应当清晰明了，符合相关的标准要求。景区内标示标牌需按照要求进行设置：景区主入口的位置应设置全景图，景区内交叉路口应设置指示牌及导览图；除中文外，还需要三种以上的外文，比如英语、韩语、日语等；指示牌应标示出景区各个点位之间的距离；还需要增加景区内景物介绍牌及安全警示标志和温馨提示牌；同时，标示标牌设计应具有景区特色，景区标志作用是旅游景区标识系统设计的关键，但不同景区的人文环境和自然景观差别很大，景区标志的设计不可以纯粹注重标志的作用，而忽略标志标牌的文化审美。

（3）景区内无合理的游客游览线路设置。

由于观音桥商圈都市旅游区为开放式景区，游客可以从不同的位置进入观音桥商圈都市旅游区，但是却没有明确的线路提示，这会导致游客对景区内景点位置以及方向等不清楚，建议在不同的入口位置设置清晰的景区导览图。景区导览图是向游客展示整个景区全貌的好方法，它显示了景区整体布局结构，各个基本模块与连接通道的关系，它的设计着重体现 4 个方面，分别是方向、颜色、文字、图形，有了景区导览图，游客可以很容易地确定自己与整个环境的相对位置并感知方向。

（4）景区内环境卫生较差。

旅游景区能否在激烈的竞争中取胜，能否吸引游客的关键是景区能否让游客产生满意的、愉快的旅游体验。没有游客，景区就失去了生存条件。而旅游景区环境是游客在整个旅游过程中的活动空间，决定着游客体验的质量。由于观音桥商圈都市旅游区范围较大，属于开放式景区，因此景区内环境卫生很难达到高等级景区卫生标准，建议与相关部门协调增加景区内清扫次数，保证景区内的环境卫生，给游客留下一个良好的印象。

（5）景区内业态过于单一。

景区业态是指旅游景区为适应市场需求变化进行要素组合，提供特色旅游产品和服务而形成的景区经营形态。搞好景区业态，是推动景区实现高质量发展的重要途径之一。

观音桥商圈都市旅游区内的业态过于单一，主要是普通购物餐饮等，建议适当增加新业态或提升现有业态的品质，在相对开阔的广场设置景观小品、文化长廊或景物介绍牌等，使整个景区旅游要素更加饱满。

5.4.4.2 景区提升措施

鉴于目前该景区在运营过程中存在一些问题，结合实地勘察，根据景区所处位置、既有商业业态、未来发展方向等现状，制定以下提升措施。

（1）明确景区的管理主体。

按要求设置景区管理机构（或岗位），在上级行业主管部门（文旅局）的指导下，建立常态化的管理制度，每年对景区进行明访、暗访，对景区管理质量进行监督，促进景区管理水平提升。

（2）按照"一标三则"设置景区精细化的管理标准，同时对相关文档进行整理，规范景区管理。

①服务质量与环境质量标准。

该部分涉及八大项，分别为旅游交通、游览、旅游安全、卫生、邮电服务、旅游购物、综合管理及资源和环境保护。

旅游交通

（ⅰ）可进入性：

第一，依托城市可快速便捷到达景区，涉及直达机场距离依托城市在30公里以内，有高速公路进出口、客运火车站及航运码头；

第二，抵达公路及客运航道等级为二级公路或高级别客运航道；

第三，在进入景区10公里范围内，需要安装景区外部交通引导标识，要求颜色、外形上有别于一般交通标识；

第四，进入景区通道路面硬化或航道通畅，护坡良好，有旅游专项交通方式。

（ⅱ）自备停车场：

第一，有专属景区的停车场，根据景区面积，停车场面积需达到10000平方米以上，条件允许的情况下可以建设生态停车场；

第二，停车场设置完整，包括停车线、停车分区、回车线、分设出入口，并有专人值守，停车场收费标准需公示；

第三，停车场内有方向引导指示标识，停车场设计力求美观，有特色或文化性，与景观相协调。

（ⅲ）内部交通：

第一，游览线路进出口设置合理，不过分邻近，有利于高峰期疏散游客；

第二，景区游步道设计有特色，能体现景区独特文化，尽量采用生态或仿生态效果；

第三，景区游步道或线路设置合理，线路设置形成环线，观赏游览面积大，有利于游客在景区的游览活动。

游览

（ⅰ）游客中心：

第一，游客中心位置优越（一般设置在主入口附近，游客进入景区前集中活动区域）、标识醒目（造型、色彩、外观与景观相协调，能够烘托景观环境）、规模恰当，并在游客中心外明示免费服务项目；

第二，在游客中心内部设置电脑触摸屏，内容包括各项景点、设施及服务的介绍；

第三，在游客中心内设置影视介绍系统，内容丰富，信息充分；

第四，提供游客休息设施，提供数量应与本景区的接待规模相适应，档次与本景区总体档次相适应；

第五，提供游程线路图及本景区导览宣传资料，游客能获取本景区主要的导览和宣传资料，其中至少有一种是免费提供；

第六，咨询服务人员配备齐全，要求服务人员佩戴工牌，职责明确，服务态度良好；

第七，明示景区活动节目预告，包括当日景区活动预告及阶段活动节目预告；

第八，提供导游（讲解）服务，公示本景区所有导游（讲解）人员信息（照片、姓名、编号及语种），尤其需要配备高级导游（讲解）人员及多语种导游（讲解）人员；

第九，提供免费开水、饮料及纪念品服务，付费商品均需明码标价；

第十，提供特殊人群服务项目，包括残疾人轮椅、盲道、无障碍设施、拐杖及儿童车等。

（ⅱ）标识系统：

第一，配备导游全景图（一般设置在景区入口处及主要景点处），全景图需要正确标识出主要景点及旅游服务设施的位置，包括各主要景点、游客中心、厕所、出入口、医务室、公用电话、停车场等，并明示咨询、投诉、救援电话；

第二，景区内交叉路口设置导览图，标明现在位置及周边景点和服务设施；

第三，景区内配备标识牌（景区内引导方向或方位的指引标志）、景物介绍牌（介绍主要景点、景观或相关展示内容的介绍说明牌）；

第四，标识标牌设计制作精美，维护良好，无脱落、无毛刺、无腐蚀；

第五，标示标牌中外文对照明确无误，中外文对照至少三种语言，图文相符，尤其标识牌需要设置距离。

（ⅲ）提供宣传资料：包括正式出版印刷的导游图、明信片、画册、音像制品、研究专著、科普读物等，游客能方便获取，至少一种免费提供，品种尽量多。

（ⅳ）导游（讲解）服务：

第一，数量、质量与景区规模相适应，语种丰富（多语种），设便携式可选择播放语音系统；

第二，导游词（讲解词）丰富、科学准确，效果清晰、生动、吸引人，导游服务有针对性，强调个性化服务。

（ⅴ）提供游客公共休息设施和观景设施：布局合理，数量充足，不设置在危险地带、危险场所，造型与景观环境相协调。

（ⅵ）设置公共信息图形符号：

第一，标识的内容、位置与范围，参照 GB 10001 标准，如果现有的国家标准没有提供图形符号，可采用国家惯例或景区自行设计；

第二，位置与数量，要求在停车场、出入口、售票处、购物场所、医疗点、厕所、餐饮设施等位置，合理设置公共信息图形符号，图形规范，与景观相协调，有一定的文化特色，视觉效果良好。

旅游安全

（ⅰ）安全保护机构、制度与人员：

第一，设置安全保护机构，有健全的安全保护制度；

第二，有专职的安全保护人员，分布在游客集中和有安全隐患的地方，涉及水上游乐项目应设置较高比例的巡视员、救护员；

第三，景区内流动安全保护人员应与景区规模和性质相适应。

（ⅱ）安全处置：

第一，有高峰期游客安全处置预案，职责明确，程序清晰；

第二，安全处置效果良好，工作人员到岗到位，分流得力，安全措施有效；

第三，特殊情况下安全处置，包括恶劣天气、突发灾情，传染病疫情、食物中毒、缆车停电等特殊情况，预案反应迅速，组织得力，替代设施到位，处置效果良好。

（ⅲ）安全设施设备：

第一，危险地带设置安全防护设施，安全护栏、水上拉网等应齐全和有效；

第二，防火设施齐备、完好，对消防器材应该定期巡检，并有相应的巡检记录表；

第三，游览游乐服务设施安全，包括交通工具、交通设施、游乐设施、水上娱乐设备及地面防滑处理、无障碍设施等，应符合安全规定、有效；

第四，特殊旅游项目的安全确认，速降、蹦极、潜水、漂流等游乐项目，需经验收合格才能使用，并定期巡检；

第五，安全警示标志、标识应齐全、规范；

第六，安全宣传到位，包括安全说明或须知等要求中外文对照，置于醒目位置，重点景区（水上项目、极限项目等）需安装安全广播；

第七，完善景区监控系统，设置与景区规模匹配的摄像头数量，专人24小时值班，做好值班记录及交接班记录表。

（iv）医疗服务：景区内设置医务室，有专职医护人员值班（医护人员资格信息需上墙），备齐日常药品（保证药品在有效期内）及急救箱、担架等。

（v）救护服务：主要针对水上项目、极限项目等，需配置相应的救护设备，建立紧急救援系统，救援电话向游客公布且畅通，与相关单位建立专门的运送协议。

卫生

（i）环境卫生：

第一，景区内无乱堆、乱放、乱建现象，施工区域维护完好、美观，有隔离设施；

第二，景区内游览场所地面无污水、污物；

第三，建筑物及各种设施设备无污垢、无脱落；

第四，景区内气味清新，无异味。

（ii）废弃物管理：

第一，排放设施齐全完好，污水排放不污染地面、河流、湖泊等；

第二，垃圾清扫及时，日产日清，流动清扫，清扫器具美观、整洁；

第三，垃圾箱（桶）外观整洁美观（与景观环境相协调）、数量充足、布局合理；

第四，垃圾分类管理，垃圾处理场所或垃圾集中场地远离旅游景区，不乱堆放，不就地焚烧或掩埋。

（iii）吸烟区管理：合理划分、管理到位，划分为吸烟区和非吸烟区，标志清楚，对非吸烟区吸烟行为，管理措施明确，管理行为到位。

（iv）餐饮服务：

第一，服务质量较高，就餐环境和服务态度良好，菜式有特色，规模符合需求，价格合理，明码标价；

第二，食品卫生符合国家标准，包括餐具、饮具分类存放，消毒处理，餐厅、酒吧、冷饮、小卖部及其操作间符合要求。

（v）厕所：

第一，景区提供厕所分布图；

第二，布局合理，步行30分钟范围内须有设置，位置合理，位置相对隐蔽，但易于寻找，方便到达；

第三，数量充足，厕所总量达到旺季日均游客接待量的 3‰以上，且男、女厕位（包括小便池）比例为 2：3（尽量达到 1：2），如固定厕所不能满足高峰期需求，应设置流动厕所；

第四，厕所使用水冲或生态厕所比例为 100％；

第五，设置残疾人厕位、家庭卫生间、工具间；

第六，厕所管理制度需上墙，保洁员需公示（照片信息上墙），保留完整的清扫记录；

第七，厕所设备洁具质量较好，要求设置厕位隔板与门，主要游览场所厕所应具备盥洗设施、挂衣钩、两纸一液、面镜等且实用有效；

第八，厕所内部有文化氛围，根据景区特点进行装饰布置，厕所外观、色彩、造型与景观环境相协调；

第九，景区内应配备足够数量的 A 级厕所，厕所卫生及时清理，无异味，地面无秽物。

邮电服务

（ⅰ）邮政纪念服务：提供纪念戳、本地纪念封、明信片、纪念邮票等。

（ⅱ）电信服务：提供公用电话服务，能接收移动电话信号。

旅游购物

（ⅰ）购物场所建设：

第一，购物场所不破坏主要景观，不妨碍游客游览，不与游客抢占道路和观景空间；

第二，购物场所建筑造型、色彩、材质与景观环境相协调，布局合理，外部广告标志不过分影响观景效果。

（ⅱ）购物场所管理：对购物场所进行集中管理，环境整洁，秩序良好，无围追兜售、强买强卖现象。

（ⅲ）商品经营从业人员管理：有统一的管理措施和手段，包括商品质量管理、价格管理（需明码标价）、计量管理、位置管理及售后服务等。

（ⅳ）旅游商品：具有本旅游景区的特色。

综合管理

（ⅰ）机构与制度：

第一，管理机构健全，职责分明，需要有相关的文件资料及人员配备；

第二，规章制度健全，包括市场营销、质量、导游、卫生、环保、统计等方面的规章制度，分门别类汇总，且规章制度贯彻得力，至少提供 1 年以上完整执行记录。

（ⅱ）景区形象：

第一，具有独特的产品形象，并形成外在的景区标志；

第二，有明确的质量目标，有鲜明的质量方针或口号，且为全体员工所熟知；

第三，景区标志的运用，要求在旅游景区入口、导览系统（全景图、指示牌、景物介绍牌等）、宣传品、门票、工牌等均带有景区标志；

第四，景区品牌标志进行商标注册；

第五，员工着岗位服饰，佩戴工牌，服务规范，举止文明，热情大方，服务态度、效果较好，并且能针对不同的客源群，提供个性化订制服务。

（ⅲ）规划：有按照相关标准及细则制定的规划并经当地政府审批，规划中的主要建设项目和市场开发方案基本得到全面实施，包括土地利用、功能布局、游览项目与设施安排等。

（ⅳ）培训：

第一，培训制度、机构、人员及经费明确，落实到位；

第二，培训范围包括管理人员和服务人员的培训，涉及质量、营销、安全、导游、卫生、环保、统计等方面培训，相关的培训文件资料及图片视频保存完整。

（ⅴ）游客投诉及意见处理：

第一，投诉处理制度健全；

第二，投诉服务设施齐全，有明确的投诉电话、投诉室、投诉信箱及意见本等；

第三，投诉处理过程中，受理投诉迅速，服务态度良好，记录完整，必要时可提供法律咨询服务；

第四，定期征询游客意见，一年不少于2次，征询数量符合接待规模（样本量达到全年接待量的1‰），对征询意见进行及时分析，提出改进措施。

（ⅵ）景区宣传：

第一，有独立域名或中文网站，依托知名综合网站或权威旅游专业网站进行宣传，内容丰富，实现网上浏览，能支持外文语种；

第二，通过电视进行宣传，有介绍本景区的电视宣传片，且在省级以上的电视台进行播放；

第三，通过省级以上报刊进行宣传，形式为专题介绍或综合报道中的重点介绍。

（ⅶ）电子商务：

第一，动态查询未来特定时间段预计游客接待量；

第二，预订门票、住宿、商品、餐饮娱乐等；

第三，提供网上支付功能。

（ⅷ）社会效益：带动当地的社会就业，其中50％的员工为本地员工。

资源和环境保护

（ⅰ）空气质量、噪声指标、地表水质量等以景区旅游旺季为准，参照国家有关标准确定是否达标。

（ⅱ）景观、生态、文物、古建筑保护：

第一，全年用于景观、生态、文物、古建筑的保护费用达到旅游区（景点）全年门票收入的10％，需提供财务证明；

第二，采取适当的保护措施（如防火、防盗、古建筑修缮、古树名木保护等），要求制度具体，设施设备完善，人员职责明确；

第三，全面保护文物古迹和景观的真实性和完整性。

（ⅲ）环境氛围：

第一，出入口主体建筑格调对景区内主体景观有烘托效果，且应有相应的游客集散场地，面积适中，管理良好；

第二，景区内建筑及设施与景观要协调，主体建筑风格有特色，各单体建筑风格一致，景区内建筑体量适度，建筑物周边形成相应缓冲区；

第三，景区内功能性建筑选址隐蔽或外观美化，包括锅炉房、配电室、水塔、电力电信设施等；

第四，景区内管线设施（输电、通信线路等）尽量采用地下隐蔽方式；

第五，景区内标语口号及布置方式应注重文化性、艺术性及与景观的协调性；

第六，景区内商业广告、商业服务设施招牌应注意不乱贴、乱放、乱摆，招牌不过分突出；

第七，各种游乐设施及项目设置、布局合理，外观与景观协调；

第八，景区与周边环境设有隔离带或缓冲区，包括水体、山体、绿化、围栏等形式。

（ⅳ）采用清洁能源的设施设备：景区内禁止使用造成严重破坏环境的设施设备（包括产生高噪声或有害气体、漏油漏气的车辆船舶等）。

（ⅴ）景区内采用环保型材料：景区内禁用不可降解的一次性餐具，经营摊点禁用一次性塑料袋。

②景观质量管理标准（涉及两个部分）。

资源吸引力

（ⅰ）观赏游憩价值：较高。

（ⅱ）历史文化科学价值：具有较高的历史价值、文化价值或科学价值。

（ⅲ）珍稀与奇特程度：景观奇特，具有省级以上资源实体。

（ⅳ）规模与丰度：资源实体量较大，或基本类型数量超过 30 种，或资源实体疏密度良好。

（ⅴ）完整性：资源实体完整，保持原来的形态与结构。

市场影响力

（ⅰ）知名度：全国知名。

（ⅱ）美誉度：有很好的声誉，受到 85％以上游客和大多数专业人员的普遍赞美。

（ⅲ）市场辐射力：入境游客占一定比例。

（ⅳ）主题强化度：形成特色主题，具有一定的独创性。

③游客满意度管理。

（ⅰ）景区质量等级对游客意见的评分，以游客对该景区的综合满意度为依据，满意度调查应每年 2~3 次。

（ⅱ）游客综合满意度的考察，主要参考《旅游景区游客意见调查表》的得分情况。

（ⅲ）《旅游景区游客意见调查表》由现场评定检查员在景区工作人员陪同下，直接向游客发放、回收并统计。

（ⅳ）《旅游景区游客意见调查表》发放规模一般为 30~50 份，采取即时发放、即时回收，最后汇总统计，回收率不低于 80％。

（ⅴ）《旅游景区游客意见调查表》发放应采取随机原则，发放对象不少于三个旅游团体，并注意游客的性别、年龄、职业、消费水平等方面的均衡。

（ⅵ）游客满意度的计分方法：总分为 100 分。

第一，计分标准。总体印象满分 20 分，其中很满意 20 分，满意 15 分，一般 10 分，不满意 0 分；其他 16 项每项满分 5 分，总计 80 分，其中很满意为 5 分，满意 3 分，一般 2 分，不满意 0 分。

第二，计分办法。先计算出《旅游景区游客意见调查表》各单项的算术平均值，再对 17 项算术平均值加总，作为综合得分。

第三，旅游景区服务质量等级游客意见综合得分最低要求为：4A 级景区 80 分以上（表 5.6）。

表 5.6　旅游景区服务质量等级游客意见综合得分表

计分项目		总分值	得分
各项得分分数	总体印象	20 分	
	外部交通	5 分	
	内部游览线路	5 分	
	观景设施	5 分	
	路标指示	5 分	
	景物介绍牌	5 分	
	宣传资料	5 分	
	导游讲解	5 分	
	服务质量	5 分	
	安全保障	5 分	
	环境卫生	5 分	
	厕所	5 分	
	邮电服务	5 分	
	商品购物	5 分	
	餐饮或食品	5 分	
	旅游秩序	5 分	
	景物保护	5 分	
总分		100 分	

参考文献

[1] 李政，付淳宇. 中国创意经济发展政策及其效果 [J]. 经济学家，2012
    (11)：52−61.

[2] 盛垒. 创意产业：21 世纪新的经济增长点 [J]. 市场研究，2006 (1)：
    18−22.

[3] 贺亮，龚唯平. 文化创意产业研究文献综述 [J]. 产经评论，2011 (2)：
    15−22.

[4] 徐丹丹，孟潇，卫倩倩. 文化创意产业发展的文献综述 [J]. 云南财经大
    学学报，2011，27 (2)：105−113.

[5] 金元浦. 当代世界创意产业的概念及其特征 [J]. 电影艺术，2006 (3)：
    5−10.

[6] 厉无畏，王慧敏. 创意产业促进经济增长方式转变——机理·模式·路径
    [J]. 中国工业经济，2006 (11)：5−13.

[7] 张怡. 让创意产业成为软实力的硬核 [J]. 走向世界，2022 (20)：91.

[8] 马心怡. 成都市创意城市建设的路径研究 [J]. 产业创新研究，2022
    (15)：34−36.

[9] 蔡鼎. "世界创意经济之父"约翰·霍金斯：活跃品牌要如何抓住消费者？
    这三点要重视 [N]. 每日经济新闻，2022−12−14 (2).

[10] 丛琳. 我国文化创意产业对经济高质量发展的影响研究 [D]. 沈阳：辽
    宁大学，2022.

[11] 杨娇. 旅游产业与文化创意产业融合发展的研究 [D]. 杭州：浙江工商
    大学，2008.

[12] 唐庆. 我国文化创意产业与旅游产业融合发展研究——评《理论与实践：
    当代文化创意产业发展研究》[J]. 广东财经大学学报，2022，37 (5)：

115−116.

[13] 庄恒恺. 我国文化产业高质量发展研究——评《文化产业：创意经济与中国阐释》[J]. 广东财经大学学报，2022，37（4）：116−117.

[14] 罗健，唐加福，于清雅，等. O2O外卖商圈划分及顾客需求分布规律发现 [J/OL]. 中国管理科学：1−13 [2023−02−09].

[15] 王传宏. 城市更新如何打造进阶地标级商圈——以上海徐家汇商圈为例 [J]. 中国房地产，2022（11）：43−46.

[16] 杨旭东. 基于智慧商圈的LX路步行街体验营销策略研究 [D]. 杭州：浙江工商大学，2022.

[17] 岳丽莹，李山，李开明，等. 商圈划分中多元市场域的界定与实证 [J]. 世界地理研究，2022，31（2）：338−349.

[18] 孙婷姝. 我国中心城市智慧商圈的发展研究 [D]. 哈尔滨：哈尔滨商业大学，2021.

[19] 汪明峰，刘婷婷. 全球城市综合商业街区的空间优化——以纽约第五大道为例 [J]. 全球城市研究，2020，1（1）：120−134，191.

[20] 浩飞龙，杨宇欣，李俊璐，等. 基于零售行业与消费者行为的城市商圈特征——以长春市重庆路、红旗街、桂林路为例 [J]. 经济地理，2019，39（12）：138−146.

[21] 吴忠才，唐红涛. 基于POI大数据的城市商圈业态组合及优化研究 [J]. 湖南理工学院学报（自然科学版），2018，31（4）：36−45.

[22] 沈诗萌. 中央活力区理念引导下的商圈城市设计研究 [D]. 哈尔滨：哈尔滨工业大学，2017.

[23] 龚文胜. 城市核心商圈交通微循环改造研究 [D]. 长沙：长沙理工大学，2017.

[24] 吕茜. 成都市春熙路商圈公共艺术景观的本土文化应用评价及表达方式初探 [D]. 雅安：四川农业大学，2016.

[25] 唐红涛，柳思维，朱艳春. 商业企业聚集、城市商圈演化、商圈体系分布——一个基础框架 [J]. 商业经济与管理，2015（4）：5−15.

[26] 宋铭昊. 商圈理论在餐饮业选址中的应用 [D]. 沈阳：沈阳理工大学，2014.

[27] 刘丽娟. 京津冀都市圈旅游产业的集聚研究 [J]. 特区经济，2011（6）：52−54.

[28] 顾雪. 商圈对我国新城建设的作用机制研究 [D]. 哈尔滨：哈尔滨工业

大学，2010.

[29] 侯丽敏，郭毅. 商圈理论与零售经营管理 [J]. 中国流通经济，2000
　　 (3)：25−28.

[30] 乔鑫. 传统商圈的失落与新生 [J]. 北京规划建设，2022 (1)：21−31.

[31] 李孟佩，林毅. 核心商圈下老旧住区外部公共空间规划改造提升策
　　 略——以六运小区为例 [J]. 建筑与文化，2022 (6)：174−176.

[32] 莫正玺. 信息时代城市功能空间演变与优化研究 [D]. 长沙：湖南大
　　 学，2021.

[33] 冯远滔，唐波. 城市商圈应急避难场所适宜性评价——以广州北京路为
　　 例 [J]. 防灾科技学院学报，2020，22 (1)：60−66.

[34] 李瑾，张先庆. 城市历史街区景观营造启示——以东京银座历史街区为
　　 例 [J]. 现代园艺，2019 (8)：112−113.

[35] 匡红云，田根荣，高冬梅，等. 电商冲击下旅游商圈游客消费意向提升
　　 路径——以上海南京路步行街为例 [J]. 商业经济研究，2019 (3)：
　　 54−57.

[36] 夏羿. 基于商圈理论的社区商业开发模式构建 [J]. 商业经济研究，
　　 2019 (14)：39−42.

[37] 钮钦. 面向体验经济的智慧商圈：理论阐释和建设路径 [J]. 中国流通
　　 经济，2018，32 (10)：112−120.

[38] 吴忠才，唐红涛. 基于交通等时线的城市商圈识别及交通要素研究——
　　 以长沙五一广场商圈为例 [J]. 商学研究，2018，25 (3)：62−70.

[39] 魏宗财，莫海彤，刘玉亭. 面向智慧城市的共享单车出行时空特征研
　　 究——以广州天河中心区为例 [J]. 科技导报，2018，36 (18)：71−80.

[40] 李平，代英. 视觉元素在休闲型商业街中的应用研究——以巴黎香榭丽
　　 舍大街为例 [J]. 无锡商业职业技术学院报，2017，17 (1)：43−48.

[41] 严娜. 上海市商圈发展规模及其政策启示 [J]. 现代经济信息，2017
　　 (16)：482−483.

[42] 刘志，刘辉平，赵大鹏，等. 基于移动轨迹数据的商圈消费者规模分析
　　 [J]. 华东师范大学学报（自然科学版），2017 (4)：97−113，138.

[43] 孙丹，周丽莎. 基于商圈理论的上海大润发超市闸北店选址问题研究
　　 [J]. 中国管理信息化，2015，18 (10)：144−145.

[44] 刘碑，张建华. 商业街景观与建筑风格一致性的运用——以上海美罗城
　　 五番街为例 [J]. 上海商业，2013 (2)：33−37.

[45] 印富贵. 基于商圈理论的超市选址实证分析——以乐购超市常州湖塘店为例 [J]. 中国商贸，2010（6）：10，224.

[46] 蔡国田，陈忠暖. 广州市北京路商圈与天河商圈竞合发展探讨 [J]. 云南地理环境研究，2004（4）：70－74.

[47] 冯洁. 重庆商圈步行路网可靠性规划研究 [D]. 重庆：重庆大学，2017.

[48] 王梅. 城市中心区功能提升策略研究——以重庆观音桥商圈为例 [J]. 城市建设理论研究（电子版），2017（12）：113－114.

[49] 李静，李勋华. 重庆南坪商圈会展旅游产业集聚发展研究 [J]. 产业与科技论坛，2017，16（13）：24.

[50] 陈易林，唐小勇，赵必成. 基于多元数据的重庆主城区商圈比较研究 [A]. 中国城市规划学会、重庆市人民政府. 活力城乡美好人居——2019 中国城市规划年会论文集（05 城市规划新技术应用）[C] //中国城市规划学会、重庆市人民政府：中国城市规划学会，2019：723－732.

[51] 赵冬玲. 重庆商圈问题研究 [J]. 大众投资指南，2018（23）：225.

[52] 左黎韵. 重庆加快构建城市商圈升级版打造解放碑－朝天门世界知名商圈 [N]. 重庆日报，221－10－27（1）.

[53] 陈亚平. 重庆九宫庙商圈景观连廊步行系统研究 [J]. 中国市政工程，2021（5）：16－19，113.

[54] 黄光红. 重庆主要商圈和商贸企业揽金逾 71 亿元 [N]. 重庆日报，2021－09－22（6）.

[55] 陈亚东. 发展商圈经济的路径选择——以重庆沙坪坝区商圈为例 [J]. 经济界，2014（5）：49－54.

[56] 曾艳. 城市商圈竞争力提升实证分析——以重庆五大商圈为例 [J]. 商业时代，2014（24）：10－12.

[57] 李超. 城市商圈停车特性与停车选择研究 [D]. 重庆：重庆交通大学，2014.

[58] 邓婕. 城市商圈用地结构演变及用地效益研究 [D]. 重庆：重庆大学，2014.

[59] 刘姝驿，乔宏，杨庆媛，等. 重庆解放碑商圈停车位配置问题分析 [J]. 西南大学学报（自然科学版），2014，36（4）：120－126.

[60] 贾莹. 重庆南坪中心城市商圈空间品质研究 [D]. 重庆：重庆大学，2013.

［61］郑宇. 重庆商圈建设成果辉煌［J］. 红岩春秋，2012（4）：2.

［62］唐波，黄嘉颖，邱锦安. 城市商圈应急疏散空间布局与路径优化——以广州上下九商圈为例［J］. 地域研究与开发，2018，37（4）：92-97.

［63］吴忠才，柳思维. 多源时空大数据视角的城市商圈空间结构及影响因素研究——基于核密度与空间面板模型的实证［J］. 经济问题，2018（9）：113-119.

［64］陈阳，岳文泽，高佳斌. 城市商业综合体商圈划分及其对住宅的增值效应——以杭州主城区为例［J］. 经济地理，2017，37（11）：68-75.

［65］郝斌，董硕，胡引翠，等. 多维特征融合的城市商圈划分方法［J］. 地理与地理信息科学，2017，33（5）：56-62.

［66］姜珂，于涛. 基于电影院数据分析的城市商圈等级划分方法研究——以南京市为例［J］. 世界地理研究，2017，26（4）：73-81.

［67］张汉. 政党调适论视野中的城市商圈党建：理论脉络与研究议题［J］. 中共浙江省委党校学报，2016，32（3）：77-84.

［68］柳思维，朱艳春，唐红涛. 行政中心区位、迁移与城市商圈空间分布——基于动态模糊算法仿真和经验数据的研究［J］. 北京工商大学学报（社会科学版），2015，30（2）：28-35.

［69］王建竹. 信息化下城市服务业的空间发展趋势——以北京市餐饮服务业为例［J］. 城市问题，2014（11）：90-95.

［70］胡志毅，邓伟，韦杰. 都市区旅行社空间布局特征与销售等级差异——以重庆旅游百事通为例［J］. 旅游学刊，2014，29（8）：89-97.

［71］郑小碧，陆立军. 城市群与协同型市场产业网络的协动机理研究——以浙中城市群与"义乌商圈"协动发展为例［J］. 经济地理，2012，32（2）：71-76.

［72］段东霞. 大中型城市商圈重心移动的影响因素及其动力——以广州市天河路商圈为例［J］. 商业时代，2010（25）：20-22.

［73］柳思维，吴忠才. 基础设施对城市商圈影响的实证分析［J］. 城市问题，2009（9）：32-37.

［74］王先庆. 现代城市商业聚集与商圈的发育成长——以广州大道北商圈为例［J］. 中国流通经济，2009，23（6）：57-60.

［75］齐晓斋. 城市商圈的类型与选址［J］. 江苏商论，2007（8）：9-11.

［76］柳思维，唐红涛，王娟. 城市商圈的时空动态性述评与分析［J］. 财贸经济，2007（3）：112-116.

[77] 杜漪，颜宏亮. 我国城市商圈内的零售业态趋同现象研究［J］. 商业经济与管理，2006（3）：11-15.

[78] 陈章喜，周芮仪. 国内大中城市购物中心选址的确定与方法分析［J］. 商场现代化，2005（22）：20-21.

[79] 吴小丁. 哈夫模型与城市商圈结构分析方法［J］. 财贸经济，2001（3）：71-73.

[80] 张宏伟. 北京市城市商圈的空间分布特征及演进趋势［J］. 商业经济研究，2019（15）：146-149.

[81] 彭沛然. 基于三阶段体系的城市商圈集聚与演化探讨［J］. 哈尔滨师范大学社会科学学报，2019，10（4）：63-66.

[82] 田玲. 基于商圈饱和度的城市商业空间结构优化研究［D］. 成都：成都理工大学，2019.

[83] 国际. 浅析城市商圈与购物中心的关系［J］. 上海商业，2018（9）：22-23.

[84] 申志慧. 福州主城区商圈发展问题研究——以福州万宝商圈为例［J］. 福建建材，2016（12）：46-47.

[85] 刘和求，任玲玉. 中小型城市商圈形成和发展的研究——以蚌埠市万达广场为例［A］. 中国武汉决策信息研究开发中心、决策与信息杂志社、北京大学经济管理学院. "决策论坛——区域发展与公共政策研究学术研讨会"论文集（上）［C］//中国武汉决策信息研究开发中心、决策与信息杂志社、北京大学经济管理学院：《科技与企业》编辑部，2016：10-11.

[86] 王潇逸. 商业地产开发与城市商圈联动发展研究［J］. 商场现代化，2015（30）：4-5.

[87] 丁宁. 消费者对城市商业集聚形态的选择及其影响因素［J］. 财贸研究，2015，26（2）：79-84.

[88] 王先庆，李昆鹏. 现代城市商圈形成与发展的博弈分析［J］. 中国市场，2013（39）：78-83.

[89] 闫晓璐，苟倩莹. 满足多元需求的城市商圈的规划与建设——基于人群、空间和设施的特征判断与策略分析［A］. 中国城市规划学会. 多元与包容——2012中国城市规划年会论文集（01. 城市化与区域规划研究）［C］//中国城市规划学会：中国城市规划学会，2012：1071-1084.

[90] 许剑峰，陈杜军. 城市商圈的"包容性发展"及其空间策略——以重庆

观音桥商圈为例 [J]. 室内设计，2011 (5)：17−23.

[91] 徐文丽. 南宁城市商圈空间格局研究 [D]. 南宁：广西师范学院，2011.

[92] 王轲柱，宋彧. 城市商圈变迁趋势及规划发展对策研究——以哈尔滨为例 [J]. 经济师，2010 (8)：26，48.

[93] 李爽，苏亚妮，尹博诗，等. 城市夜间经济集聚区消费空间生产研究——以江门市蓬江区"环五邑华侨广场商圈"为例 [J]. 旅游导刊，2023：1−22.

[94] 唐健雄，张佳乐. 长沙市城区网红餐厅空间分布及影响因素研究 [J]. 湖南财政经济学院学报，2022，38 (6)：88−98.

[95] 何飞翔. 以党建引领城市基层有效治理创新研究——基于汕尾市城区凤山街道楼宇商圈党建的实践与思考 [J]. 南方论刊，2022 (11)：53−54，57.

[96] 肖骏，李欣欣. 面向智慧商圈的工商零消大数据分析关键技术 [J]. 商场现代化，2022 (20)：4−6.

[97] 刘瑛，王广跃. 商圈理论的商业建筑设计对策探讨 [J]. 中国住宅设施，2022 (7)：25−27.

[98] 任逸帆. 城市更新背景下传统商圈交通韧性提升策略研究——以郑州二七广场为例 [J]. 交通与港航，2022，9 (3)：56−62.

[99] 杨金龙. 大连市华南广场商圈步行交通现状调查分析与优化建议 [J]. 城市道桥与防洪，2022 (6)：30−32，11.

[100] CIM 平台赋能城市更新——以环市东商圈 CIM 平台为例 [J]. 中国建设信息化，2022 (7)：41−45.

[101] 赵心夷. 一种基于机器学习的商圈运营模式优化研究 [J]. 电脑与信息技术，2022，30 (2)：77−80.

[102] 程斌荣，张宇英，赵苑露. 浅谈智慧商圈的智慧化建设 [J]. 计算机时代，2022 (4)：121−122.

[103] 岳丽莹，李山，李开明，等. 商圈划分中多元市场域的界定与实证 [J]. 世界地理研究，2022，31 (2)：338−349.

[104] 李嘉琦，刘益冰，王资涵，等. 基于 n 阶权重系数模型对夜消费集聚区商圈发展的研究——以河南省郑州市为例 [J]. 全国流通经济，2021 (13)：21−25.

[105] 曹嫣然. 黄浦淮海中路街道：走进时尚街区传递商圈民意 [J]. 上海人

大月刊，2021（4）：23.

[106] 徐彬彬. 金融云平台赋能商圈数字化升级［J］. 中国农村金融，2021
（8）：99－100.

[107] 汪方胜，郑凯，程堂明. 基于POI的老城区商业空间活力测度与提升
策略研究——以淮南市老城区为例［J］. 安徽建筑大学学报，2021，29
（2）：54－60.

[108] 贾凌. 基于商圈理论的商业建筑设计策略研究［J］. 房地产世界，2020
（22）：35－37.

[109] 余杨. 商圈路径探究及商业建筑设计策略［J］. 中华建设，2020（11）：
68－69.

[109] 朱远红. 提升商圈活力助推经济复苏［J］. 新湘评论，2020（15）：30.

[110] 于斌斌，杨宏翔. 产业集群与城市化的演化机制与实践路径——以"义
乌商圈"和"柯桥商圈"为例［J］. 中国地质大学学报（社会科学版），
2015，15（2）：92－102.